U0815852

TopBook

一 个 人 ， 遇 见 一 本 书　　饕书客

特战
典争

宋毅
主编

权力
世界
0 0 2

毅品文

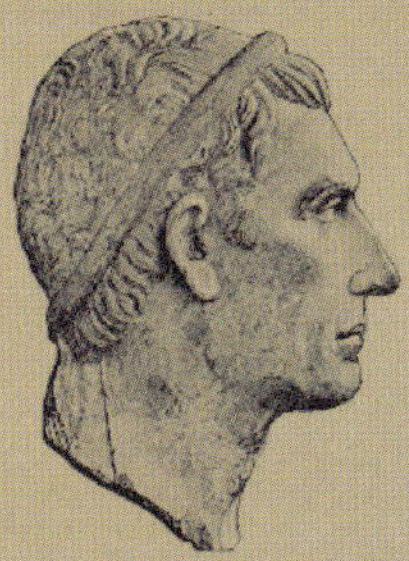

“我来，我见，我征服”

JULIUS CAESAR

无冕之帝

恺撒

万邦咸宁 著

TopBook
習书客

陕西新华出版传媒集团
陕西人民出版社

图书在版编目（CIP）数据

无冕之帝恺撒 / 万邦咸宁著.--西安: 陕西人民出版社,2015

（战争特典）ISBN978-7-224-11764-6

Ⅰ.①无… Ⅱ.①万… Ⅲ.①恺撒，G.J.（前100～前44）－生平

事迹 Ⅳ.①K835.467=2

中国版本图书馆CIP数据核字(2015)第313126号

出 品 人：惠西平

总 策 划：宋亚萍

策划编辑：关　宁　韩　琳

责任编辑：王　倩　王　凌

设计制作：毛小丽　唐懿龙　李　静　杨　博　王　芳　张英利　任晓强
张玉民　符媛媛　张　静　任敏玲　张　斌　任海博

无冕之帝 恺撒

主　　编　宋　毅
作　　者　万邦咸宁
出版发行　陕西新华出版传媒集团　陕西人民出版社
（西安北大街147号　邮编：710003）
印　　刷　陕西金和印务有限公司
开　　本　787 mm×1092mm　16开　13.5 印张
字　　数　220 千字
版　　次　2016年4月第1版　2016年4月第1次印刷
书　　号　ISBN 978-7-224-11764-6
定　　价　39.80 元

PREFACE 总序

万邦老师的这本新著，全面讲述了恺撒的人生与战争的传奇。盖乌斯·尤里乌斯·恺撒，罗马帝国的实际缔造者，无冕之帝，人类历史上一位近乎于神的英雄人物。万邦老师在本书中让我们看到，恺撒身上“凡人”的特质似乎更加鲜明。19世纪德国史学大家特奥多尔·蒙森在《罗马史》中公允地总结道，恺撒是一个彻底的现实主义者。歌，酒，爱情，从没有穿透过他的生命。恺撒时刻放纵着自己，更时刻控制着自己。他从不被任何人摆布，永远理智清醒，游刃有余。不同于那些与他同样伟大甚至比他更加伟大的人物，恺撒身为凡人的第一身份并非军事家，而是政治家。这让恺撒知道自己的野心该在何时何地适可而止。因此，恺撒只是罗马帝国的“无冕之帝”，但他的声望与成就却超出后世的几乎所有罗马人。

◇ 恺撒像

虽然恺撒毕生以政治为业，他却是以军事家的身份为自己实现了政治家的目标，基本是在战争中赢得了全部声望与成就。战争即是恺撒的真正人生，一个英雄的传奇由此而始。古罗马神话中，特洛伊的英雄埃涅阿斯在特洛伊城被希腊联军攻破后，率众来到意大利，历尽艰险终成罗马开国之君，古罗马诗人维吉尔由此写成了传奇史诗《埃涅阿斯纪》。史诗开篇第一句写道：“Arma virumque cano.”中文译作“我要讲述战争和男人的故事”，也有人译作“我要歌颂男人和战争”。本书便讲述了罗马那个遥远年代中男人和战争的故事。人类的天空永远镀着一层铸造战铠的青铜，如恺撒一般永不背时的英雄始终在人类的视野之中。人们自当去扩展天空和视野，去了解恺撒和英雄。

政治家与军事家的身份之外，恺撒同样是不世出的文学家。“Veni, Vidi, Vici”（“我来，我见，我征服”），传世的表达简练到无坚不摧，遑论堪为拉丁语文学典范的《高卢战记》与《内战记》。其实这更让我们坚信，恺撒的传奇背后，是一个何其伟大的文明。19 世纪的美国诗人爱伦·坡留下了同样传世的《致海伦》一诗，他写道：“Thy Naiad airs have brought me home /To the glory that was Greece /And the grandeur that was Rome.”只有女神的风姿才可以将人们招回精神的故乡，那是昨日希腊的光荣，和往昔罗马的盛况。换言之——“光荣属于希腊，伟大属于罗马”。在本书中，展现的是恺撒传奇背后，一个更为宏大的传奇。

刘啸虎

2016 年 1 月 21 日

目录 CONTENTS

一

荆棘时代

这是最好的时代，这是最坏的时代。

——约翰·赫芬姆·狄更斯

公元前650年，太阳照耀着与今日同样精彩纷呈的世界。那时候地球还远不能用“村”来形容，若是从高处鸟瞰世界，各个文明还是如黑夜里点缀夜空的星星般，耀眼但是格外孤独。中国的诸侯贵族还在驾着战车，从被遮掩在密林和荒山间的城邑里驶出，唱着古老的战歌，和形形色色的狄人夷族作战；古希腊各城邦，还如同蜗居池塘的蛙群一样，互相争吵聒噪着，进行着古典式的决战；双方公民用盾牌互相撞击，来解决耕地和矿产的纠纷；西亚的土地上，铁血冷酷的亚述国王，把胆敢反抗他的提尔、埃及和西顿的统治者像狗一样拴在皮带上拖着，凯旋尼尼微，他的文书正站在国库的走廊下，在泥板上刻画记录着数不清的战利品。

同样在阳光下，夹在两片海洋间的亚平宁半岛上，一支毫不起眼儿，甚至可以说是寒酸的军队，正在平缓的丘陵与河原间行进着。贵族和武士大都穿着希腊式的胸甲，头盔上飘扬着彩色的羽翎，手持圆盾与长矛，晃动着胫甲下的小腿，掀起了不小的烟尘，在进行了足足三十公里的“远征”后，出现在一座叫阿尔巴加隆的城邦前。

这支军队来自一个叫“罗马”的七丘小城邦，此邦国刚刚建立八十年，统帅

◇ 《荷拉斯三兄弟的誓言》。法国画家雅克·路易·大卫的代表作，1785 年

是罗马的第三代国王图卢斯，他的对手阿尔巴加隆立国已四百年，而且罗马的初代国王罗慕路斯的母亲，就是此王国国王之女。同为拉丁后裔的两个城邦，而今却因一个很微小的理由动干戈：阿尔巴加隆的农民，劫掠了罗马的几头耕牛。

既然连几头耕牛都无法不重视，那在城邦冲突里杀得尸山血海，也绝不可能是双方打算承受的代价。很快图卢斯与阿尔巴加隆国王定下规矩，双方各自选出三名勇士，进行决斗，输掉的一方自动缴械归顺。

罗马方选出的，是荷拉斯三兄弟。

阿尔巴加隆方选出的，是古里亚斯三兄弟。

巧的是，荷拉斯三兄弟的妹妹，还和古里亚斯三兄弟中的一位订下过婚约。

但为了部落，不，是为了邦国荣耀，这六位年轻人还是忘我地在两军阵前，像不共戴天的仇敌般厮杀在一起。荷拉斯的两位兄长先后亡于剑下，最小的弟弟经过冷静思索，开始佯装逃跑，引诱古里亚斯三兄弟逐个来追，三人之间拉开了距离，结果被最小的荷拉斯反过来各个击破。罗马方在决斗中凭借智谋和勇气，

反败为胜。

但阿尔巴加隆国王却违约了，他拒不承认决斗的结果，愤怒的罗马人于是便攻破了对方的城池，将被俘的国王双腿绑在两匹马上，随后鞭策马匹背向而驰，将他撕成了两截，这个小国也就此湮没在历史长河里。

罗马国王图卢斯虽然残酷灭绝了与其敌对的王室，但对阿尔巴加隆国里几个名门望族却给予宽大的谅解。为了充实罗马城的人口与力量，图卢斯命令他们迁徙到罗马七丘之一的锡利山，并且在元老院里给他们提供了席位，让他们自此也成为古罗马的神圣贵族。这其中，有个名曰尤里乌斯的氏族，本书的主角恺撒，就出身于这个氏族。

“恺撒”在古代腓尼基语里的意思似乎是“大象”，罗马历史上名叫“恺撒”的，绝不止本书主角一个人，它其实是尤里乌斯氏族的家族通名。古罗马人喜欢用特征来给某个家族定名，比如“苏拉”就是“长腿”的意思，而“加图”则是“专业者”的意思。其余更多的意思像是“豆子开大会”：“费边”是大豆，“伦图鲁斯”是野豌豆，“毕索”是豌豆，“西塞罗”是鹰嘴豆——不过恺撒的祖先究竟是如何与大象拉上关系的，现在却是不得而知了。

到主角恺撒出生，也就是公元前100年时，他的家族宅地已经不在锡利山了。因为自他先祖来到罗马城，时光已过去了整整五百五十年，那些王政年代的古老贵族，大多落得“下山”的落魄结局——罗马早就是共和国了，依靠道德和血统立身的老贵族已然没落。在共和国大扩张、大变革的时代，不管出身贵族还是平民，只要是拥有合法公民身份，有丰厚资产、光耀军功或灼灼野心的人物，都可以在罗马这个投机家冒险者的乐园扬名立万，一夕间飞黄腾达根本不是神话。今天你可能还在满是老鼠、尿壶和肮脏铅水管的“岛屿公寓”里栖身，明天可能就攀龙附凤、因人成事，转入了帕拉丁山上的豪华公寓过活，与郁郁葱葱的园林相伴，被典雅的七弦琴和美丽的舞娘簇拥环绕，这就是“罗马梦”。

越来越多的新贵，戴上了戒指，坐在了剧场的前排，戴着其先祖（哪怕是吹嘘出来的）的蜡制面具，登上了七座山丘，那儿原来正是骄傲的老贵族的聚居之地。

新贵昂然上山，老贵就要黯然下山。

恺撒家族无疑属于后者，他家不知在何年何月，离开了象征地位和荣耀的山丘，搬迁到了平民聚居的苏布拉区。

苏布拉是罗马最早的四个城市公社之一，但它“从来都不在山上”，而是位

◇ 早期罗马城平面图。黄框处为恺撒家族在王政时代所定居的锡利山；红框处为其家族徙居的苏布拉区；而黑框处则是市民大广场；中央黑细线为权贵聚居的帕拉丁山；蓝色框的卡里乌斯山，是著名的阿庇安大道经过处

于帕拉丁山、奎里纳尔山、埃斯奎林山之间的河谷平地。从这个区的前端往前走五分钟，就到了罗马城的政治舞台，即大广场。这儿是天然的平民区，是罗马最富有活力也是最臭名昭著的街区，密密麻麻的贫民窟、妓院、赌坊、杂货铺，小偷、流氓、妓女每日都穿梭在街道上，犹太人、印度人的出现绝不会让人感到惊讶，火灾、谋杀、斗殴与塌方随时随地都在发生，一座公寓楼轰然倒下后，里面的老鼠跑得满街都是。而恺撒家族的宅邸就窝在其间，平民给它起了个外号叫“尤里乌斯大院”，“看起来就像小水塘里的大军舰”（汤姆·霍兰语）。

为什么会出现这样的现象？只是因为恺撒家族，或者说整个尤里乌斯氏族，在数百年的政治生涯里，只出过一位共和国的执政官，这和其他政治家族比起来，简直是不值一哂。比较一下吧：在公元前 234 年到公元前 133 年这百年间，科尔涅利乌斯家族成员当选执政官二十三次，埃米利乌斯家族当选十一次，费边家族当选九次，克劳狄家族当选九次，富尔维斯家族当选九次。

而这个位于苏布拉区的古老家族，只有恺撒的伯父卢基乌斯·尤里乌斯·恺撒当选过一次执政官。这个家族的成员，在大广场上遇到其他的家族，大概都不好意思在一起愉快地玩耍了。

◇　罗马建城者罗慕路斯与雷穆斯兄弟在小时候接受母狼哺育的青铜雕像，最终哥哥杀死了弟弟，也验证了意大利著名谚语，“兄弟终为仇人”

虽然在共和国时代废除了“君王”这个称呼，但罗马依旧有最高掌权者，即每年当选的两名执政官，一百年就有两百名，恺撒家族只占了其中一名。很显然，罗马人都是务实的，他们将祖辈父辈都担任过执政官的家族称为“荣耀者”，而你的家族如果两代人都没有这样的履历的话，不管家族历史有多悠久，统一被称为“新进者”，大概就相当于现在的“菜鸟”。

所以本书的主角，即盖乌斯·尤里乌斯·恺撒，毫无疑问地出自于“菜鸟”家族，因为他父亲生平的最高官阶，只是十二名法务官当中的一个罢了。

古老的贵族会没落，但他们对等级的信念却不会动摇，隐忍下去，待机而发，复兴门楣荣耀，是恺撒的梦想。

在某种程度上，恺撒的这种梦想也受到了其母的巨大影响。恺撒之母奥塔里娅，是曾就任过执政官的奥塔留斯·科塔的妹妹，她的家族向来以精通律法著称。奥塔里娅后来便嫁到了这个“贫穷而又荣耀”的尤里乌斯大院里来。

请注意，笔者给“贫穷”和“荣耀”这两个词都加了引号，因为恺撒家的贫穷并不是真正的贫穷，而是种“贵族式的贫穷”，是种“有节制的生活”，其家庭虽然不能如许多新贵般在帕拉丁山上购买豪宅，过着比东方帝王还要奢侈的生活，但总体上还是衣食无忧的；但荣耀也不是真正的荣耀，罗马人会承认尤里乌斯氏族很古老，老得就像伊特鲁尼亚时代的彩画陶瓮，但这个氏族却绝不光鲜亮丽了，对外战争的凯旋式，担当执政官的荣耀，都和这个家庭无关，罗马人对待尤里乌斯大院的态度，也就如清汤寡水般平淡。

年幼的恺撒，就这样极接地气地在尤里乌斯大院里生长着，维纳斯女神的后裔进了平民区，还有什么不能低头的呢？七岁前，恺撒便在母亲的关心下开始了童蒙教育。奥塔里娅是个懂希腊文的女子，这就使得她具备了担当恺撒最早的老师的资格。在学习字母拼写的童年岁月里，恺撒从母亲的教诲里明白了，“我的家族绝不是凡庸之家，但它的头衔却和它现在的实力不相称，拨正两者的天平，是身负恺撒之名的男子必须扛起的责任”。

因为，恺撒父亲的后代里只有他一个男孩，这种独一无二的强烈使命感，恺撒在很小的时候就感受到了。

待到七岁后，罗马人的父母教育期已经结束，按照惯例要从外面延请家庭教师继续男孩的教育。其他的新贵家庭自然会不吝巨资，请来名气最大的雅典教师，但奥塔里娅只是给恺撒请来个亚历山大里亚城的教师，而且这教师还是个高卢人。奥塔里娅的理由很充分，“因为你根本不是含着金汤匙出生的人”。

小恺撒也没有任何怨言地跟随这个高卢教师学习“古典七艺”：文法、修辞、辩论、数学、几何、历史、地理。

但出乎意料的是，也许恰恰是因为这个出身蛮野之地的高卢教师同雅典教师相比的优势吧，十来岁的恺撒，成绩最厉害的科目居然是骑术。那个年代是没有马镫的，骑乘者想要在颠簸的马背上保持平衡是件非常困难的事，但在普鲁塔克的记述里，“他（恺撒）在童年时期就精通骑术，上马后用双手紧握马背，疾驰如电”，“在高卢战争时期，他甚至可以在马背上口述信函，而他的文书则手忙脚乱”。

伴随着马背上的颠簸，恺撒成长到了十岁，该年（前 90）他的伯父卢基乌斯当选罗马执政官，这是家族“破天荒”的成就。也就是在这一年，卢基乌斯以执政官的身份，通过了对罗马历史影响极为深远的《尤里乌斯法》，这项法律的通过也标志着罗马共和国进入了波澜壮阔的多事之秋。

因为《尤里乌斯法》是血腥的“意大利同盟战争”的必然结果。

原来，罗马的王政时代（前 759—前 509），其君主并不是世袭的，民族也不

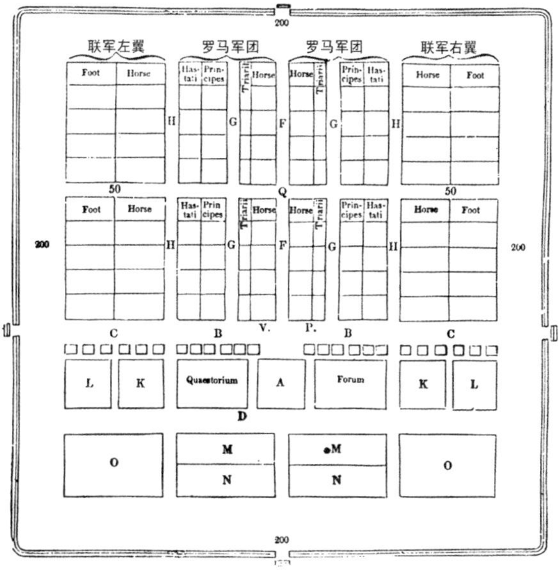

◇ 典型的罗马军团营地（castra）平面图，可以看到里面秩序井然、设施齐全，正是凭借着这种宿营工事，罗马人在战争里取得了巨大优势

是单一的。王政时代的七位君王，罗慕路斯（初代）与图卢斯（三代）算是正宗的罗马人，而努马（二代）与安库斯（四代）则是萨宾人（罗马人的妻族），而五代至七代，则是外来的伊特鲁尼亚人担任君王，因为那时候的罗马人，相对于意大利早先的文明霸主伊特鲁尼亚人来说，是极其落后的。后来，罗马人学习了伊特鲁尼亚人的字母表、神庙建筑与军队组织，使自己力量壮大后，便驱逐了暴虐的异族王，贵族间互相发誓，建立共和国。共和国在前期为了争夺战略物资和地盘，始终在对伊特鲁尼亚的其他城邦用兵。为了有个安定的后方，外交手腕高明的罗马人，便与同文同种的拉丁城邦结盟，这便是著名的“拉丁同盟”，它规定每当罗马对外战争时，同盟城市必须提供辅助军，赢得战利品后大家均分。后来虽然罗马征服了整个意大利，但这种政治同盟依旧存在，罗马本质上说是众多拉丁城市的盟主。

不过时间长了，拉丁同盟对长期担当“二等人”的角色感到不满，恰好在罗马共和国的内斗里，一位叫弗拉库斯的执政官（前 123），为了让政治战友小格拉古的土地改革法案获得全意大利的支持，便提出了一项法律议案，要求将罗马的公民权平等地授予全意大利的拉丁人。

但守旧的元老院根本不肯通过这个议案，反而送弗拉库斯去遥远的伊利里亚（现在的阿尔巴尼亚一带）远征，等到一年执政官任期满后才将他召回，等于将这个议案束之高阁。但弗拉库斯与小格拉古百折不挠，继续竞选平民护民官，坚持与元老院斗争，因为护民官也有提出法律议案的权利。结果在第二年，小格拉古的党徒在卡庇托尔山上的朱庇特神庙与元老院的贵族派爆发冲突，小格拉古与弗拉库斯及三千粉丝一起喋血神庙广场，尸体都被扔进了台伯河，这个议案也因此被尘封。

三十年后，即卢基乌斯当选执政官的前一年（前91），罗马的平民护民官李维•德鲁奇旧事重提，要求授予拉丁同盟罗马公民权，结果也死得不明不白——在自家送客时，被个鞋匠用剑扎入腰部而亡。

为何提出这个议案的人，都遭到了如此凄惨的下场？因为罗马共和国几百年来的实际权力，其实是完全操控在元老院手中的。元老院定员为三百人，其实就是一些政治家族主宰国政的“寡头会”，在对外征服战争里，元老们占据了全意大利最肥沃的土地，成为大地主，另外这些以经商为耻的元老们，其实暗中也指使亲信奴隶为他们经营货殖之业。因此，元老视土地改革与拉丁公民权这两个议案为寇仇，也就不足为奇了，因为前者会动摇他们的经济基础，后者会触犯他们对罗马政治的垄断权（一旦公民权放开，那就意味着全意大利的人都可以竞选罗马的高级官职），所以这两项议案就是雷区，是红线，“谁碰谁死”，是元老院的口号。

李维•德鲁奇被暗杀后，意大利的拉丁同盟城市再也无法忍受，他们认为在政治框架内解决此事已是妄想，便开始暗中互相交换盟约与人质，准备集体掀起叛乱，脱离罗马，成立名叫“意大利伽”的新国家。他们甚至还发行了自己的货币，上面刻着一头公牛。结果有个叫阿斯库伦的城市，在往另外一个拉丁城市送人质时，被罗马派驻此地的巡察法官发觉，阿斯库伦人便果决地杀死该法官与其扈从，发起了暴动。一时间，马西人、卢卡尼亚人、庞贝人、萨摩奈安人，纷纷加入到同盟城市的队伍当中，整个意大利从利特纳斯河直到亚得里亚海的广大区域，一夜间全变成了罗马的仇人。他们集中了足足十万步兵和骑兵，并派遣使节去元老院抗诉，“以前我们历经牺牲，帮助罗马成就了伟大的帝国，但现在罗马却连区区公民权都不愿意给予最忠实的助手”。

然而元老院的回答一如既往的顽固冷酷，“认错忏悔时，再派使节来，现在派来毫无意义”。

就这样，以前在汉尼拔入侵时都能同舟共济的双方正式翻脸，所谓的“意大利同盟战争”爆发了。

于是，元老院便派遣当年当选的执政官，也就是恺撒的伯父卢基乌斯，与另外一位执政官巴布利亚斯集结大军，前去征伐。

按照惯例，两位执政官同时出阵，就标志着罗马城遭遇了巨大的危险，看来元老院将昔日的同盟者看成了和高卢国王布雷努斯或迦太基的汉尼拔一样可怕的对手。非但如此，这两位执政官配备的副将也都是影响整个时代的英杰，其中影响最大的当属两位：年近七十的老将盖约·马略，他是恺撒的姑丈，也是早先对战努米底亚人和日耳曼人的战争英雄；还有一位则是名后起之秀，名叫科尔涅利乌斯·苏拉，当时恰好四十八岁。

另外，还有三位副将，则是“前三巨头的父亲”，即庞培的父亲、克拉苏的父亲和恺撒的父亲，他们作为同袍，也结伴投身到这场战争中。

但同盟城市军中也是人才济济，而且他们非常熟悉罗马军队的战术，所以在战争早期，他们狠狠教训了罗马人，也证明了对方在智慧和勇敢方面，并不比身为“二等公民”的己方强。罗马军不断丧师失地，最后连次席执政官巴布利亚斯也在一次伏击战里被石块击中脑袋身亡。当巴布利亚斯与其他许多战死贵族的尸体被运回罗马城时，哭丧声铺天盖地，闹得元老院不得不特别下令：以后罗马军队战死的人，必须就地埋葬，免得运回来影响士气。

不过同盟军的马西人进攻副将马略与苏拉所据守的一处壁垒时，却遭受了很大的损失。当时年老的马略看到马西人败退后，便喝令自己的军队不准追逐，但在壁垒围墙另外一边的苏拉，却锐气十足地投入追击，一口气杀死了足足六千名马西人，缴获的武器更是不计其数。对马西人的胜利，使得苏拉获得了极大的荣誉，因为马西人一向号称是最勇武的部族，有句俗话是这样说的：“没有战胜马西人而获得的凯旋式，也没有无马西人参加的凯旋式”。随后虽然马西人满腔怒火，但面对苏拉时居然不敢发起攻势，看来完全被吓破了胆。另外一方面，对马略的质疑声四起，许多人说他年老体衰，已经没有勇气和精力面对敌人，而马略自己也不知道是默认这些指责，还是出于赌气，居然真的辞去了领军作战的职务。

就这样，荣耀全部归于科尔涅利乌斯·苏拉，他成了这场战争里最闪耀的明星。苏拉是个极度相信神灵和命运的人，也很喜欢拿这种东西出来显摆。据说在同盟战争前，意大利拉维纳的地面裂开，里面喷射出高热高亮的岩浆火焰，占卜家宣称，这个现象预示着将有一个拥有特殊容貌的人掌握罗马政权。苏拉相信这个人就是他，因为他满头的金发恰好就像那火焰一般。

而恺撒的伯父卢基乌斯，运气就远没有“维纳斯的情人”苏拉那么好了，他在围攻同盟方重要据点阿斯库伦时，虽然杀死了八千名敌人，也获得了辉煌的功勋，并得到了执政官的临时延长任命，但还是不如苏拉耀眼。不过卢基乌斯还是经过元老院许可，颁布通过了著名的《尤里乌斯法》，许可没有参加叛乱的拉丁城市可以被授予公民权。现在看来，这个法案可能发挥了与苏拉的军事天才不相上下的作用，原本在犹豫摇摆的翁布里亚、伊特鲁尼亚地区的城市，为了取得公民权再度投靠罗马，使“同盟战争”没有进一步扩大。

次年，罗马的两名平民护民官席尔瓦努斯和卡波再度通过新法律：每隔两个月，任何拉丁同盟城市都可以向罗马提出申请，在获得批准后即可取得公民权（但所有新公民只能登记在特定的十个“特里布斯”公社里，所以与罗马人占有的三十五个公社相比，他们依旧处于少数劣势）。同时，庞培的父亲，斯特拉波·庞培，也在北方的山南高卢地区通过临时法律，将公民权授予了当地的贵族。

这一系列的措施，彻底分裂瓦解了同盟方，其主要据点阿斯库伦、科菲尼乌姆相继被罗马人攻陷。而后在苏拉的率领下，罗马军队开始横扫意大利南部的同盟城市，苏拉用兵既巧妙又残忍，庞贝、波维亚努姆等城市相继被他夺取。

到了公元前89年夏季之后，同盟方已彻底式微，但苏拉并没有刺出致命的一剑，他更需要这场战争为自己的仕途服务，于是他趁着冬营（罗马军团通常在冬季闭营，取消作战进行休整）时机返回罗马城，竞选下一年的执政官。

在竞选当中，苏拉与大祭司梅特拉斯的女儿结婚（这也是苏拉的第四次婚姻），而大祭司从来都据有古罗马贵族的首席，故而得到贵族元老支持的苏拉，毫无悬念地成功当选来年的执政官。

而此刻，年老但又对权力抱着贪得无厌野心的马略，虽然装作隐士般待在那不勒斯奢华的庄园里，但浑浊的眼睛却死死盯住罗马城中的权柄，心中按捺不住对年轻后辈苏拉那刻骨的嫉恨。

在小恺撒家的餐桌上，他的姑丈盖约·马略也许是被提起次数最多的英雄人物。

应该说，在罗马人的世界观里，英雄和贪得无厌并非反义词，从外表看，马略就是个粗鄙的农夫与老兵，他是毫无门第可言的乡下骑士（普鲁塔克就说过，马略只有家族名和个人名，根本没有标志出身的氏族名），多亏资产还算丰厚，才娶到了没落的尤里乌斯氏族的姑娘，即恺撒的姑姑。马略崛起于战场，他最爱的是殴打士卒的棍棒，和战胜后屠杀敌人俘虏的欢乐。他终生没有学习过希腊文，在剧场里坐不到一刻就得离开，因为他根本不懂希腊戏剧在唱些什么，对人生和命运伤春悲秋丝毫不符合他的性格。

很快，马略就依靠剑和火赢得了自己的荣誉，当时爆发在阿非利加（非洲）的朱古达战争（前111）使得整个罗马蒙羞，一介附庸国努米底亚国王朱古达，不但公然反抗罗马，居然还通过贿赂手段，轻易击败罗马的征讨军。不久这位国王还作为证人亲自前去罗马城，又贿赂了护民官，得以惬意而来，扬长而去，临行前还狠狠挖苦了已经堕落的罗马人，“在罗马，没有什么是不可以买卖的！”朱古达所述并非夸大其词，当时的罗马虽然在先前的对外战争里获得大量的财富，但而今贵族腐化，骑士（罗马次于贵族的中产阶层，大多经营金融商业）唯利是图，平民则无立锥之地，沦为食客或流氓，原先朴素尚武的城邦社会已然摇摇欲坠。

这时候，土头土脑但作风踏实的马略出现了，他在先前于罗马城担任法务官时可以说毫无建树，但当他卸任官职，按照惯例作为副将来到非洲后，就立刻在战场上赢得了军队的爱戴。士兵们在家书里对家属说“马略不当选来年执政官的话，朱古达战争便不会结束”。虽然贵族将军都嘲笑马略的出身卑微，没有人认为他能够当选，但意志坚决的马略还是毅然回到了罗马参选，随后在普通士兵和民众的高举下，登上了执政官宝座。接着便一发不可收，第二次、第三次……直到第六次。一个骑士出身的老兵，居然六次当选罗马执政官，这无论如何都说得上是个巨大的奇迹。

◇ 坐在被摧毁的迦太基废墟上的马略（流亡期间）

每当母亲说起姑丈昔日的光荣时，许多亲戚都说这是马略找到了适合自己的命运舞台使然，但只有小恺撒才了解，姑丈的奇迹没有任何神灵参与

◇ 古罗马银币“第纳尔”（3.8克），正面是罗马月神黛安娜，背面则是科尔涅利乌斯·苏拉端坐在椅子上，波库斯国王向他献上和平的橄榄枝，旁边则跪着被捆缚起来的朱古达

的成分，而只在于两点：

有战争才会有战争英雄，如果没有朱古达战争，没有条顿辛布里战争，就不会有现在的盖约·马略；

英雄从来不是自封的，因为马略和普通士兵待在一起，吃同样的粗麦粉面包，睡同样生硬的床铺，一起挖掘壕沟，一起喂养骡马，所以才成为他们心目当中的英雄。

姑丈的这两点“秘密”，对恺撒日后的成功，产生了莫大的影响。

不过，在马略极高的声誉背后，始终有个“阴魂”紧随左右，那就是苏拉。严格来说，不管是朱古达战争，还是后来抵御日耳曼人入侵，乃至意大利同盟战争，苏拉都是马略的同事或属下，但两人的关系始终可以用“水火不容”来形容。与作风踏实的马略相比，年轻一辈的苏拉擅长投机取巧，这个腿儿细长、绿眼黄发、面容白皙瘦削的家伙从来就是浪荡公子哥儿，他自称出身名门贵族，但发迹前却不名一文，毫无道德操守，住在贫民窟公寓里，靠骗取寡妇和后妈的遗产发家，每次战争都偷偷“窃取”本属于马略的功勋。比如朱古达战争中，本是马略击败了敌人，但当朱古达逃往自己岳父波库斯国王那里时，与苏拉交好的波库斯，却偷偷将朱古达捆起来送给了苏拉，最大的功勋就归于了这个人！

没错，谁叫苏拉天生就有这种魅力，男人和女人都喜爱他，这种通过人际交往获取成功的捷径，又岂是连希腊文都不懂的乡下老汉马略所能一窥的？

但苏拉的这点“秘密”，在日后也被恺撒所精通。

所以集合了马略和苏拉“优势”的恺撒，才开创了两者都无法企及的伟业。

不管怎么说，从苏拉将镌刻着“波库斯献上的战俘朱古达，由苏拉接受”字样的戒指，扬扬自得地戴在修长的手指上那一刻开始，他和马略的宿怨也就此埋下，并一直持续到了现在，且有愈演愈烈之势。

看来拉维纳地下熔浆火焰的迸发，在公元前88年的罗马人看来，应该还有一番别的解释。同盟战争的危机最终在这年宣告解除，但新的危机旋即到来。

这个危机来自遥远的东方，本都国王米特拉达梯·优伯特在当年发动了对罗马的战争。这位希腊化的波斯君主地盘在黑海沿岸地区，他在得到亚美尼亚的支持后，老谋深算地趁着罗马陷于同盟战争泥淖的时机，忽然带领军队横扫小亚细亚。罗马殖民地军队一触即溃，深受罗马包税人残酷虐待的小亚细亚民众，将米特拉达梯当作“救世主”来欢迎，瞬间比提尼亚、小亚美尼亚、卡帕多西亚全部落入米特拉达梯之手，超过八万的罗马及意大利殖民者被杀害。随即本都国王的儿子与将军渡海在希腊登陆，雅典与佩拉相继发生反罗马的暴动，共和国的“第二防御链”也濒临崩溃。

那么，苏拉身为当年的执政官，自然有义务统军前去征讨米特拉达梯。事实也正是如此，元老院授权苏拉带领六个军团，负责对小亚细亚的战争。随后，苏拉就和这六个军团驻屯在卡普阿这个城市，准备择日出征。

盖约·马略也企图取得米特拉达梯战争的最高指挥权，此时这个老兵“贪得无厌”的本性就显露出来。他从来不知足，原先的同盟战争因为不会给自己带来任何利益，他根本不热心，但现在是对外战争，小亚细亚又是公认的富饶之地，所以马略的心完全可以用蠢蠢欲动来形容。况且，那时候一次征服式战争的胜利，能给将军带来的好处，不管是物质上的，还是名誉上的，都能用“盆满钵满”来形容。当年，马略正是击败并屠杀了数十万南下侵扰共和国的日耳曼蛮族，而被民众加以“罗马第三国父”的尊号。罗马的第一国父是建邦者罗慕路斯，第二国父是打败高卢入侵者的卡米卢斯，假如这次再能击败米特拉达梯的话，超越前面两位国父，对他来说完全不是梦想。

这样，年已十二岁的恺撒便经常在弗拉米尼乌斯竞技场看到姑丈的身影。进入竞技场对恺撒这样的罗马少年来说乃是家常之事，因为罗马人喜爱锻炼、角力、拳击等体育运动。每当午后，少年恺撒都会与自己的好友三三两两前往竞技场边的房间，先在周身涂抹好橄榄油，随后便能在骑马、摔跤和踢球当中，度过一个

◇ 著名的阿赫诺巴乌斯记功碑浮雕。阿赫诺巴乌斯是公元前 122 年的罗马执政官，曾赢得在高卢地区的征服战争。浮雕上的罗马士兵，头戴“蒙特福尔蒂诺”马鬃羽饰头盔，身披锁帷子甲，佩蒙皮盾牌、短剑与名曰“皮鲁姆”的标枪，这些武器、铠甲与人，是共和国军事机器的标准部件

下午的黄金时光。

盖约·马略也来了，他在第六次当选执政官后，对权柄有了入魔般的执念。他在罗马市民大广场边买了座房子，据说是“为了亲近所有想和他亲近的公民”，但现在和他亲近的人已经不多了，他只有放下架子，主动来亲近别人。竞技场上围观队伍里的恺撒，必须得承认他对英雄姑丈的感觉，远不如想象中的那么美好：这老头身材已经臃肿肥胖，他以骑术专家自居，但体重却足以压垮胯下的马儿；他吹嘘身手可以赛过年轻人，但却像个谐星般屡战屡败。

更让公众厌恶的是，这老者喋喋不休，声称米特拉达梯战争必须由他来指挥，“另外，犬子也是个人才，我可以前往小亚细亚和黑海，指导他成为一名共和国称职的将军”。有时候马略甚至用这种让人恶心的借口，来表达自己那不堪的私心。

但单凭口水仗是无法扳倒苏拉的，所以马略很快找到了帮手，一个叫苏尔庇修斯的平民护民官。按照古罗马的法律，护民官可以在市民大会即特里布斯民会上通过法律，马略想利用这道程序，免去苏拉对米特拉达梯战争的最高指挥权，取而代之。

在元老院贵族们的眼中，苏尔庇修斯是个臭名昭著的激进分子，他拥有六百名骑士和三千名街头流氓组成的“粉丝团”，和马略臭味相投，是所谓“平民党”的中坚。这么说起来，有读者朋友肯定会认为苏拉是“贵族党”的领袖人物，话

是这样说总没错，但大家千万不要被这两个党派的名称所迷惑，误以为马略和苏拉间的争斗，是阶级间的对立，其实完全没有这回事，一切不过是为了个人恩怨和权力欲望罢了：没有出身门第的马略靠取悦士兵和平民来与贵族成群的元老院对抗；毫无道德操守的苏拉，则靠巴结上层人士而平步青云。不管贵族还是平民都只是他们可利用的工具而已。马略也笼络贵族，他和尤里乌斯家族的联姻就是最好的例子；而苏拉也会纵容士兵，他在同盟战争里，军营里曾经发生乱兵杀害军事护民官的事件，苏拉却听之任之。所以，不管是“平民党”还是“贵族党”，都是双方给自己贴上的政治标签而已，根本不用认真，路线不同，本质相同。

这次，马略与苏尔庇修斯结成的政治联盟，打出的牌是“同盟投票权”。前文提及，在同盟战争后，意大利的拉丁城市虽然获得了公民权，但却被限制在十个特里布斯公社里，叫作“新公民”；而罗马人则拥有三十五个特里布斯，称为“旧公民”。所以当国家大事需要表决时，新公民的绝对数再多也无济于事，因为十对三十五怎么都是必败的结局。这时苏尔庇修斯则要求通过新法律，要以人数来决定票数，这样的提案一旦通过，新公民就能反过来占据绝对优势，而进一步说，马略的计划得逞的话，便能赢得绝大部分的选票。

不知内情的新公民一下全成了马略狂热的支持者，他们成千上万地拥进罗马城，督促对此提案的表决，新旧公民开始在市民广场和卡庇托尔山下武斗。这个提案，当然再次触及了元老院的红线，苏拉便和同僚执政官昆塔斯·庞培一起，宣布“休市”。

所谓休市，是以筹办节日庆典为由，不举办市民大会进行表决，这是苏拉的缓兵之计。但苏尔庇修斯根本不吃这一套，他立刻动员了庞大的粉丝战斗团，带着武器将两位执政官及许多元老围堵在广场上，逼迫他们取消休市，即刻召开市民大会对新法律进行表决。

苏拉佯装答应对方的条件，趁机逃走，昆塔斯·庞培也逃走了。但苏拉的女婿面对刀剑，还是说出了反对的意见，结果被苏尔庇修斯的党徒当场残暴地杀死。

整个城市当即陷于一片混乱，两位执政官不知所踪，苏尔庇修斯得意扬扬地宣布他接手了罗马所有政事，而后市民大会“胜利召开”，马略如愿以偿获得了远征的权力。几日后，恺撒还像往常般前往竞技场时，却觉得罗马城已经陷入不祥的气氛当中，他走在街道上，随处听到恐怖的流言：卡普阿城军团的旗标自动燃烧起来；成群的乌鸦将幼鸟带到通衢大街上，将它们啄死分食；老鼠在疯狂啃噬着神庙里的黄金圣器。

据说，托斯卡纳的智者已经通过精确的历法计算，指出了罗马上一个世代的“配额”已经耗尽，整个国家马上要进入下个世代的轮回，同时会发生翻天覆地的浩劫，现在的乱局，不恰好验证着智者所指吗？

晴朗无云的天气，走到马尔斯大校场的外墙边，恺撒却忽然感到一阵让人惊悸的风莫名吹来，他本能地抬头望去，看到一群麻雀飞入了贝娄娜（罗马女武神）神庙里。不久庙祝惊惧地捧着半只蟋蟀尸体跑出，大喊着这正是莫大的凶兆：那群麻雀叼着这蟋蟀飞来，而后落在地上将其撕成两半再飞走。

“蟋蟀是平民的象征，因为它们只会喋喋不休；而麻雀生活在麦田里，是拥有地产的贵族象征。”反正占卜官就是这么说的，那么现在就算是少年恺撒，心中也异常明晰起来——马略和苏拉的对决，怕是马上就要开始了！

各种流言昭示着乱世的降临。三十五年前，当罗马的贵族和平民放弃了法律协商精神，开始在神庙、集市和广场斗殴流血时，就已让共和国进入了悲剧的年代，现在苏拉要使其更上层楼——直接使用军队来反击。

逃逸而出的苏拉，先是跑出去占据了位于卡普阿的军营，随后鼓动军团进攻罗马城。据说，当苏拉说出自己要使用武力报复马略与苏尔庇修斯对他的侮辱时，整个军队发生了分化——高级军官除去一个财务官外，全都背离了苏拉，逃回了罗马城；但基层的百夫长和士卒，绝大部分都支持苏拉。

按照罗马邦国最基本的法理，任何军团都要服从元老院的敕令，因为他们名义上是国家的军队，即便是出征凯旋，也要在共和国的边境线上自动解除武装（边境线在北部是卢比孔河，在南部是布林迪西港），更不要说带着武装进入罗马的“圣域”（指建邦者罗慕路斯用牛拉出的犁沟，作为罗马城界）了。而苏拉属下的高级军官大部分为贵族世家子弟，畏惧承担“背叛国家和法律”的罪名，认为不管马略采取了多么卑劣的手段夺取政权，那也是在规则框架内的，现在如此任性的苏拉，让他们感到害怕。

但罗马的普通士兵却没有这样的想法，这群人的心中没有什么对国家效忠负责的观念，他们已不再是共和国早期的“民军组织”，已蜕变为职业化的军事集团，在心里对统军的将军比对共和国更加亲近。说来讽刺，导致这种转变的，恰好是盖约·马略本人，他在朱古达战争前就着手改革罗马的军队，之前的共和国军队完全由有产公民组成，再由该年执政官自动担任统帅将军，所以当皮洛士与罗马人交战的时候，他派去的使者回报说“在罗马城里，个个公民都是将军”。而汉尼拔则嘲笑罗马执政官（或独裁官）“任期只有六个月……如果将迦太基和罗马的军旗对调的话，他肯定不知道自己在指挥哪一支军队”（汉尼拔《告众士兵书》）。

对外战争的巨大胜利，给罗马公民带来数不清的利益，每个家庭都能有两到三个奴隶。此外，光是布匿战争罗马公民数就锐减了一半左右，幸存下来的弥足珍贵，而在这种宠爱下他们迅速腐化堕落。还在小西庇阿的时代，这位统帅就发现：他的公民士兵上战场都要骑着骡子，奴隶替这群爷扛行李，并替他们擦橄榄油。

“如果一个士兵上战场跑起步来都气喘吁吁，你还能指望他做什么？”小西庇阿发出这样的感慨，他的后来者马略也深有同感。于是马略便取消了从军的资格限制——无产者、罪犯，甚至是共和国晚年大量出现的被释奴，只要是在户籍表册上登记过的，他都一律召入军营里宣誓从戎，再用棍棒殴打、金钱赏赐和武装拉练的“感化手段”，教育他们学会爱统帅、爱纪律、爱服从，成为“马略的骡子”。

另外，马略取消了长期以来共和国军队的“三列阵”，即前卫青年军、中卫成年军和后备老兵，并使用散兵与骑士掩护侧翼的固定战术。所有军团士兵的武器、铠甲全由国家承担，在阵列上也没有任何区分，每八十名士兵组成一个百人队，两个百人队组成一个中队，三个中队组成一个大队，十个大队构成一个完整军团，其中第一大队拥有双倍的百人队和老兵，也称作“千人大队”，再加上辅助侦察的骑兵（他们的单位是“翼”）与工程队伍，单个军团的定额是六千人（四千八百人是战斗人员，一千二百人是辅助人员）。在行军和宿营时，每十名军团士兵分配一个营帐和驮马，其中八名是战斗人员，两名是非战斗人员负责看管辎重，但等到武装急行军时，所有的士兵都要背负沉重的武器和行李，坚忍而安静地急速行走，这也是他们外号“骡子”的由来。士兵退伍后，可以分到一笔金钱和一小块安置田产，这也由国库来支付。

马略的改革，使共和国武装变得职业化与常备化，也造就了罗马第二个对外征服的军事巅峰。但身为“第三国父”的他，已不可能像“第二国父”卡米卢斯那样，在就任独裁官击败高卢人入侵后，就立刻脱下紫色袍子，像个老农般回到自家庄园去耕地，他还想当第七次执政官，还想继续往上攀爬。军团的士兵也是这样，征服劫掠、索要军饷、要求退伍金，就是他们的日常所为。现在他们听说苏拉的指挥权被取消，担心马略会另外招募兵员，使他们失掉在战争里发大财的

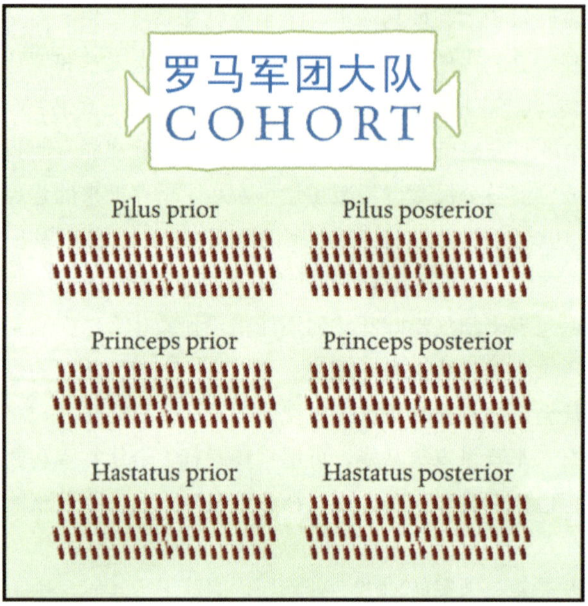

◇ 马略改革后，一个标准的罗马军团大队 COHORT 的组成图，其由六个百人队组成，六个百夫长按照资历由浅到深分别为 Hastatus posterior、Hastatus prior、Princeps posterior、Princeps prior、Pilus posterior 以及 Pilus prior。每两个百人队组成的中队，都由资深的那一位百夫长担当指挥官，三个中队组成一个“棋盘横阵”，这种详细的划分，足见罗马军制的完善

机会，“当兵吃饷天经地义”，“断人财路如同杀人父母”，于是士兵们即刻将马略派来的两名军事护民官杀死，拥戴苏拉浩浩荡荡向罗马进军。

一手缔造军队的马略如今是作法自毙，他慌张了，便又派遣两名法务官去阻止军团的步伐，但苏拉的回答是“我要进军到底，将罗马从独裁暴君的手里给解放出来”。士兵们更为不客气，他们将法务官的权杖折断、长袍扯坏，接着一人一脚，将这两位给踢出了营地。

很快，六个军团在距罗马仅二十公里的帕西尼海港立下营寨。于是，城内大乱，到处都是慌张逃窜的人，恺撒家也将“尤里乌斯大院”的大门给封闭起来，武装了家中奴隶自守。因为现在苏布拉区到处都在流血——城破前的绝望和疯狂里，平民党在屠杀苏拉留在城内的亲朋泄愤。

战乱的火势终于蔓延到了圣域之内，苏拉的士兵踏上了街道，共和国的传统被军阀践踏在泥地里，从此不值一钱，正如阿庇安所说：“群众的骚动演变为殴斗和谋杀，又发展为公开的战争，罗马城被一支由公民组成的队伍当作敌国般入侵了……从此以后，廉耻和法律、国家和制度都对暴行失去了约束力。”又如古老的西比尔预言书所言：“罗马，伟大的国家，未来强奸你的不再是外来的入侵者，而是你的儿子们……你不再是正直者的母亲，你养了群吃人的禽兽！”当共和国达到最辉煌的时代时，阴影早已从其身下肮脏的泥潭里冒出，带着腥臭难闻的腐尸气息。

苏尔庇修斯被奴隶出卖遭到杀害，人们清点他的遗产时，发觉他光是拿出去放高利贷的就有三百万第纳尔银币，这就是平民党领袖的真面目。而马略并没有安心就戮的想法，他与儿子一起逃走，跑去非洲避难。

匆匆进入元老院的苏拉，缺席宣判了马略及其主要党徒的死刑，但苏拉并未对马略的亲族进行清洗。因为许多意大利新公民敌视他，而旧公民也因他武装进入罗马而不满，所以苏拉不敢轻举妄动，反倒推选了平民党的卢基乌斯·科尔涅利乌斯·辛纳为下一年的执政官，以安抚人心。随后，苏拉逼迫辛纳手举石块，登上神圣的朱庇特神庙发誓：“如果背叛与苏拉的友谊，我的尸体也会像这石块一样被抛弃在街上。”说完便将石块从山上扔了下去。

稍觉安心的苏拉这才统率所有的军团渡海前去征讨希腊和小亚细亚了。

但苏拉刚到希腊，执政官辛纳就忘却了誓言，迅速开始运作，鼓动新公民继续暴动，但苏拉留下的另外一位执政官屋大维却站在了旧公民一边，两派继续武斗——辛纳被逐出罗马城，执政官头衔也被元老院褫夺，但能量极大的他继续在意大利的乡间和军营里发表演说，煽动人们起来围攻罗马城，“苏拉做得，我就做不得？”

蜜罐被砸碎后，只能引来更多的苍蝇。

卡普阿城的一支驻军被辛纳说服，开始进攻罗马城，这时原本流落非洲的马略也趁机杀回。他驶向意大利的船上只有五百名被他解放的奴隶，和五百名在非洲招募来的毛里塔尼亚骑兵。但是他在伊特鲁尼亚地区上岸后，穿着破破烂烂的衣服，留着很长很肮脏的头发，做出步履蹒跚的模样，不停对人们说：“我就是连任六次执政官的战争英雄马略，为给你们争取对等公民权而被迫害到这种境地。”

结果，六千伊特鲁尼亚人即刻加入了他的军队，还有许多在乡间和矿山不堪虐待的奴隶也砸碎了镣铐前来投效。马略挑选当中身体强壮性格凶狠的组成卫队，称作“Bardyaei”（这词汇意思已不可考）军团。接着马略来到罗马城下与辛纳会合，对所有的部众发表演说后，就开始围攻自己邦国的都城。很快，马略攻陷了奥斯提亚河港（罗马不靠海，物资供应都从这个近郊河港沿台伯河输入），截断了罗马城的粮食供应；辛纳则攻破了阿里米隆，切断了罗马外援的路线。因为马略举旗的名义是为意大利新公民争取权益，所以周围的拉丁城市没有愿意为元老院出兵出力的。

屋大维属下的元老院慌张起来，派去马略、辛纳联军军营的使者摩肩接踵，但马略根本不屑于应答，辛纳则嘲笑元老院："你们来见我，是因为我是执政官，还是因为我是个被流放的公民呢？"随后元老院表示愿意开城，并恢复辛纳的执政官职务，但希望辛纳不要发起屠杀，辛纳则答复说："我只能保证不随意屠杀。"

但辛纳身边站着的马略阴郁扭曲的脸上却露出了渴望报复和杀戮的神情。

结果进城后，马略立刻指使党徒开始了疯狂的屠杀。执政官屋大维不愿逃跑，端坐在高级官吏的象牙椅上，等着马略的骑兵赶来。骑兵干净利索地砍下了屋大维的头颅，让他有幸成为第一个在罗马城内被杀害的执政官。随后，屋大维的脑袋被悬挂在市民广场的讲坛上示众，在接下来的日子里，堆积在广场上的脑袋越来越多。

市民广场距离少年恺撒居住的苏布拉区步行只需几分钟，那种血腥的惨景恺撒必然目睹，因为他的伯父卢基乌斯·尤里乌斯·恺撒，与盖乌斯·尤里乌斯·恺撒都在街头被马略党徒杀死，首级也堆在那儿。恺撒不但看到了两位伯父的头颅，还看到了李锡尼·克拉苏和他的儿子（即后来三巨头之一克拉苏的父亲与哥哥）的头颅，还看到了著名演说家马可斯·安东尼的头颅，还看到了昔日与马略同任执政官击败日耳曼人的卡塔拉斯的头颅。所有残缺不全的尸身都堆在广场上，严禁下葬，被野狗和乌鸦成群结队撕扯。经统计，未经审判就遭到处决的，共有元老五十人、骑士一千人。

◇ 共和国时代的罗马市民广场，也是罗马的政治中心

据说，恺撒此后一生都厌恶闻到血的气味。

因而恺撒在自己进行的内战中，对待战败敌人大多保持宽容态度，这种态度与他少年所见受到的触动怕是不无关系。

二

黄金青年

市民们，快把你们的妻子送回屋子里看管好，
因为好色的秃子来了。

——恺撒举办凯旋式时，其属下的士兵对着围观人群所唱

把罗马城浸于血海里的马略和辛纳，一起“当选”为公元前86年的执政官，但是他们虽能轻易战胜屋大维的乌合之众，现在却不得不将目光放到遥远的东方，在那儿苏拉的精锐军团正取得一个又一个的胜利。他攻陷了雅典，彻底毁灭了这座最伟大的哲学都市，而后又在希腊和小亚细亚多次击败徒有其表的米特拉达梯的陆军和舰队，本都之王多次全军覆没、落荒而逃。

一旦苏拉将米特拉达梯打败，再度回师罗马，己方该如何应对？马略为此日夜殚精竭虑，策划了许许多多的阴谋阳谋，累到无法入眠时就用醇酒来麻醉自己。他的身体很快垮掉了，这位曾经如“百兽之王”般的斗士，在最后居然陷入了谵语和妄想当中，在第七次就任执政官仅十七天后，恺撒的姑丈、平民党的栋梁、罗马的国父及臭名远扬的刽子手盖约·马略带着遗憾而死。

随后，苏拉暂时统军在外，罗马城和整个意大利落入了辛纳的独裁之手。

平心而论，辛纳虽然军事能力欠佳，但政治手腕尚可，他停止了马略的屠杀政策。其实在马略还活着时，辛纳就联合马略的同盟者赛尔托里乌斯，将马略的

Bardyaei 奴隶军团全部围在军营里处决，因为这群奴隶在翻身后，只会发泄危险的欲望，奸淫烧杀，无恶不作。接着，辛纳陆续将对等公民权颁发给意大利各城市，并通过了一些惠民法案，赢得了平民的支持，元老院嫉恨辛纳，但也无可奈何。

这样，在新一轮对决再度来临前，罗马又恢复了窒息般的安宁，平民再度如蟋蟀般溜达到市民广场上高谈阔论，而贵族则像麻雀般“飞到”风景旖旎的拜厄海滩上，继续狂饮烂醉。恺撒在度过了相对平静的十四岁与十五岁后，正如苏维托尼乌斯在《十二帝王传》开头所言，“在十六岁的那年上，他死了父亲”。

为什么苏维托尼乌斯会这么说，好像恺撒父亲去世是件喜事似的？其实对于罗马的世界来说，未必不是这样。因为罗马是个绝对父权的社会，一个能充当家庭核心的人，必须是妻子的丈夫、子女的父亲、老奴的少东家、新奴的主人、佃户食客的庇主，他掌握着所有遗产的分配权，妻子的嫁妆、子女的婚配、奴隶的释放和出售都由他做主。而恺撒是家庭唯一的男性继承人，那就意味着到十六岁时，他接过了亡父对家庭的统治权，成为尤里乌斯大院新的王者。某种程度上来说，恺撒是幸运的，那些长寿父亲的子女不管多有成就，也要生活在父亲的影子下，即使结婚组织新的家庭，也要每日战战兢兢地去父亲那里请安；但从另外一个层面而言，刚刚穿起成年标志——托加长袍、戴上家族指环的恺撒将肩负前所未有的重担，在罗马城即将面临的风暴中，他这只雏鹰是振翅高飞，还是顷刻坠落泥尘，当真是未可知的事。

恺撒父亲的死因不明，也许是陷于平民党与贵族党间倾轧党争积郁所致，不过还好恺撒父亲只是个法务官，没有像恺撒担任过执政官的伯父那样因为名气响亮，而遭马略党徒的毒手。而现在既然整个罗马城是辛纳做主，恺撒暂时也不会有丧命街头的危险，更何况辛纳为了邦国秩序的稳定，也向古老的尤里乌斯氏族示好，早在恺撒父亲去世的前一年，他就推举恺撒为朱庇特神庙的祭司。

这也是恺撒步入罗马政坛这个血腥竞技场的第一步。

这个起点是相当高的，恺撒担任的祭司名字叫“佛拉门”（Flamen），而在所有的佛拉门当中，尤以祭祀天神朱庇特的地位最为崇高。另外罗马法律规定，佛拉门祭司同时可以兼任民政官员。比如先前辛纳被罢黜后，元老院任命的执政官接替者，就是朱庇特的首席佛拉门美鲁拉，当然后来他和屋大维一起掉了脑袋，这种惨状也被恺撒看在眼中。

如果说辛纳让恺撒当朱庇特的佛拉门，还是单纯出于拉拢之意，但接下来恺

◇ 祭司的标准像，注意他的帽子，是由橄榄木制就

撒的举动却让所有人为之讶异——他在父亲刚死后，就解除了与科苏提娅的婚约，并与辛纳的女儿科尔涅利娅结婚。

退婚事件发生时，恺撒十七岁，已经成为整个尤里乌斯大院的主人整整一年，或者说得简单些，这次行为完全是恺撒自己做主的，因为科苏提娅在很小的时候就许给了他。

科苏提娅出身骑士家庭，嫁妆虽然十分丰厚，但恺撒认为，她除了钱财外，无法给自己仕途提供更大的帮助，在自己担任佛拉门后更是如此。

而辛纳是执政官，是罗马的独裁者，也是平民党的领袖，当他的女婿，再加上马略外甥的身份，年纪轻轻的恺撒一下子就在政坛和民众心目里提升了许多名望。也许有读者要问，恺撒不害怕苏拉的报复，不害怕重蹈两位伯父的覆辙吗？其实，在那个年代的罗马，左右逢源不过是美好的愿景罢了，在荣誉和理想的角逐场上，立场决定了政治人物的立足点，也是其在权力这个大赛车场上既定的跑道。事实上在后来，不管是顺境还是逆境，也无论恺撒使用了何种手段，他在十七岁那年选择的跑道，却始终没有变更过。

同年，苏拉的军团在意大利本土登陆，恺撒的岳丈辛纳则死于非命。

苏拉登陆前给罗马的元老院写了封措辞傲慢凶狠的信，称自己在米特拉达梯战争里杀死了十六万敌人，收复了希腊、爱奥尼亚、小亚细亚，但自己所得的报酬，却是被宣判为公敌，妻儿差点儿被屠杀，历经千辛万苦才辗转与他团聚，但他还是有无数朋友丧命，宅邸也被夷为平地。

“对于所有的公民来说，无论新旧，我并不埋怨其中任何一个，但我必须复仇。”苏拉如是说。

◇ 伟大的庞培，一脸假笑的庞培

第四次就任执政官的辛纳与同僚卡波跑遍了整个意大利动员民众参军，随后渡过亚得里亚海，准备在利布尼亚这座城市组织防线，拦截苏拉大军。但第一拨人马渡过去后，第二拨却遭遇了飓风，其后的军队感到畏惧，拒绝开拔的命令。恼怒不已的辛纳便召集军官和士卒，准备强逼他们上舢板。在这个过程中，他的束棒扈从与一名士卒发生了肢体冲突，结果乱兵从四面八方拥上来，用乱石和刀剑当场把辛纳杀死。

另外一位执政官卡波逃回了罗马城。苏拉的进军畅通无阻，在登上布林迪西港时没遇到任何抵抗。苏拉的手下有四万能征惯战的精兵，及六千仆从骑兵，而驻扎非洲的将门之后梅特拉斯·庇护也带着两个军团，自利比亚渡海加入了苏拉的行列。

在梅特拉斯之后，又有两位重量级的年轻人几乎同时来到苏拉的营帐前。

一位叫马尔库斯·李锡尼·克拉苏，一位叫格涅乌斯·庞培。

前者当时三十一岁，后者只有二十三岁。

巧的是，他俩的父亲及恺撒父亲都曾在同盟战争里担任过副将，与苏拉一起作战，而现在三位父亲都已亡故。与死于病榻的恺撒父亲不同，庞培的父亲斯特拉波原本驻扎在首都的北方，苏拉在临行前曾叫同僚执政官昆塔斯·庞培去接手斯特拉波的军队，结果贪恋军权的斯特拉波唆使乱兵杀害了昆塔斯，并于公元前89年任执政官。不久斯特拉波率领部众去援救被马略、辛纳围攻的罗马城，却在营帐里被雷电劈死，许多罗马民众都说他是遭了报应。

由此可见，庞培的父亲在当时声誉并不好，他侵吞战利品，横夺别人产业，为了争权夺利什么龌龊事都能做出来，所以他被雷劈死后，愤怒的民众直接将他的尸体从火葬堆上拖了下来。

但庞培却不同于乃父，年轻的他重情义守信诺，很有教养，待人接物彬彬有礼，并且长相颇为帅气，他的头发有些自来卷，便喜欢将前额的头发往后梳理整齐，这让他看起来很像钱币上的亚历山大大帝。当别人不管是出于诚心还是戏谑，用“亚历山大”来称呼他时，羞涩的庞培倒也并不拒绝，反倒把那卷发往后捋得更起劲了。奥古斯都（屋大维）的继父菲利帕斯曾找过庞培办事，开双关语玩笑，说庞培一定会替他处理好的，因为：“亚历山大还会拒绝父亲菲利普的要求吗？”（菲利帕斯就是菲利普的拉丁语）

对庞培来说，父亲的声名狼藉，虽然也给他造成一定的困扰，不过家族也由此积累了富可敌国的财富。当时意大利的东北部、中部，庞培家的产业横阡连陌，无数商贾和农民都是他家的食客。所以在父亲死后，庞培立即返回家乡帕西隆发表演说，驱逐了平民党势力，居然凭私力募集了三个军团，驮马、装备和粮秣一应俱全，也足见罗马当时已是催生军阀的温床了。年轻的庞培就率领这三个军团，以响应苏拉为名义，自东北部朝罗马逼近，慌张的卡波派出三员战将及庞大的军队来迎战。

面对敌人的三路围攻，庞培将所有部下集中在一起，亲自带骑兵站在前列，等对方的高卢骑兵冲出阵来后，庞培跃马持矛，大喝而上，刺敌将于马下。高卢骑兵被吓得屁滚尿流，纷纷转身遁逃，反倒践踏了自己的步兵队伍——庞培就此大获全胜，扫清了平民党在意大利北部的势力，征服了许多城镇。

此刻，他来到苏拉阵前。苏拉见到庞培的部众训练有素、衣甲鲜明，居然亲自下马，号召所有人用“英佩拉托”来为这位少帅欢呼，“英佩拉托”即Imperator，后来也就演变为“皇帝”这一专有称谓。

而马尔库斯·李锡尼·克拉苏，其父亲参加过同盟战争，还曾出任元老院的监察官。这是个非常崇高的职务，在共和国的官职晋升体系里属于“荣耀之阶的巅峰”，可以穿着独一无二的有条纹的紫色长袍，职责是检查任何阶层的人口并纠察风纪，当然也包括元老院——监察官可以决定谁是元老，谁不是，他们的任期长达五年。

克拉苏的父亲不但在罗马社会是“王”，在家庭里也是。克拉苏和他的兄弟挤在一个房间里长大，虽然其后各自结婚，但依旧不能脱离父亲的掌控，全家每天还是要挤在一张大桌子上就餐，毫无私生活可言，更不要说享受声色犬马的日子了——别忘了他父亲的本职工作是做什么的！所以克拉苏很早就显现了性格的两面性，一面他尊重家庭权威，在兄长亡故后娶了寡居的嫂子，这在当时罗马社会堪称美德；另外一面，他则偷偷摸摸干些胆大妄为的勾当，最离奇的就是他居然和名叫莉基妮娅的灶神庙贞女谈起了恋爱，要知道这些女性都是献身于神，绝不能让凡夫俗子来沾染的。不过克拉苏后来在受到指控时，却大言不惭地说："我不过是贪念她在郊区的一座风景优美的别墅，才向她大献殷勤的。"须知道，贞女如果被发觉动了凡情，是会被活活砌到墙里闷死的，而与她通奸的男子，也会遭到极刑的惩罚。克拉苏此举简直再完美不过地诠释了贯穿他一生的最典型特质，"要钱不要命"。

当年苏拉掘金的时候，也就是骗寡妇和后妈，可克拉苏则连贞女都敢骗。不过也不要以为他是葛朗台般的人物，克拉苏在他认为值得的时候，会展现出难得的慷慨大度：朋友向他借钱从来不需付利息，不过到了还款期限必须要还；他对平民食客的施舍帮助，既不吝啬也不会让对方感到是炫耀，十分适度；另外，克拉苏在当律师（罗马男子步入政坛有三个途径，当祭司，当律师，当军人）时，不管多小的案件，他都精心准备，毫不忽视；他在市民广场散步时，遇到任何认得或不认得的人，不管身份高低，都毫无造作地与对方打招呼。

克拉苏大体上是"有契约精神的饕餮"。为了附庸风雅，他也和名叫亚历山大的著名哲学家往来。二人每年都结伴出去游玩，每次出行时克拉苏都会赠送哲学家一件遮风的斗篷，但每次旅游结束后又都会将斗篷收回，这就是克拉苏。

罗马城被马略与辛纳攻陷后，克拉苏的父亲、哥哥死于非命，其本人一路逃到了西班牙，投奔他父亲生前的好友维比乌斯。精明的克

◇ 灶神庙贞女的画像，她们备受尊崇，但必须终身守贞，不然会遭到严厉惩处

拉苏先在海边峭壁里找了个大洞藏身，随后派个奴隶告诉维比乌斯自己来了。

维比乌斯也是个精明人，他本人并没有去见克拉苏，而是派出了管事奴隶，每天给克拉苏与朋友送去可口丰盛的饭菜，摆在山洞口后那管事奴隶就回去了。而后，维比乌斯又想到了克拉苏正值壮年，不能光满足他的口腹之欲，便又派了两名年轻漂亮的女奴去山洞，让克拉苏享受了整整八个月的“于飞之乐，齐人之福”。其中有个女奴一直活到了奥古斯都的年代，还接受了历史学家的采访，说起与克拉苏的往事来是神采奕奕。

得知辛纳的死讯后，克拉苏急忙从洞天福地里走出，凭借家族名声与人脉很快募集了两千五百人的军队，并在西班牙各个城市招兵买马，寻找盟友，准备回罗马向平民党复仇。也有传闻说他为了解决军需匮乏的难题，毫不犹豫地洗劫了西班牙南部繁华的贸易城市马加拉。接着，克拉苏带着人马，先是去非洲，随后又来到苏拉面前，颇得对方的赏识。

庞培被苏拉冠以“英佩拉托”的称号，令克拉苏极为嫉妒。这也可以说是罗马贵族间最正常的争雄之心——在战场、在政坛，罗马人一概认为自己和他人都仿佛处在大赛车场上，必须一圈一圈地竞争到底，巴不得自己的车获得金蛋，对手则折戟沉沙，无数家族、个人都对荣誉桂冠眼热不已，他们在自己努力的同时，也会像帝国时代某赛车手在刻满诅咒的铭文上所说的那样：“所有的鬼灵们，我召唤你们前来，愿你们对这个诅咒鼎力相助——叫尤契略（显然是这人的对手）和他所有的马明天在竞技场上不能动弹，着魔、挨揍、失败、翻车，遭到暗算，车毁人亡！”

于是庞培和克拉苏的明争暗斗，此后延续了几十年的光阴，但在此刻他俩都不得不服从苏拉的号令。得到年轻俊杰相助的苏拉军队，与平民党的军队在罗马周边混战了两年，摧毁、洗劫了无数意大利的市镇，最终大获全胜。卡波逃亡非洲，苏拉派遣庞培前去征讨，自己则来到了罗马城里，在元老院发表演说，同时屠杀了六千战俘。他在特里布斯大会上恐吓平民说：“如果你们服从，我会进行些对你们有益的改革；如果反抗，我会命令军队毫不犹豫地将你们杀死。”

而之前，当民众们推举辛纳当执政官后，苏拉还强装笑容，对他们发表演说，称“看到你们因为我的努力而享有自由，我是满意的”。

接下来，罗马城又是一片“天街踏尽公卿骨”的景象，苏拉的所作所为和马略毫无二致，他到处发布公敌宣告，无数元老和骑士——有的仅仅因为和苏拉的

◇ 古罗马的战车竞技，贵族和平民都在这种血腥激烈的比赛里收获颇多，后来此种场景也成为好莱坞史诗电影的最爱，比如《宾虚》最后的高潮桥段

敌人交谈过——遭到告发，不经任何法律程序就被处决，财产也遭没收。马略的尸骨被掘出焚烧，骨灰被扔到了河里去。很早前，罗马法律就规定“公民不能随意被判处死刑”，但在苏拉的利剑前，法律形同虚设。

不久后，庞培远征非洲获得巨大胜利，支援平民党的努米底亚王伊阿巴斯成为阶下囚，卡波则身首异处。同时，因为当年两位执政官都已死亡（公元前82年的执政官卡波和马略的侄子小马略），罗马城进入了“无主”时期，苏拉趁机通过相应的程序，成为独裁官，自此行为不受任何限制，任期也不明。

接着，日理万机的独裁官，居然也想到了小小的“佛拉门”尤里乌斯·恺撒，也许是苏拉哪天去神庙祭祀时遇见的吧，恺撒当时还不到二十岁，根本无法涉足政治圈，故而苏拉只是漫不经心地要求恺撒“和辛纳的女儿离婚”。

恺撒的反应出乎苏拉的意料：他拒绝了，他居然敢拒绝！

心中同时出现巨大感叹号和问号的苏拉，自此便“留意”到了恺撒。而后继续恫吓说，如果恺撒不照办的话，这个年轻人的仕途乃至生命就会彻底完蛋，因为我解决你就像摁死只蚂蚁一样。

然而恺撒还是那个回答：“不！”随后他带着已有身孕的科尔涅利娅，逃跑了。

这也是年轻人的一种反抗的形式吧，虽然几乎微不足道。

苏拉大为光火，或许恺撒的反抗令他感到恐惧。

这种恐惧不但来自恺撒，也来自庞培。当二十四岁的庞培在非洲胜利归来后，他便要求苏拉给自己一个大凯旋式。但苏拉却说，按照规定只有执政官、法务官或行政长官（行省总督）级别的，才有资格享受凯旋式，你还太年轻，且去熬资历。并且要求庞培将军团就地解散。

庞培的回答是："不！"

随后，庞培又补了一句："人们都爱在东方冉冉升起的旭日，不会去爱日渐西沉的斜阳。"

这话差点儿没把苏拉给噎死，他气愤地对下属叫道："给庞培凯旋式，给庞培凯旋式！"又哀叹说，"没想到我这把年纪，还要与黄口小儿争高下。"

凯旋式当日，庞培好像是赌气似的，要用四头努米底亚大象拉着自己的车进入城门，后来发觉城门太窄才作罢。但民众却爱这个虚荣、羞涩但又任性不凡的"优质小鲜肉"，开始用"Magnus"即"伟大的"来称呼庞培，"伟大的庞培"由此而来。

这时苏拉认为，自己可以对庞培妥协，但绝不可以和恺撒打马虎眼儿，庞培不过是虚荣罢了，而恺撒展现的则是"不屈不挠的立场"，于是便派出名为"科尔涅利乌斯"的密探团，前去搜捕恺撒。

与马略的 Bardyaei 军团相同，为了巩固自己的独裁统治，苏拉也解放了上万名奴隶，且用自己的氏名为他们所有人命名。这些奴隶誓死为苏拉效忠，并且组成队伍走街串巷，充当密探和便衣，为苏拉捕杀政敌。

在被追捕的过程中，恺撒初次遭遇了人生的挫折，他的佛拉门祭司职位被除名，家族遗产和妻子嫁妆被充公，带着少量细软和怀着孩子的妻子，又罹患"三日疟"，每晚从这个住所跑到另外一个住所，混迹在萨宾人的居住区。但最后他还是被科尔涅利乌斯密探们给抓住了，当时这群解放奴正在街区里抓另外一个逃犯。

要分清这群人的职衔是很不容易的事，因为每个人都叫"科尔涅利乌斯"。但最后恺撒还是找到了"科尔涅利乌斯队长"，拿出价值两个塔伦特的财物来贿赂对方。

塔伦特是古希腊的货币单位，一塔伦特折合约二十五公斤的优卑亚白银，相当于六千德拉克马银币（即罗马的第纳尔），按照色诺芬的《长征记》记载，一个重装步兵连带他的随从，一天的军饷是一个半德拉克马，足见恺撒为了活命下了多大的本钱。

贵族的原则是荣誉，奴隶的原则可就说不准了，“科尔涅利乌斯队长”明显是爱钱的，也是严守契约精神的，“收人钱财替人消灾”，他收钱后很快就将这个面目白皙、披着宽大长袍的瘦削逃亡者给放走了。

知道不容于苏拉的恺撒，趁这个机会将妻子安顿好，自己扬帆远航，跑到了小亚细亚和爱琴海一带，在那儿马其顿总督塞姆斯正在指挥对雷斯波斯岛的围攻。

雷斯波斯岛位于爱琴海东北处，写作Lesbos，读作Lesbian，很不幸和现在的“蕾丝边”即女同性恋同音。古希腊被誉为“第十位缪斯女神”的女诗人萨福，就和许多女弟子一起，在这个岛上传授“诗和爱”的艺术。到了19世纪萨福被阴差阳错地奉为女同性恋的祖师后，雷斯波斯岛也就变成了“蕾丝边”圣地。

当时的雷斯波斯岛是一座很强大的海上城邦，在米特拉达梯战争爆发时也起来反抗罗马的统治，所以塞姆斯发起的这次战役，可以看作是第一次米特拉达梯战争的余波。

恺撒来到塞姆斯的司令部，受到了总督的热烈欢迎，塞姆斯很欣赏这个年轻

◇ 与女弟子在一起的萨福，后来她也被女同主义奉为精神圭臬

勇敢的家伙，任命他为自己的侍从，即Contubernius，与司令官住在同一个营帐，负责传令、勤务和护卫。

这也是恺撒第一次从军。

不久长官的命令下达，命令恺撒前去小亚细亚附庸国比提尼亚，去向国王借一支舰队，因为雷斯波斯岛的首府米提勒那城靠着海角，而塞姆斯的手中缺乏船只。

于是，恺撒就去了比提尼亚的王宫，他是第一次接触奢靡的东方和典雅的希腊风格混合的生活，在那儿他受到了国王尼可美德斯四世的热情接待。接待有些过于“热情”了，相传当国王召开宴会时，恺撒也会混在国王年轻的同性爱人们当中，给各位宾客斟酒，人们不免会有“物以类聚，人以群分”的翩翩联想。不过这也从侧面验证了恺撒的魅力，在与人打交道方面，他更像是苏拉。

◇ 古罗马城居民很早就进入了“城市生活”，这种岛屿式的公寓就是平民聚居地，独裁者苏拉就是从这里走出来的

不管实际上付出了什么代价，“鬼混”了很久的恺撒把任务完成得非常圆满，比提尼亚的舰队很快就接受了塞姆斯总督的指挥。恺撒也回到了雷斯波斯岛的营地里，但到了来年即公元前80年时，他又回到比提尼亚王宫，借口是去讨债。但这项明明应该是奴隶或食客所做的事情，恺撒却亲力亲为，那么他

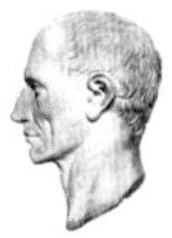

去讨的，更类似于是“情债”了。许多年后，恺撒的这桩公案还被他的政敌和军队津津乐道，政敌攻讦他是“所有女人的男人，所有男人的女人”，而士兵则会唱着色情小调揶揄他“征服了全高卢，却被尼可美德斯征服”。

然而到了对米提勒那城的攻坚战斗打响后，恺撒立刻出现在第一线奋勇作战，立下功劳。胜利后，塞姆斯亲手将一顶“市民桂冠”戴在恺撒头上。这个桂冠，是用橡树叶编制而成，虽不是金银造就，但却意义非凡，只有在战火里救助过同袍（或罗马公民）的人才有资格获得，也足见恺撒在整场战役里始终处于危险激烈的前线。这也体现了恺撒最大的优势，在政治、人际手腕上他深得苏拉真传，在战争和公务上他却颇得马略精髓。

市民桂冠给恺撒初次服役画下了一个完满的句号，这时有消息从罗马传来，苏拉也解除了对他的追捕。

自从苏拉对恺撒发出通缉令后，尤里乌斯家族的亲戚都跑来为恺撒说情，甚至暗示苏拉“以大欺小”，身为独裁官却不肯放过个年轻孩子。最后连灶神庙的首席贞女都过来为恺撒说情，称恺撒在担任佛拉门祭司时品行高洁（显然她还不清楚恺撒在东方都做了些什么），希望苏拉能够宽恕他。

灶神庙贞女只要不违背守贞的誓言，在罗马社会里的权是极大的。其中有一条就是她在经过街道时，如果偶遇等待处决的死刑犯，那这个死刑犯的性命就可以保住。

现在贞女要保的就是恺撒。

苏拉不胜其扰，愤怒地喊道：“行了，你们爱保他就保他吧！但是别忘了，这个年轻人总有一天会摧毁共和国与所有贵族的利益，要知道他的身上可是并存着好几个马略。”但他少说了一点，恺撒身上还并存着好几个“苏拉”呢。

得到赦免的恺撒并没有急着回罗马去与家人团聚，即使科尔涅利娅已为他诞下一个可爱的女儿。他是个极度务实的人，认为现在意大利依旧是苏拉及其党羽的天下，自己若想扛起平民党领袖的大旗，还需要资历和知识的积累。故而，接下来恺撒又来到奇乞里亚行省（小亚细亚南部的濒海地区），为总督伊索里库斯服役，据说此期间他经常会去比提尼亚王宫盘桓厮混，但一旦得到上峰的命令后，他还是会把任务完成得尽善尽美。

公元前 78 年，消息再度从罗马城传来，苏拉死了。

听到这个消息后，恺撒激动地辞去军中职务，迅速返回意大利。

◇ 后世画家笔下的古罗马凯旋式景象

因为恺撒畏惧的只有苏拉而已，现在此君亡故，他便可以挣脱樊笼，在罗马政坛上崭露头角了。

很快，恺撒就出现在元老院的视线中，并一跃成为公认的能量极大的危险人物。事实上，在苏拉死之前，这个异常聪明的独裁者就预示了未来的政局，苏拉在公元前 79 年即他死前一年，忽然宣布辞去独裁权，声称他不需要任何扈从和卫士，只会和少数朋友出现在市民广场，“任何想要我性命的人，都尽管来好了”。结果没人敢要苏拉的命，反倒是有一次某个年幼的熊孩子，跟在六十岁的苏拉身后诟骂，从广场一路骂到苏拉家，但苏拉毫不动容，只是在归家后轻蔑地说：“罗马已经失去能进能退的勇气，将来再有类似我的人掌握权力的话，他是绝不会放手的。”

多年后，罗马的人民都明白，盖乌斯·尤里乌斯·恺撒就是苏拉预言当中的

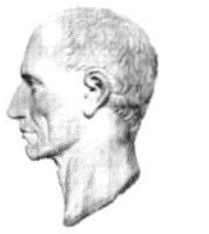

那个“绝不会放手”的人。

一回到罗马，恺撒就立刻参与了马尔库斯·雷必达的反乱运动。

马尔库斯·雷必达，是公元前78年的执政官，他在立场上是个平民党，并且在萨丁尼亚岛（现在意大利的撒丁岛）拥有很大的权势。按理说苏拉是不会允许这样的人当上执政官的，但雷必达背后却有人暗中支持，这个人便是伟大的庞培。

庞培自从上次为了凯旋式，和原先十分赏识他的苏拉闹得很不愉快后，就开始专注于拆台，庞培的理念也很单纯，“反正已经得罪你，干脆就得罪到底得了”。所以当年的执政官选举，庞培就专门为雷必达站台拉票。庞培是国民偶像级别的人物，所以雷必达顺利当选。大功告成的庞培喜气洋洋地回家，在广场上遇到了苏拉，苏拉警告并嘲笑他说：“年轻人，你虽勇敢但却虚荣愚笨，居然为了私利，不顾一切地去增强你敌人的力量。”

苏拉的这个预言很快成真。他死后，共和国经过决议，要授予他盛大的葬礼。结果雷必达持反对态度，这时候庞培展现了光明磊落的一面，虽然苏拉在遗嘱里十分冷落他，但庞培还是主张厚葬苏拉，给予这位风云人物应有的待遇。

葬礼后，雷必达平民党的面目立刻暴露出来，他的终极目标便是接过苏拉的独裁大权，所以他重新鼓动意大利的新公民（因为苏拉在独裁后，残酷迫害这些曾支持过平民党的人群）武装进入罗马城。这样，平民党的残留人物，当然也包括恺撒，都聚集在了雷必达的身边。

元老院害怕了，要求平民党的雷必达和贵族党的执政官卡图拉斯同时宣誓，不在任期内做出任何危害罗马的事。

狡猾的雷必达答应了，但却胁迫元老院同意在他执政官任期结束后，内定他为山外高卢的总督。请注意，尔后恺撒的路线，几乎和这时候的雷必达毫无二致。当元老院答应了雷必达的要求后，他派出心腹尤尼乌斯·布鲁图前去高卢地区招兵买马。等到任期结束，雷必达立刻来到行省，武装了部队，准备朝罗马进军，因为一年后，他当初的誓言已经失效，根本不用遵守。

但在这时，恺撒脱离了雷必达的阵营，置身于事外。

最初恺撒在得知平民党的雷必达要反抗苏拉所遗留的体制时，他确实是心向往之的，不然也不会千里迢迢从奇乞里亚回意大利来。不过冷静地观察分析过整个局势后，他判定雷必达必败。

苏拉虽然身死，但他以糟践意大利城市为代价，强行安置的十二万老兵还在，不管在苏拉生前还是死后，这些人全部都效忠苏拉的事业，以“殖民团”的名义驻扎在意大利各地，监视着敌对党派的一举一动；此外，一万名“科尔涅利乌斯”密探团还在罗马城，满布大街小巷，苏拉的党羽依旧占据政府国家的要津，元老院绝大多数也倾向于贵族党。而雷必达与布鲁图，妄图通过一个行省，就纠集乌合之众和拥有雄厚资源的敌人对抗，看起来来势汹汹，实为飞蛾扑火。

更何况，罗马城里还有个庞培，伟大的庞培，没到而立之年就获得“战无不胜”美誉的庞培，在军事能力上雷必达更与他不在一个等量级上。

那么，当时能和庞培对抗的平民党将军，有无其人？有的，就是马略最忠实的同盟者，独眼将军赛尔托里乌斯，他是平民党最杰出的将才，也是真正忠于信仰和荣誉的职业军人。他的能力和品德，即使是敌人也赞不绝口，但赛尔托里乌斯在苏拉取得胜利后，先是逃难去了非洲，后来又参与到卢西塔尼亚（现葡萄牙）人对罗马的起义当中，在西班牙半岛成为各蛮族的领袖人物，掀起了反抗苏拉的狂飙——不过，赛尔托里乌斯的势力距离意大利还是太远，鞭长莫及。

“这是一场毫无希望的争斗，我没必要为之殉葬。”这是恺撒最终的结论，

◇ 在古罗马，任何公职选举都要取悦选民，这是喀提林竞选时招待公民免费宴会所使用的盘子，当食物菜肴吃完后，刻着候选人名字的盘底就映入眼帘

故而他很快遁入罗马城里，并没有在最后关头加入雷必达的队伍。

果然，雷必达执政官任期结束，前往山外高卢赴任时，突然接到了元老院的“传召”。这种传召往往带有“通牒”的意味在里面，雷必达知道贵族党要对他动手了，便不再等待，匆匆命令北方的布鲁图起事，自己则纠集了大批平民党党徒，反过头来进军罗马。

元老院的效率更高，他们推举另外一位贵族党执政官卡图拉斯（与雷必达同年就任）为名义上的领袖，坐镇罗马城；随后又授予庞培军权，逼庞培去镇压他一手拉票扶起来的雷必达。

庞培是个认同“军人以服从为天职”理念的人，苏拉当初的预言就像芒刺般扎在他的后背，故而他毫不犹豫地接受了任命，朝意大利北方进军。庞培一出马，布鲁图组织起来的军队如鸟兽散，布鲁图本人只能带着嫡系武装，固守在埃米利亚大道的要所穆蒂纳城，与围攻的庞培相持。

另外一路，雷必达带来的“武装游行军”，乱哄哄地来到了罗马城郊的马尔斯大校场上。卡图拉斯的军队杀出，短短一天，雷必达就遭到了惨败，逃回了故乡萨丁尼亚。后来他发觉他在为国家为理想奋斗时，老婆却给自己戴了顶绿帽子。不久雷必达便在愤懑和失意当中感染肺病而死，随后他的儿子担任了恺撒的骑兵长官（罗马独裁官的副手），和安东尼、屋大维并肩为“后三巨头”。

雷必达一败，穆蒂纳城也支持不下去了，军队哗变，将布鲁图捆起来送给了庞培。奇怪的是，庞培先是承认了布鲁图的投降，但随后又说对方“罪证确凿”，在波河边的一个小村秘密将布鲁图处决。

现在看来，或许庞培和雷必达反乱有着某种牵扯，甚至可以说他可能也曾参与，杀布鲁图就是为了灭口。因为庞培在苏拉集团里的地位很特殊，按出身他只是个骑士，而苏拉在独裁期间，颁布了一整套“论资排辈”的官员升迁体系，来限制他这样的低出身浅资历的年轻人，维护老牌贵族的利益。按苏拉的规定，任何人都要先担任罗马的营造官（被苏拉降格为低级官职，为罗马官职体系的垫脚石，其中平民和贵族各两名），再升迁到行省的财务官或城中法务官，再升迁到行省的行政长官（总督）或城中的大法官，最终在年满四十二岁后才能登记为执政官候选人，并且就任过一次执政官后，要等到十年后，才能再次竞选。

这套程序简直要把如日中天的庞培给憋死了，虽然庞培的权力是贵族赋予的，但他的声望却是民众和士兵给的，所以他扶植雷必达当选执政官，除了表示对苏

◇ 在西塞罗等正直的卫道士眼中，共和国晚期的各种宴会无疑是阴谋、淫乱和道德沦丧的渊薮

拉的抗议外，还有赢得更多平民党支持，打破僵化体系的希望在里面。但在此刻，立场软弱的庞培还是投身于贵族党。所以究其一生，庞培始终在两个阵营间摇摆，蝇营狗苟，这也是他不及恺撒，最终失败的重要原因。

顺便说一句，被庞培杀死的布鲁图，恰好就是后来刺杀恺撒的马尔库斯·尤尼乌斯·布鲁图之父。

理智地避开这场风暴的恺撒，在接下来的短时间内逗留在罗马城里，一面与妻女母亲团聚，一面趁着老布鲁图身死，跑去安慰其遗孀塞维莉亚。随后两人很顺当地勾搭成奸，以至于罗马人很长时间都风传小布鲁图是恺撒的私生子。

这时候，恺撒“花花公子”的一面渐渐显露出来，在市民的眼中，他开始渔猎美色，流连于夜宴舞会里，奋不顾身地和各个贵妇私通。他的长袍总是花里胡哨地带着各种饰物，已经有些稀疏的头发被他精心地梳到后面，他会使用带着花边的东方希腊语勾引任何人，不久恺撒就因为英俊、奔放和标新立异，成为罗马城“黄金青年”的领军人物。

恺撒在二十岁前压抑得太久。他是个公私分明的人，在担任佛拉门祭司时，因职业的崇高性，想必不会做出任何出格的事，否则灶神庙的贞女也不会如此欣赏他。但和他同龄的贵族，已进入了汪洋恣肆的“黄金青年期”，这阶段他们已完成学业，但还未达到担任公职的年龄（罗马一般认可的理想公职年龄是三十岁以后），父亲睁一只眼闭一只眼，母亲则分出许多私产给他们，用于挥霍无度的交际。这些黄金青年不是和年长但风情万种的贵妇勾搭，就是成群结队干些出格的歹行，算是那个年代的嬉皮士。

显然，恺撒的黄金期算是迟来的，但他的成就却是非凡的，据西塞罗的“高度评价”，恺撒和“元老院里一半人的妻子有染”。

不过你要以为恺撒只会在风月场所称雄，那就大错特错了，在醇酒妇人环绕间，他始终没有忘记过政治理想，一直在摸索政治道路，“现在平民党不能冲动鲁莽，而要善于积蓄力量，在苏拉留下的框架内合法斗争，再来等待合适的时机”。这是他最后得出的答案。

结果在公元前 77 年，当罗马海外行省总督卸任后，恺撒立刻控告了前马其顿总督格涅乌斯·科尔涅利乌斯·多拉贝拉，说对方在任期内犯有勒索敲诈行省人民的罪行。

这个场景，是共和国末年必备的戏码之一。行省总督其实就是罗马的行政长官，职位次于执政官，负责讼诉事务，原本分为“本城市”和“其他城市”两类，而“其他城市”行政长官，后来就演化为了总督，随着共和国版图的扩张，总督职位到了恺撒时代已有十六位之多。对于罗马政治家来说，总督是个非常重要的晋升桥梁，因为只有担任过这个职务才有资格竞选执政官，而执政官一年任期结束后，就可以出任更为重要富庶行省的总督。行省总督的选择，主要是通过元老院“抽签”和“协商”来决定，官阶范围自法务官起至执政官止。正因总督是“桥梁”，所以大部分总督在任期内，为了壮大自己竞选执政官的力量，会依靠包税人集团疯狂搜刮勒索行省人民，把自己的腰包装得鼓鼓的。但当他们卸任返回罗马后，又会由于角逐执政官，被政敌以各种罪行指控，其中必然包括他们在行省内的“渎职腐化”行为。罪名一旦成立，他们往往会被赶出角逐场。所以指控各个卸任的总督，是罗马年轻贵族，尤其是像恺撒这样的青年，扬名立万的捷径。

在古典时代，罗马的法律已臻完美，像这桩案件，专门由仲裁外邦人（行省居民）

与本邦人纠纷的“外事法务官”负责审理，以《万民法》为判决依据。不过究其本身来说，古罗马法庭虽然也主张以判例和证据为本，但在现场往往还是要看律师的表现。精通辩论术的双方律师舌剑唇枪，更像是以演说的形式，打动法务官、陪审团及在场的观众，在其中更掺杂着各种各样的暗讽、诡辩，大肆攻击对手。当然，双方也会在私下采用不光彩的手段博取胜利，如收买法官或投票等。

不过，对多拉贝拉的控诉恺撒失败了。个中原因不详，不过从后来恺撒的行为来看，应该是“技不如人”，他在这场诉讼结束后，就再度离开家庭，乘船前往罗德岛，去向当时最负盛名的辩论术大师阿波罗尼乌斯・莫洛学艺去了。

在恺撒到来之前，罗马已经有一位杰出人士来向莫洛学过艺了，他就是共和国时代最伟大的演说家西塞罗。莫洛大师不懂拉丁语，他要求所有的弟子，包括西塞罗与后来的恺撒，都使用希腊语来完成学业。传说西塞罗“毕业答辩”完毕后，四周的同窗都在喝彩，莫洛却沉吟不语，感到不安的西塞罗便询问老师为何如此，莫洛有点儿伤感地说：“演说和辩论，是希腊仅存的荣光与财富，而现在也经由你西塞罗转移到罗马的名下了。”

来到罗德岛的恺撒，相传拥有与西塞罗不相上下的天赋才华，老师和同窗都认为他可以经过淬炼成为杰出的演说家或哲学家。但恺撒却淡笑不语，到后来人们才恍然大悟，这位青年只是将演说辩论当作“敲门砖”而已，他的最终目标是凭借野心和权术复兴古老门楣，像姑丈马略那样攀爬到权力巅峰。

罗德岛上的恺撒，活学活用，要以实际工作来验证自己的敲门砖够不够硬，于是便再度为马其顿人民当代理律师，在公元前 76 年直接起诉马其顿行省总督盖乌斯・安东尼乌斯・叙布里达。对方的父亲是罗马著名演说家马可斯・安东尼，是苏拉党的核心人物，虽出身平民但却担任过执政官与监察官，获得了极大的荣耀，在马略和辛纳攻陷罗马后遇害。相传马可斯・安东尼在其栖身躲避的阁楼上，对着来抓捕他的士兵发表演说，居然让士兵们羞愧得哭起来，最后还是一名百夫长冲上去，将还在滔滔不绝的马可斯・安东尼的脑袋砍下，堆到了市民广场上。

叙布里达是死难演说家的次子，因为父亲的缘故颇得苏拉重用。苏拉的军队从希腊退走后，叙布里达担任留守总督职务，但他只会到处抢劫，连希腊最神圣的德尔斐神庙也遭了毒手，导致叙布里达得到个“野人”（希腊称不敬神的人为野人）的绰号。其在行省内臭名昭著，也没有上层势力愿意帮助他。

恺撒对“野人”的控诉，得到了全希腊的强烈支持，他以锋芒毕露的辩论术让叙布里达一败涂地。叙布里达本人狼狈逃回罗马，到法务官马可斯·卢库拉斯面前申请庇护，称“自己遭到了不公正的对待”。一介还未担任公职的青年，居然让堂堂总督如此窘迫，足见恺撒的能力。

◇ 对于那个年代的罗马贵族来说，学习希腊式的修辞学和辩论术是必需的，此为柏拉图和亚里士多德辩论的浮雕

值得一提的是，叙布里达有个哥哥叫马可·安东尼·克里特库斯，其“克里特库斯”的外号，得自于他曾经清剿过克里特岛的海盗并取得胜利，他的儿子也叫马可·安东尼，即罗马的“后三巨头”之一。

干净利索地用敲门砖把“野人”拍得七荤八素后，恺撒信心大增。恺撒永远知道自己是在做什么，他所指控的多拉贝拉，还有叙布里达，都是苏拉的亲信党羽，这也代表着恺撒渐渐以平民党领袖的身份，开始反击贵族党了，通过法律途径控诉，不过是他的手段之一而已。在罗德岛度过大约两年的时光后，恺撒便准备载誉返回意大利，再在罗马名利场上大展拳脚，结果此刻变故发生了。

在恺撒以自己的方式发动反攻的同时，于地中海世界的另外一个角落，平民党的“独眼龙大将”赛尔托里乌斯的军队席卷了整个西班牙，也对苏拉遗留的体系发出武力挑战。被元老院派去进行镇压的，不管是梅特拉斯·庇护，还是伟大的庞培，都是这位独眼龙的手下败将。而苏拉生前与其签订和约的米特拉达梯·优伯特，也趁机和赛尔托里乌斯及满布整个地中海的海盗签订密约，一西一东，再度对罗马共和国宣战，“第三次米特拉达梯战争”爆发（第二次是因苏拉部将穆里纳借口米特拉达梯不遵守和约，于公元前 83 年发起的，结果被本都击败）。

战争的导火索是比提尼亚国王尼可美德斯去世，在其遗嘱里将国土赠送给了共和国，而米特拉达梯六世也声称对该王国有继承权。瞬间，小亚细亚与希腊的陆地与海洋都卷入战火当中。坐着船只准备回罗马的恺撒，在爱琴海南部一座叫法玛库萨的岛屿，被米特拉达梯的战友，一群名叫“海盗”的家伙给俘虏了。

三

幸运的“卡斯托耳”

当我看到他的头发梳得如此整齐，还不时用一根手指去拨弄时，真想不到这个人会有颠覆共和国的念头。

——西塞罗评价恺撒

海盗可以称作是罗马人民的老朋友了，这也是个与航海业并起的古老职业。古代欧洲，不管是意大利还是希腊，乃至小亚细亚、埃及间，贸易都依托四通八达的海路勾连。它们的这些船只因技术所限，只能沿着海岸线行驶，所以在海上风暴之外，又多了一层被陆地之人劫掠的危险。

劫掠者就是海盗，他们集中在伊利里亚、奇乞里亚和克里特三处，这群人多是无法用耕地养活自己的穷人。比如奇乞里亚行省就背靠山脉，前有崎岖的海岸，这种穷山恶水靠种田是没前途的，于是他们就制造了轻快的船只，藏身在海边山崖的洞窟里，伺机出来抢劫过往商船。海上发财可比土里刨食要轻松多了，他们的瘾越来越大，活动也越来越猖獗，有些大头目们甚至会在桅杆挂上王室才能使用的紫帆，当真不可一世。

对于海盗，罗马共和国最初采取了清剿的办法，比如前文提到的“演说家”马可斯·安东尼就曾带领一支军队去奇乞里亚征讨过海盗，随后他声称取得了胜利，还被元老院授予了一次凯旋式。但实际情况是奇乞里亚的海盗只是在清剿下都跑

◇ 人类最古老的职业“海盗”，它与航海贸易同时兴起

去了克里特岛，换个地方“做生意”去了。

慢慢地，因为奴隶贸易，共和国居然和海盗产生了微妙的关系。罗马经济是建立在奴役奴隶的基础上的，奴隶身为一种能说话的商品，自然也被要求“物美价廉”。海盗们在抢劫完船只后，往往会将俘虏里的显贵人物扣押下来，索取赎金;而不怎么显贵的，就全部扔到市场上当作奴隶贩卖——这种情况在古希腊戏剧里多有表现，海盗盘踞的岛屿也是奴隶贸易最繁盛的市场。

这样，罗马的奴隶贩子就和海盗勾结起来，使得清剿工作越来越困难。不过即使这样，海盗也不会感谢共和国，在米特拉达梯的唆使下，他们很快担当了本都国王的海上一翼，卖力地切断共和国的补给线，因为罗马的粮食大部分是靠海上运输而来的。

当海盗盘问恺撒的身份时，恺撒的境遇是十分危险的。他既不能过于低调也不能过于嚣张，太低调的话海盗会毫不犹豫地把他卖到奴隶市场上去，而太高调的话海盗会故作惊讶地跪在他面前，随即就“邀请”他跳下海游回自己的国家。

恺撒不愧研习过演说术，他开口反问海盗，为自己定了个什么价钱。

这下倒把海盗给镇住了，“看来这贵族公子哥似的人物值点儿钱，先别杀或者卖”。经过磋商，他们开出了二十塔伦特赎金的价钱。

前面已经介绍过，恺撒当年在苏拉追捕下的活命钱也就两个塔伦特，海盗开出如此高价，显然是反过来试探恺撒。

谁想这个贵公子大骂一句：“你们狗眼看人低，我起码值五十塔伦特。”

海盗彻底蒙了，还没等他们反应过来，恺撒就让随行人员去各个地方筹措赎金了。海盗只能把他留在船上，供吃供喝伺候着，不敢造次，因为这位爷可值钱了。据说恺撒在海盗船上度过了三十八天（一说六个礼拜），身边只有一位朋友和两个奴隶相伴。他的表现简直不像个囚徒，海盗玩游戏时他也踊跃参与，还写了许多诗歌、演说词，高声朗诵给这群人听，有人文化程度低说听不懂时，恺撒就嘲笑对方是“文盲”，并勉励他们要多学希腊语，刻苦加强自身修养。有时候，恺撒也会说：“等我恢复自由了，我就将你们全部抓捕处死。”海盗们哈哈大笑，丝毫不以为意。

五十塔伦特的赎金送来后，海盗在米利都（小亚细亚西南一座城市）外的海面上释放了恺撒，并依依不舍地与他告别，因为在不少人心目中早已将平易近人的恺撒当作好朋友了。

但恺撒很快又来找他们了，在被囚的日子里，恺撒仔细记住了海盗们的航线和停泊地，甫一上岸就向小亚细亚总督借来一支舰队，没费什么力气就将海盗们全部抓住，随后兑现了当初的诺言——将海盗悉数钉上了十字架。

◇ 被海盗俘虏的年轻的恺撒

在这种境遇下，恺撒依旧能战胜海盗，只能说明他是个比海盗还狡诈、还坚忍，当然还更冷酷无情、更睚眦必报的人。

于是，恺撒完成了所有的“学业”，并通过了罗德岛修辞大师也无法给予的测试，第二次返回了罗马。与先前不同，这次的恺撒规矩多了，虽然共和国内忧外患，他也没闹什么幺蛾子，而是按照保守的官僚体系的需求，首先参加了军事护民官的竞选活动。

竞选当中，恺撒对罗马民众表现得异常慷慨，尤里乌斯大院的门朝任何人敞开，当然他也希望其他人的门朝自己敞开。他愿意给予任何人帮助，为此不惜债台高筑，得到的回报是在选举里所向无敌，顺利当选希冀的职务，进一步扩大了他的影响力和名声。

不过这时，元老院的寡头贵族尚未将恺撒放在心上，有的人认为他太年轻了，上次镇压雷必达反乱后，所有程序都再度回到正轨，恺撒就算谋求执政官的位子，那也是二十年后的事；也有的人认为，恺撒这样的家庭毫无资本可言，依靠贿买建立起来的荣誉，会随着金钱的荡尽而迅速崩溃，“恺撒不过是昙花一现，他总有一天会为自己的鲁莽和无节制付出代价”。

恺撒也知道元老院不会喜欢自己这样的人，所以他只能像姑丈那样，争取民众的拥戴。好在经过罗马的法律改革，在特里布斯大会和百人团会议上，下等公民的投票重要性得到了加强，投票程序也已经改善（比如实行了秘密投票制），故而对于政客来说，通过“拉票”手段赢取某个阶层和集团的票仓是必不可少的，恺撒当然也不例外。

那个年代通行的政治规则是这样的：不管普通民众如何为自身权利争斗，他们“选出来的总是贵族”。和“所有的英格兰人都爱贵族”一样，罗马人也都爱

◇　浮雕显示的是古罗马贵族的葬礼，人们不但要吹奏乐器，抬着棺椁将死者下葬，还会举办大型的角斗士比赛和演说来纪念死者

贵族，爱他们的风度，爱他们的气质，爱他们先祖的美好传说。而另外一方面，罗马贵族也不会天真到认为自己坐在家里的卧榻上，喝着高档葡萄酒，选票就会源源不断地送到手里来，在罗马城的世界里，贵族必须要照顾普罗大众的诉求。总的来说只有满足大众的四个需求，他们才能屹立不倒——荣誉、雄辩、战利品分配和土地诉求。

对恺撒来说，急待满足的是前两条，所以他不放过任何一个在民众面前展示自身雄辩和家族荣誉的机会，希望唤醒他们对尤里乌斯家族尘封的记忆，或者对战争英雄马略的缅怀。

两次葬礼给了恺撒机会，一次是他姑母的，一次是他妻子的。在当时，对贵族家来说，葬礼是头等大事，是宣传整个家族的最好机会：将传说里的祖先，曾担任过执政官的祖先的半身雕像统统拿出来展示，死者的继承人或至亲，召集民众，登台演说，歌颂死者的荣耀，事后还要按照传统举办供民众欣赏的角斗士比赛。这样，葬礼的规模越来越大，花费越来越奢靡。

恺撒在姑母的葬礼上，巧妙但是极其大胆地将姑丈马略的半身像给展示出来了，这让元老院彻底没了脾气。虽然马略被宣布为国家公敌，但现在他妻子去世了，也没有理由阻止丈夫的半身像出现在葬礼上。而后，在妻子科尔涅利娅的葬礼上，恺撒动情地当着成百上千市民的面，抒发了对妻子的追怀，让无数人泪洒当场，不但为恺撒的伉俪情深而感怀，也为“辛纳的女儿”去世而悲伤。

接着，恺撒越战越勇，他指示手下，偷偷将马略的画像与雕塑安置在卡庇托尔山上的神庙里和市民广场上，让许许多多的民众开始回忆起，在当年罗马遭受外族威胁的日子里，是谁从黑暗的深渊里挽救了他们。而民众能更清晰地看到，现在继承马略与辛纳事业的，就是恺撒！

元老院的精英寡头们这才感受到恺撒的能量，他们惊恐万分，企图压制这位新的挑战者，但却徒劳无功，因为合法斗争的恺撒就像海蛇般狡猾，根本无法抓住其把柄。而另外一方面，苏拉所遗留的体系也慢慢走向崩坏，元老院光是应付这局面就焦头烂额，所以暂时也顾不到恺撒——只要他别闹什么大乱子就成。

但恺撒还就准备闹大乱子了，他锁定了两个苏拉生前的得力干将——庞培与克拉苏。

在元老院看来，罗马共和国四个最主要的敌人是米特拉达梯、海盗、西班牙的独眼龙和斯巴达克斯角斗士叛乱。但击败了这四个敌人后，庞培和克拉苏也逐渐崛起，使得传统的“精英共治体系”逐渐被“巨头”所替代。

公元前72年，西班牙的“独眼大将”赛尔托里乌斯身死，他以奥斯卡城为根据地，在西班牙坚持斗争了整整八年，无数蛮族效忠于他，他也从罗马接纳了无数被迫害者，建立了独立的元老院，并和海盗与本都结盟。梅特拉斯和庞培都是他的手下败将，特别是伟大的庞培，从来都没有如此狼狈过——公元前75年的苏克罗会战里，赛尔托里乌斯狠狠教训了不可一世的庞培。庞培的人马全线溃败，自己也负了伤，连戴着黄金饰物的坐骑也落入了赛尔托里乌斯的手里，最后还是梅特拉斯相救，庞培才逃出生天。“独眼大将”嘲笑他说：“如果不是老太太（指年长的梅特拉斯）来救的话，我就把这熊孩子（指庞培）抓住鞭打一顿，捆起来送回罗马去。”

罗马的元老院还是采取了卑劣的手段——挑拨西班牙土著和罗马流亡者间的关系，唆使叛徒杀害了赛尔托里乌斯，才算是把西班牙给平定了下来。

在东方战线上，元老院起用了苏拉杰出的部将卢库拉斯。其在小亚细亚多次击败米特拉达梯，不但收复了比提尼亚等地，还将这位“每次机遇把握都很准，但执行太渣”的本都国王的老巢给抄了，米特拉达梯本人逃到了女婿（亚美尼亚王提兰格）那儿，卢库拉斯顺利地挺进两河流域。

但一波未平一波又起，现在是意大利本土出了大事儿，卡普阿的角斗士学校爆发了起义，一个名叫斯巴达克斯的色雷斯角斗士成了领袖，带着七十名手下，拿着厨房里的烤肉叉从囚禁他们的地方冲了出去，上了维苏威山。

最初，共和国没把这当回事，斯巴达克斯曾在罗马的辅助军队里服役过，后因开小差被卖为奴隶，送到角斗场要其格斗至死，用鲜血和勇气给罗马观众带来愉悦，现在他带着人逃跑了。在元老院眼中，这种行为和意大利乡间、矿山此起彼伏的奴隶逃亡没什么两样，所以他们只是派遣两名法务官带着临时征募的军队（精锐的军团全在西班牙与东方）前去镇压，结果先后被角斗士起义者打得惨败。其中一名法务官差点儿被活捉，扈从和束棒都落入了斯巴达克斯手中，还丢了许多其他武器。于是，这群角斗士再也不用棍棒和鱼叉了，他们也穿上了罗马人的盔甲，佩带宽刃短剑作战，瞬间就有七万名备受压迫的奴隶加入其阵营。

随后，斯巴达克斯带着起义军准备朝山外高卢行军。现在普遍的观点认为，他是准备带着所有人借道高卢返回自己的家乡色雷斯。但斯巴达克斯的部分战友——大部分是高卢人和日耳曼人——希望进攻罗马并洗劫巨大的财富，还有部分意大利的贫民，也不愿意离开故土。起义军内部发生了分裂，这群人在名叫克利苏的领袖带领下，走上了与斯巴达克斯迥异的方向。

意识到威胁的元老院，终于在公元前72年派两位执政官联合出征。他们的军队先在加尔加鲁河击败了克利苏，屠杀了两万名起义军，但却没能在波河流域击败斯巴达克斯。即便在腹背受敌的情况下，“英勇善战、知识丰富而且品格高尚”（不是马克思的评价，是古罗马史学家普鲁塔克的评价）的斯巴达克斯依旧连续击败了两位执政官和山南高卢的总督，杀死不计其数的罗马士兵，并且抓捕了三百名俘虏，强逼这些俘虏在起义军面前角斗，要流干血而死，“原本的演员成了现在的观众”。

连续取得胜利的斯巴达克斯，却在波河忽然转头，朝罗马城进军了。因为队伍膨胀到了十二万人，斯巴达克斯已经控制不住军队了。大部分人不愿意离开意大利，他们要复仇，要洗劫，要摧毁这个不公平的世界，虽然“经过审慎的思索，清醒地认识到自己不足以与罗马帝国力量对抗”（普鲁塔克语）的斯巴达克斯内

◇ 用鲜血和生命取悦罗马人的角斗士竞技，这是那个年代最野蛮最血腥的运动

心对这个方案并不认可，但他也只能领导所有的人，奋斗到生命的最后一刻。

得到起义军南下的消息，罗马城一时间连小儿都不敢夜啼，因为“这个战争，虽然在开头被人嘲笑和蔑视，以为只是角斗士作乱，但是后来对罗马人却是如此可怕”（阿庇安语），以至于公元前71年选举时居然没有人敢提名自己为候选人，因为害怕领军面对斯巴达克斯。

元老院原先奉行的是“精英寡头共治体系”，在这种体系里，大家都要平庸，个人要服从于集体，不允许有杰出的人物出现。但现在接二连三的事件发生，元老院不得已又将“杰出人物”推出来。庞培在西班牙尚未归来，卢库拉斯还在小亚细亚跋山涉水，现在还留在罗马城里的倒是还有一位人物，那就是马尔库斯·李锡尼·克拉苏。

这么多年，庞培声誉日隆，克拉苏却未被重用。说实话，克拉苏虽然军事才能不如庞培，但他在苏拉帐下也是颇有建树的。当年在平民党大军偷袭罗马时，两军于柯林尼门外血战，连苏拉本人负责的左翼都溃败了，最终就是克拉苏领导的右翼奋勇击败了敌军，改变了整个局势。

但即便如此，苏拉还是不会感谢克拉苏，因为取得胜利后，克拉苏到处洗劫城镇，还将大部分战利品据为己有。到了苏拉独裁时期，他又随意颁布《公敌宣告》，籍没抄掠了大批公产私产，暴富起来。克拉苏是如此声名狼藉，闹到苏拉根本不放心让他经手公务，所以和庞培一样，克拉苏也被苏拉在遗嘱里忽略。

◇　随着对外的征服，大量有技术的工匠以奴隶身份进入罗马城。这是一所位于市民广场边的铜器店的场景

觉醒的克拉苏决心扬长避短，他不再在军功上和庞培一较高下，而是转入幕后，赚钱，赚钱，赚更多的钱。他买入了一批聪明的奴隶，亲自训练他们，称

“奴仆的事情做得好不好，在于主人的指挥与管理”。他把这些奴隶培养为财会、建筑、誊写、细工等各方面的专业人才，为自己巧取豪夺罗马城中更多的宅地。

当时的罗马城，街区拥挤，巷子狭窄，环境肮脏，建筑大部分是土木结构，并且排列十分密集，克拉苏发现，一旦失火，许多房屋将在顷刻间毁灭。所以他动用私财，组织了罗马历史上第一支“防火队”，但全称读起来必须拉长点儿，叫“防止别人救火的队伍”。火灾发生时，这支队伍会在第一时间赶到现场，将起火建筑围起来，直到它彻底烧垮为止，随后克拉苏的会计师赶到：“你这建筑烧成这样了，大概也就值这个价钱吧”，于是从物主手里贱价买下。再后面就是建筑师登场，将房屋修葺一新，挂到克拉苏名下出租。

这样，克拉苏名下的房产和财富越来越多。不过他不是守财奴，不过是借财富换个途径博取权力而已。他将钱借贷出去，资助需要帮助的人：政客、平民、军人、骑士包税人，成为他们的债主，逼迫他们成为自己的“食客”，在暗地里操控着罗马的权力。

现在斯巴达克斯起义给予了克拉苏走向前台的机会，他被公推为当年的大法

◇ 为了自由血战到最后一刻的斯巴达克斯

官，接手了先前两位作战不力的执政官属下的军团，接着十分冷酷地整饬军纪。对两个军团临阵脱逃的五百人执行了“什一法”：抽签选出了五十人，当着所有士兵的面用石块砸死，或用铁钉贯脑处死。

接着，克拉苏动用私人财产招募了六个军团，正如他的一句名言所说：“一个没钱组建军队的人，根本不配称为富有。”

依靠残暴手段树立了对军团下属的威信后，克拉苏便带领大军围追堵截斯巴达克斯的起义军。无奈的斯巴达克斯最初准备渡海去西西里，但海盗收了他的钱后却背信弃义，结果起义军只能突破克拉苏横亘于“亚平宁靴子脚”的封锁线，来到卢卡尼亚地区，准备渡过亚得里亚海，前往巴尔干山区。

然而，连狭窄的墨西拿海峡都无法渡过的起义军，又靠什么渡过宽阔的亚得里亚海呢？而这会儿，看到起义军已穷途末路的元老院，敏锐地感觉到不能叫克拉苏独占镇压起义的荣耀，必须来拆台了，便下令西班牙的庞培回到意大利，再令已经驻屯在马其顿的卢库拉斯舰队前往布林迪西，名为与克拉苏一起围剿，实为唆使这群人互相争功，不让任何一位坐大。

公元前 71 年春天，六万起义军在阿普利亚与罗马军队进行了悲壮的决战，惧怕庞培抢功的克拉苏，不断投入生力军疯狂围攻起义军。而起义奴隶的英勇壮烈震天撼地，他们的遗体全部往前，保持冲锋的姿态血洒战场。斯巴达克斯杀死两名联手向他挑战的百夫长，而后膝盖上中了一矛，不知所踪。最后被俘的六千名起义军士兵全被克拉苏残暴地钉死在卡普阿到罗马沿路街道的十字架上。

可还是有五千名奴隶突破了克拉苏的包围，结果却遭遇了南下的庞培，被全部杀死。庞培给元老院写信说：“克拉苏虽然击败了奴隶，但还是依靠我，才终结了整场战争。”

接着，元老院宣布，庞培因击败赛尔托里乌斯和奴隶起义军的功劳，享受大凯旋式；克拉苏只是击败了奴隶而已，只有一次小凯旋式。

也就是说，庞培可以乘坐马车，带着浩浩荡荡的游行队伍，举着各种战利品和纪念牌，穿行整个罗马的街道，随后将缴获的东西献给卡庇托尔山上的朱庇特神庙，祭司会杀死一头牛献祭；而克拉苏只能徒步，带着些扈从，把一些和旅游景点出售的差不多廉价的纪念品献在罗慕路斯祭坛前，祭司只会杀一头羊献祭。

看着倒在血泊里的小羊，克拉苏的憋屈和嫉恨达到了顶峰，他不但开始攻讦庞培，还拒绝遣散军队，庞培也报以同样的态度。双方的军团都驻扎在城外，两

◇ 被钉在十字架上的起义奴隶。画家费多尔作，1878 年

人在城里打着口水仗，民众则害怕马略与苏拉内战惨剧重演，纷纷哭泣着要求他俩握手言和，一起竞选下年的执政官。

最后，两人也觉得闹下去不是办法，便勉强握手言和，在完全无障碍的情况下，双双当选公元前 70 年的执政官，这一年克拉苏四十五岁，而庞培只有三十七岁。在执政的这一年里，两人在政绩上毫无建树，也没有在个人得失方面有任何的反思，重新回到了相互拆台、扯皮的美好旧时光，这一年也成为罗马史上浑浑噩噩的一年。

但是，有人替公元前 70 年做了个总结，此君便是恺撒。

这么多年，恺撒始终在苏拉遗留的体制框架内游走，寻觅着彼方的破绽和致命处——早先恺撒也不得不丧气地承认，苏拉虽死，但其阵营依旧强大，平民党似乎并无翻身之日，老雷必达惨败，赛尔托里乌斯身死，本人也备受压制，这些都是明证。但现在，恺撒欣喜地发觉，能埋葬苏拉阵营的，永远只有其内部人士，具体来说就是克拉苏与庞培。

苏拉本人有短时期的独裁，其政策的实质还是致力于恢复元老院的权威和集体领导权，不过让其党羽占据大势罢了。古罗马元老院的寡头体系，总的来说是“精英联合治国”，不允许“一枝独秀”。元老院特别喜欢提拔无能之辈，压制有能之士，

“没有关系，就要提升那些人，那些我们（元老院）没有理由害怕的人”（汤姆·霍兰）。这不能以嫉贤妒能的理由解释，是因为它畏惧一旦有特别杰出的人手握大权，便会建立独裁政治，倾覆先前的“精英联合”，而精英联合若不存在，又谈何“共和”哉？在七丘之城内，各个家族为了荣耀展开旷日持久的明争暗斗，对单独的失败者来说可能就此陷入毁灭的深渊，但对元老院与共和制来说，却能在残酷血泊里历久弥新，继续牢牢掌握着国家的航向。

元老院有弱点吗？当然有，像克拉苏和庞培那样各有几个军团在手，就能逼迫它让步，比如让仅三十七岁的庞培就任执政官（传统上必须要年满四十二岁后才能登记为候选人）就足以证明这一点。克拉苏和庞培联手成功后，就立即指使监察官，将反对他俩的六十四名元老除名驱逐，这帮人大部分是苏拉党徒。

“现在在罗马城里，庞培想当第二个苏拉，克拉苏也是，两个都将共和国当作个富裕的寡妇，都想和她结婚，驱赶其他竞争者，独自霸占寡妇财产，但‘苏拉’永远只能有一个，这就是庞培和克拉苏失败的根源。”风月高手恺撒思索着，“那么，为什么不能让这个又美丽又富有的寡妇‘兼爱’呢？”

这是他在欢场上得出的宝贵经验：多个人可以爱一个对象，而反过来说，一个对象也可以兼爱多人。故而，恺撒走了一条匪夷所思的道路，那就是两面讨好克拉苏与庞培两个人，并趁机左右逢源，壮大自身，再伺机埋葬旧的体系。

恺撒玩的是“没本钱的买卖”，比方他巴结克拉苏的手段，就是向他疯狂借钱。

公元前 68 年，恺撒当选西班牙行省的财务官，任期满后就回到罗马城，主持了其姑母和妻子的两个葬礼。但这时恺撒的债务问题已经可以用“堆积如山”来形容：尤里乌斯大院本身就不富有，而恺撒躲避缉拿时行贿要钱，去罗德岛修学要钱，支付海盗的赎金要钱，后来返回城中取悦民众要钱，筹办葬礼也要钱。光是先前被海盗所俘他就支付了五十塔伦特，尽管最后消灭了海盗，但恺撒还是要支付这笔钱用作舰队犒赏。迄今，恺撒债台高筑，虽然他也就任过军事护民官、财务官，但此类官职几似“杂鱼”，另外古罗马共和国的官员是没有薪水的，属于“光荣阶级”，只有为国家奉献的份儿，拿工资干活那是低等人的行为。所以这么多年来恺撒始终在扮演“光荣杂鱼”的角色，财务方面也是只出不进，积累了惊人数额的债务，自是理所当然。

恺撒却毫不在意，没钱了就去向克拉苏借款。前面说过，克拉苏很擅长利用金钱关系来操控政坛，大胆活跃的恺撒很得他的青睐，于是在钱财方面向来有求必应，但恺撒也颇有些“虱多不痒”的风范，渐渐地克拉苏发觉：“原来欠我钱的恺撒是爷爷，我才是孙子。”恺撒短他的钱越多，就越像个易碎的陶器，克拉苏就越受对方的挟持，处处得护着这位爷，哪天要是恺撒在街头给债主打死了，损失最大的可是克拉苏自己啊！

因此当公元前67年，恺撒公开提出竞选高级营造官时，克拉苏只能擦干泪水，继续投入大量金钱来帮助他。

同年，庞培受命前去指挥平定海盗的战争，成为当时罗马政坛上最耀眼的明星，而后也达到了他人生的巅峰。

卸任执政官后，庞培并没有闲着，他浮夸虚荣的本性并未改变，为此还专门搞了个“退伍仪式”，因为按照古罗马的规定，骑士阶层在服役期满后，要牵着自己的马匹来到市集，当着两位监察官的面递交退伍申请。庞培就把这仪式变为了“个人明星秀”，他带着扈从牵马来到目的地，待到看热闹的民众挤得水泄不通后，他向监察官交出了服役履历，上面自然满是他所取得的胜利，民众再次重温英雄业绩，监察官亲自与他一起返回家中，沿途满是喝彩之声。

接着，庞培化身为一名普通的律师，专门替人打官司，但当时罗马的法律界前有霍腾休斯，后有西塞罗，压根儿就没他的用武之地，迄今史料上也未发现庞培在此期间于法庭上的“闪光点”。不过好在庞培对这职业也根本不感兴趣，他利用这段蛰伏期广结人脉，利用丰厚的家产和战利品，请元老院人员吃吃饭，撒钱给民众邀买人心，暗自瞄准机会，准备再度在战场上大显身手。

海盗给了庞培这个机会。现在的海盗势力越来越猖獗，这群人简直能用无法无天来形容，许多地方豪强加入队伍。海盗在许多岛屿和海岸建有船坞、军械库和销赃窝点，有熟练的船员与舵手，战船数量超过千艘，洗劫了四百座城市。他们使的船有的用紫色的船帆、黄金的桅杆和白银的甲板，许多国家甚至被逼向他们缴纳贡金来换取苟安。这帮海盗还进行秘密献祭，崇拜波斯的米特拉神（太阳神），也与本都国王（其王族就是希腊化的波斯贵族）米特拉达梯·优伯特结为攻守同盟，严重威胁罗马的安全。

原先在奴隶贸易里和海盗眉来眼去的罗马人，终于遭到反噬：因为罗马击败毁灭了许多地域性的强国，但又没有进行有效管理，只会叫总督与包税人去刮地皮，于是海洋成为无政府的真空地带，这就是海盗肆虐坐大的根本原因。

第三次米特拉达梯战争后，海盗甚至冲到了台伯河两岸烧杀抢掠，两位罗马

◇ 卡庇托尔山上的朱庇特神庙，是罗马最核心的祭祀场所，始建于公元前 6 世纪

法务官在陆地上被公然劫走成为肉票。特别是公元前 68 年，由于海盗在东地中海疯狂绞杀，埃及的粮食运不进来，而西西里和非洲又歉收，商贾们忙于囤积居奇，使得市场萧条粮价飞腾，民众深受其苦。所以，庞培的好友、护民官加比尼乌斯趁机提出个法案，要求国家授予某先前执政官三年的征战大权，由其编组二百艘舰船及所需水手船员在内的庞大舰队，并享有所有海洋沿岸五十英里内的专断治权，国家需为其配属十五名副将（其职位与地方总督相当，因为共和国只有十六个行省），以彻底消灭海盗。

这是一场国家对海盗的战争，虽然加比尼乌斯没有明说，但所有人都知道，这个法案就是为伟大的庞培量身打造的。

元老院吓坏了，因为担心庞培会借助这场战争成为国家的专制君主，他们一致反对这个法案。当年的执政官毕索公开在集会上恐吓庞培说："你想登上罗慕路斯的位子，就难免会遭遇和他同样的下场。"罗慕路斯是王政时代的开国君王，后来遭元老院暗杀，尸体被切成碎片，被元老分开装入怀里带走埋葬。

但民众不这么认为，毕索说完这话后，民众差点儿一拥而上，将这位执政官给撕成碎块分开带走。

接下来登场的是元老院的领袖级人物卡图拉斯，也就是和老雷必达同年的执政官。卡图拉斯现任监察官，向来以尊贵保守著称，面对群情汹涌的民众，他采取了迂回策略，故作关切地询问：“若是伟大的庞培陷于危险战场，而有个三长两短时，共和国又能找到谁去代替他呢？”结果不吃这一套的民众大喊道：“那就是你啊，卡图拉斯！”吓得这位赶紧退场。

最后上场的，是被元老院收买的护民官罗斯修斯，他在已失去耐性并开始准备暴动的民众前吓得瑟瑟发抖，连话都不敢说，只是竖起一根手指，意指“不可叫庞培独掌大权”，于是民众们暴喝如雷，传说一只飞过会场上空的乌鸦当场被震得坠地而死。

就在元老院集体对庞培发难时，有两个人对海盗战争投了赞成票，其一是西塞罗，其二便是恺撒，据说两位都当众发表演说，呼吁元老院放弃成见，顺从特里布斯大会的要求，将大权授予庞培。西塞罗是真正出于对国家的责任感，“海盗不遵守任何战争准则，是我们共同的敌人。”而恺撒则声泪俱下，以亲身经历控诉海盗罪行，表示坚决支持“加比尼乌斯法案”的通过。

后来的普鲁塔克将恺撒的动机看得很真切，“此举不但是为了向庞培示好，也是为了讨好民众，赢取他们的拥戴”。换言之，恺撒明白，只要能利用民众集会，煽动民粹力量，就可以对抗树大根深的元老院，而“加比尼乌斯法案”在恺撒眼中，就是未来战争的一次演练。

不久，“加比尼乌斯法案”变成了法律（LEX），非但如此，罗马民众最终赋予庞培的权力比加比尼乌斯所要求的更大：五百艘战船，十二万名步兵，五千名骑兵，两名财务官，外加二十四名副将。

庞培就这样意气风发地出发了，进行“一场在迷雾里进行的，史无前例也没有任何规则的战争”（西塞罗语），他的敌人不但有飘忽不定的海盗，还有随时准备在背后下黑手的元老院寡头们。

就在火力和焦点集中在庞培身上时，恺撒也抓住时机，开始在政坛上实现飞跃式发展，他在次年当选为罗马的高级营造官。通常认为这个官职是从“杂鱼”朝“巨鲸”变化的跳板，因为它的职责类似于“警察”，但却是给民众带来福利的警察——维护罗马本城和城外一公里范围内的社会秩序和公共设施，负责街道、神庙和浴场的清洁卫生，管理粮食价格，并且营造更多的设施，比如赛马场、角斗场等。

最后，营造官还要为民众安排节日娱乐庆典，这对以放荡奢侈为乐的罗马人来说简直太重要了，所以营造官在共和国晚期比执政官还要像政治明星。不过话又说回来，先前说过古罗马官员是没有薪水的，对于营造官来说还不仅如此——庆典是要花费钱的，所以营造官在就任后，必须将私人财产并入国库，以保障民众的娱乐需求。

但恺撒哪来的私人财产？罗马人都说他到了三十几岁连墓园都没买，他的财产是个大坑般的“负数”，然而恺撒依旧不在乎，他继续向克拉苏借钱。

身为营造官的恺撒简直能让民众为之疯狂：他一次性就在角斗场举办了三百二十对斗剑比赛，当角斗士的鲜血浸透了沙地，恺撒的声誉也如云雀般高高蹿起。另外，恺撒还花费巨资，在罗马城四个最主要的政治、宗教中心，即“科密提乌姆”（特里布斯市民大会会场）、“巴西利卡”（元老院集会的场所）、“法罗姆”（市民大广场）及“朱庇特神庙”（位于卡庇托尔山）营造了许多柱廊，在其中展示他馈赠给民众的各种礼物，并继续恢复在内战里被毁的马略纪念碑，显示其所属党派的政治存在。

恺撒也展露了惊人的“损人利己”的技巧，他不但从克拉苏那儿坑了越来越大数额的金钱，成功将罗马首富捆在自己战车上，还经常将同僚的荣誉据为己有。与恺撒一起担当高级营造官的是叫作马尔库斯·比布卢斯的贵族，巧的是他俩随后还一起就任同年执政官，算是老同事了。但与恺撒共事简直是比布卢斯的噩梦：在庆典活动前，恺撒往往和比布卢斯说好，花费方面一人分担一半，结果庆典后所有好处都归了恺撒。气得比布卢斯当众说：我是波吕克斯，恺撒是卡斯托耳，虽然在神话里这两位是孪生兄弟，但罗马城的双子神庙却只叫“卡斯托耳庙”。

恺撒的种种不规矩的行为，导致大部分元老对他颇有微词，但也只是微词罢了。很快元老院就发觉，恺撒已经迫不及待地要进行倾覆共和的勾当了，当然这位是不会轻易走向前台，让人抓住把柄的，他很狡诈，只会在幕后策划阴谋。公元前65年，就有人告发，恺撒勾结监察官兼自己的债主克拉苏，准备在该年的大选里舞弊，将两位同党（下文里的普布利乌斯·苏拉和奥特洛尼乌斯）推上执政官位子，准备随后大伙儿攻入元老院，杀掉所有贵族，让克拉苏当独裁官，恺撒当副手即骑兵长官。

这个阴谋，被比布卢斯、西塞罗与库里奥等实力派贵族联名揭发，其中另外

◇ 古罗马最热闹的节日“农神节”，节日里阶级错倒，人们不管是贵族还是奴隶都纵情狂欢，其是而后欧洲狂欢节和圣诞节的滥觞

一位监察官卡图拉斯更是公开指责克拉苏的僭越之举。于是，恺撒去找到债主说，待到元老院集会时，我的托加长袍从肩上滑落下来后，你们就动手。但当恺撒在会所多次露出香肩时，克拉苏不知是害怕还是良心发现，居然没有任何反应，这计划就此泡汤。

接着，二人又开始打起了埃及的主意，当时的埃及法老在内乱里被杀，于是监察官克拉苏就极力主张采取严厉征讨的手段，将这个王国变为罗马的行省，而他推举的领军人就是恺撒。但卡图拉斯等贵族党提出激烈的反对，最后，埃及之行也成泡影，克拉苏则与卡图拉斯“同归于尽”，因互相抵牾而被双双革职。

恰好此时大祭司梅特拉斯·庇护逝世，这位亦是苏拉党派的中坚老将，历经同盟战争、苏拉马略内战、西班牙镇压平民党的绵长战争，也曾被赛尔托里乌斯戏称为“老太太”。现在他死去空缺出来的职位，立即被恺撒的目光锁定：失之东隅，收之桑榆，对苏拉旧党的战争，很快就会在这个没有硝烟的战场上打响。

于是恺撒再次找到克拉苏，请求对方资助自己去竞选大祭司，从监察官位子上不光彩退下的克拉苏依旧企图发光发热，但却对恺撒的行为颇为吃惊。前文提及，大祭司是罗马宗教官职里的巅峰，可以兼任民政官职，还不受同僚约束（罗马的其余官职，除了独裁官外，都是成双成对的），也没有任期，是终身制，相当于无冕之王，故而许多年老权贵都将这职务视为荣誉的巅峰归宿。

但这会儿的恺撒才三十七岁不到，之前的履历毫无过人之处，是个不折不扣的“杂鱼”。另外两位公开提出竞选的人物，一位是曾任公元前 78 年执政官，而后担任监察官的贵族党核心卡图拉斯；另外一位伊索里库斯，是公元前 79 年执政官，还曾是年轻时恺撒在军队里的顶头上司。从常理来看，恺撒几乎没有资本与他俩一较高下，因为他负债累累，也没有什么深厚的集团靠山，年龄和人望更不能与对手同日而语。

但卡图拉斯居然害怕了，其中理由他自己都说不清楚，就是种感觉。于是卡图拉斯放下身架，派人找到恺撒，许诺若是恺撒放弃竞选，他就塞来一笔巨款作为补偿。

“杂鱼”恺撒的答复和当年他面对独裁者苏拉时一样斩钉截铁，“我会掏出比你的贿赂更大数目的钱财去取悦民众，奋战到底，击败你当上大祭司”。传说在投票当日，恺撒跪在母亲的面前对她说：“妈妈，今日要么我如愿以偿，要么成为流亡者亡命天涯。”

最后，克拉苏更大的投资，及恺撒在营造官任期内打下的声名，成为他无往而不胜的武器，经过“残酷激烈”的票战，恺撒赢得了比对方两人加起来还要多的选票，成功当选为大祭司。他终于赌赢了一次。

战斗的步伐没有停下，恺撒再接再厉，又当选为公元前 63 年的大法官。不过他虽然在政坛一鸣惊人，但累积的债务也已达到 800 塔伦特之巨。仔细想来，恺撒或者说古罗马政客的行为，与当今的电商网商十分神似，靠的都是不断烧钱，打通金融网，积累粉丝数量，如果你中途没钱烧的话，那就注定关门大吉，若是撑过来，就能成为通吃四方的大鳄，这种行为本质上和赌博并没什么不同。

按部就班了十几年，终于在两三年的关键时刻开花结果。不过就在该年恺撒卷入了一场古罗马共和国史上最大的阴谋谜案——“喀提林叛乱”，他和贵族把持的元老院间的斗争也进入白热化境地。

卢基乌斯·塞尔吉乌斯·喀提林与恺撒类似，也出身于古老没落的贵族家庭，其先祖的血脉可追溯到罗马的史诗时代，即埃涅阿斯的战友塞尔盖斯特。但这个家族也早已衰落，甚至比尤里乌斯家族还要落寞，近百年来家族的任职记录是：公元前 197 年的法务官，公元前 168 年的军团司令官，还有公元前 98 年的财务官，明显是一条不断衰退的曲线。

喀提林的曾祖是布匿战争时的战斗英雄，在和汉尼拔军队的恶战里失去了右手，随后他就使用医生安装的铁手（这点看古罗马的外科医术不算差）和敌人继续战斗，但他在政治上却没有任何成就。到了喀提林这一代，他的想法与恺撒一样，那就是恢复家族的光耀。两人的个性上也相似：精力旺盛并放荡，有很强的煽动性或者说魅力，利欲熏心，行为和思想极为激进危险。另外喀提林还有超越恺撒的地方，那就是更为年长，更为投机，也更为暴戾凶狠。

喀提林最早是苏拉党徒，在同盟战争和内战里都有出色表现，在苏拉“公敌宣告”时期，喀提林成为全罗马人心目中的“死神屠夫”，许多史学家认为，被苏拉处死的一千六百名骑士大部分死在喀提林之手。他是那样急于向独裁者献媚，居然会提着血淋淋的还在呼吸的人头，在街市上招摇而过。为了取悦卡图拉斯这样的大贵族，喀提林亲手抓住了卡图拉斯的杀父仇人，将其用乱棍活活打杀在其父的墓碑前。

但不管如何，作为政治家多少是要讲究中庸之道的，喀提林过火了偏激了，所以苏拉死后，他被贵族集团视为危险分子而遭到边缘化。现存的史料里，大概是因为贵族掌握话语权的原因，喀提林被描绘为匪夷所思的“恶魔”，阿庇安称他为了追求一名贵妇，亲手杀死了亲生儿子，就是因为这贵妇不愿意和“拖油瓶”的男人结婚；普鲁塔克则说，他性侵过自己的女儿，还为了家产杀死亲兄弟，完事后厚颜无耻地要求苏拉将他兄弟的名字列上“公敌名单”，来掩盖其已死的事实。

现存最权威的关于喀提林的文献，即与其和恺撒同时代的塞卢斯提乌斯所著的《喀提林阴谋》，作者对喀提林的描述也是惊人的自相矛盾，一方面说他“秉性是邪恶和堕落的”“为人胆大妄为，不讲信义，翻云覆雨”“觊觎别人的财产，挥霍自己的财产”“错乱的精神总是在贪求着穷凶极恶、难以置信和稀奇古怪的东西”，一方面也不得不承认他“出身显贵”“具有非凡的体力和智力”“有钢筋铁骨般的身体”“具有相当的口才”。

如果喀提林不是精神分裂，而这群史学家也不是的话，那么就能很明显看到某种“涂抹历史”的感觉了，可以感觉到塞卢斯提乌斯等人在不由自主赞扬喀提林时，忽然发觉还要往“政治正确”上靠拢，便硬生生将笔头往红线内拉扯。不过也不奇怪，塞卢斯提乌斯在一生中大致上是坚定的恺撒追随者，他大概从喀提林身上看到了恺撒的影子。

被排挤出贵族小圈子的喀提林思想发生了激变，开始靠拢平民党的理念了，按照史学家的描述，他开始不停地“犯罪”：好人和他交往就立刻变坏，坏人和他交往会变得更坏。破落贵族、街头流氓、黄金青年，社会所有不安定分子都聚集在他身边，奉他为最有号召力的领袖，这点是恺撒都难以企及的。如果朋友爱美色他就介绍妓女给对方，如果爱娱乐他就赠送上好的猎犬和良驹，这群人穿梭在乌烟瘴气的地下舞会里，举行邪恶血腥的秘密祭祀（起码史学家是这么认为的），为此喀提林也背负了数额巨大的债务。

按史学家的公论：自从庞培带着倾国军力出征之后，喀提林就准备趁国内空虚，阴谋颠覆政府，成为独裁王者。但他们怎么也不能自圆其说的是，喀提林所谓的“颠覆手段”，居然是积极参加执政官竞选。

这就可笑了，别人参加竞选是要为国家做更大贡献，而喀提林就是为了犯罪，再说有这样不计成本的犯罪吗（为攻击美国，跑去竞选美利坚总统）？

◇ 一位在战场上给受伤士兵做外科手术的军医

喀提林第一次参加公元前 65 年的执政官竞选时，就和另外两位候选人普布利乌斯·苏拉（独裁者苏拉的侄子，加上个人名以示区分）、奥特洛尼乌斯一起被当年执政官除名，连门槛都没摸到就完蛋了。除名的理由是：喀提林在先前担任阿非利加总督时（前 68—前 66），有勒索贪渎行为，正在被起诉，所以不能登记为候选人；而后面两位，则是因为在竞选期间有“贿选”行为。

不过这三位却想不通，哪个总督在任期间不贪污？哪个候选人在执政官竞选期间不贿赂选民，走门路？就在两年前（前 67）的选举中，两位属贵族党的科尔普尔尼乌斯·毕索（就是那位反对庞培出征海盗，差点儿被民众撕成碎片的家伙）和阿齐里乌斯·格拉布里欧就是通过堂而皇之的“贿选”——花钱让掮客买票，给民众提供免费的竞技和筵席，在元老院内部拉支持者——才登上该年的执政官宝座的。

总之，当红权贵或者寡头圈子里的就是太爷，其他的人便是“不配姓赵”的，所谓的勒索、贿选等罪名，不过是政治斗争的工具罢了。正如马略所讥讽的：“他们当中最无耻的人用罪行玷污了自己后，竟还要夺取有道德（或有能力）的人应得的报偿。”

无疑，在喀提林等三人的心目当中，他们“应得的报偿”被寡头们硬生生夺走了，只有一个古今中外许多人都很熟悉的响当当的理由砸在脸上，那便是“你也配？”生疼生疼的。不过，被踢出游戏圈的三人也不是善茬儿，他们找到了克拉苏，因为这位正在嫉妒庞培在海外征伐所取得的功勋，急需几个能闹事儿的替他在罗马城找场子，而恺撒这时候也参与进来。这样，喀提林充当急先锋，普布利乌斯·苏拉、奥特洛尼乌斯当打手，恺撒当军师，克拉苏是幕后大老板，一个急于在政坛上称王称霸的小集团成形。前文所说的企图在公元前 65 年执政官就任典礼上冲进元老院杀光所有人的阴谋，就是这撮人策划出来的。而这种以“少数枭雄联合”起来的秘密小团体，汇集“各阶层激进力量”，通过各种正常或非正常手腕“取代贵族共和体制，推行独裁”的路线，几乎可看作是恺撒后来斗争轨道的雏形。

这个阴谋失败后，负债累累的喀提林官司缠身，又丧失了下一年的执政官竞选资格，是克拉苏帮他化解了财务危机，再加上恺撒暗中的站台串联，信心百倍的喀提林才得以登记为公元前 63 年的执政官候选人。

这一年，喀提林或者他所属的小集团，在审慎分析完局势后，认为有魄力有能力的他击败其他竞选人根本不在话下，但谁想到元老院或者权贵门阀的手腕更加狠辣——为了不让喀提林这个他们最讨厌最害怕的人成功，这群人不惜操控选举，让他们讨厌但不害怕的其他两人当选，将喀提林狠狠踢下擂台，摔在泥坑里。

这两人便是“新人”西塞罗和“野人”安东尼乌斯·叙布里达。

四

三头怪物

在所有人当中，只有恺撒一个在清醒地颠覆国家。

——马尔库斯·波西乌斯·小加图

“野人”安东尼乌斯是个标准的孤家寡人，他曾因对行省的无耻掠夺和巨额的债务问题，导致信用和名誉清零，在公元前70年被克拉苏与庞培联手驱逐出元老院。几乎所有的元老都认为安东尼乌斯“作为一个人，是失败的”，“言语和行为上充满暴力倾向”，但权贵们又对他的无能蠢笨感到放心，因为这样的人是绝不会有危险的。

而西塞罗则是标准的“新人”，其实这位雄辩家在罗马政坛上的资历根本不算浅，早在苏拉时代就十分活跃，接手的官司几乎从不会输，特别是公元前70年他起诉西西里总督维勒斯的勒索罪，一战成名。出身权门的维勒斯曾出钱帮助他朋友霍腾休斯和昆图斯·梅特卢斯双双当选执政官，而后者的兄弟马尔库斯·梅特卢斯则以法务官身份直接负责审理这桩案件。于是在开庭前，昆图斯就得意扬扬地宣称：“我可确保这个案件不会对我朋友维勒斯造成任何伤害。”而霍腾休斯直接对维勒斯说，“放心吧，开审前你就等于无罪了”（意思是案件不过是走个过场）。

但西塞罗毅然接手，在法庭上只一个回合，就让维勒斯“自我流亡”（罗马公民理论上是不会被判处死刑的，所以流亡就算是极刑了），从此西塞罗成为律师界的霸主，赢得了从事金融商务的骑士阶层的拥戴。不过，西塞罗不是罗马人，他出生于距离罗马七十公里的小城阿尔皮努姆，和马略相同，也出身骑士阶层。苏拉在独裁时期将元老院的席位从三百扩充到六百，并且规定只要担任过财务官就可进入其中，靠这一政策西塞罗才进入协和神殿“巴西利卡”，成为其家族历代唯一一个出任元老的人，因此他被称为“新人”（或菜鸟）也就不奇怪了。而根据不成文的规定，西塞罗这样的新人，仕途通常在法务官上就到头了，不可能进入寡头门阀的游戏圈。法务官职务西塞罗在公元前67年就已经获得了，故而此次执政官竞选，老牌贵族出身的喀提林根本没将这个出身骑士的异乡菜鸟放在眼中。在竞选当中，各个候选人都会使出浑身解数讨好选民，比如训练那些擅长辨识人脸的奴隶跟在自己身后，在遇到选民时，这奴隶会迅速提示对方的名字，然后候选人就冲上去握手问好。或者直接烧钱，给选民们兴办大型免费宴会、赛会（角斗、赛马等），或者干脆直接叫掮客花钱买票。喀提林个人魅力极强，又得到克拉苏的资金支持，共和国内部也有不少贵族同情他。而西塞罗却是个“穷人”，也是个不被看好的“新人”：只在埃皮努姆有座别墅，在那不勒斯和庞贝各有座庄园，

◇ 在元老院发表演说，抨击喀提林的西塞罗

外加九万第纳尔（古罗马银币）的父亲遗产，和妻子特伦夏的十万第纳尔嫁妆，过着十分“有节制”的生活。为了研习法律他很少出门，拒绝了大部分的社交娱乐，自然和那群花天酒地的贵族没太大的交集。

可最终结果出炉后，西塞罗和安东尼乌斯却双双当选，实在是让喀提林想不通。安东尼乌斯不过是个花边陪衬，而西塞罗是因其谦和保守的立场而被门阀所看重。喀提林失败的最根本原因是由于他太渴求胜利了。他跑遍意大利，动员破产公民和老兵为自己造势，提出了许多激进的主张口号，这些举动吓到了元老院。

惨败的喀提林宣布要继续参加公元前62年的选举，另外他还让自己的一个朋友，即护民官茹鲁斯在该年提出一个非常非常激进的法案：出售全意大利的国有土地，换取资金再去购买私人用地分配给无地的贫民和老兵。但最关键的不是法案的内容，而是为了施行此法案，茹鲁斯建议成立一个专门的任期五年的“十人委员会”，这个委员会有专断大权，甚至可以在必要时征募军队。

坊间流言，克拉苏和恺撒都被喀提林提前拉入了这个委员会里，另外喀提林同样以进入委员会为诱惑，拉了许多元老院“败类”——那些和自己同样背负巨额债务的贵族下水。对于外围喀提林也有准备，他主张废除债务和分配土地，得到了苏拉老兵的支持（这群人退伍后不安心稼穑，大部分已破产），老兵们以一个名叫曼利乌斯的为头目，聚集在伊特鲁尼亚的费苏莱城，伺机对罗马发动袭击。

当年的执政官西塞罗成了喀提林最有力的敌人，他连续四次进行演说，揭露、抨击、反对喀提林的“阴谋”，但直到最后，他也未能抓到实际的证据：谁会相信一个竞选执政官的人会颠覆国家？总之，喀提林希望以法案拉民众的选票，以十人委员会名单来得到克拉苏与恺撒等贵族的支持，最终目的只是想当上执政官而已。不过，还是喀提林自己作死，当元老院将他传召来质询时，他情急之下说了许多过火的话，又擅自离开了罗马城，去了费苏莱。他留在罗马的几个队友又企图取得来请愿减债的高卢部落的支持，在密谋书上签了字，结果高卢人转手就将密谋书卖给了西塞罗，这才让西塞罗掌握了确凿的罪证。

于是元老院展开了激烈的辩论，西塞罗认为这是叛国的阴谋，要判处喀提林和其余主谋死刑，来年的执政官西拉努斯赞成西塞罗，大部分元老也表态支持。但实际情况是，元老院本质上只是个国策咨询机构，没有审判权，更没权力判处任何公民极刑。

恺撒开始为喀提林辩护，他首先呼吁各位要保持理智，因为“不受情绪摆布”

◇ 恐怖的图里亚努姆地牢，在这个阴冷潮湿的监狱里，关押过朱古达、维钦托利等著名的“共和国敌人”

才能做出“合理公正的举动”，随后他主张要将惩罚“保持在法律规定的限度之内”，并且说愤怒的情绪是极容易给国家造成更大危害的，苏拉当年的大屠杀就是利用人心的这种弱点。最后恺撒提出的方案是，将喀提林等主谋财产充公，并分散囚禁在各个地区。

恺撒的这番话有理有据，清晰明确，让人无言以对，就连西塞罗也语塞了，随后许多同情喀提林的元老也趁机倒戈，一时间局面差点儿被恺撒逆转过来。恺撒敢说这番话，也冒了极大风险。当时喀提林罪证如山，而且犯的还不是偷鸡摸狗的小问题，恺撒这会儿为他辩护，有可能引火烧身。而克拉苏早已默不作声以明哲保身，因为风传他和恺撒也参与了喀提林的阴谋。

最后，击败恺撒并给“喀提林阴谋”盖棺定论的，是马尔库斯·波西乌斯·加图，也就是历史上通称的“小加图”。

小加图的曾祖，那更为有名的“老加图”，是个罗马郊外的富农，并非贵族，但却没人比他更死心塌地拥护贵族共和。老加图是个优秀的士兵，是吝啬耐劳的农场主，是口若悬河的律师，也是个顽固老练的政客，终生信仰“快乐乃万恶之源”的柏拉图禁欲主义，并认为所有罗马人都该和他一样。老加图认为人生三大憾事就是“相信女人会保守秘密，误以为走路比行舟快，一天快要结束才发觉无事可做”，所以他在八十六岁（加图就活了这个岁数）时还打了人生最后一场官司，控诉当时西班牙总督的“战争屠杀罪”。据说老加图还制定了家训，要子孙代代相传，因此，小加图就像老家图的“复制品”一般，罗马人都认为小加图最大的品德就是，“从不会妥协，也永远不会被收买”。

◇ 英勇战死的喀提林

斗士般的小加图提出，不管喀提林本人如何，他的集团成员已经犯了勾结高卢人的罪行，是对共和国的叛变，现在对喀提林及其党羽的惩处，是“讨论惩处那些阴谋对祖国、双亲、祭坛和炉灶发动战争的人”，毫无回旋余地。而法务官恺撒“在漂亮而动听”的言论下，所提出的解决方案毫无意义，如果将喀提林党羽分散拘禁，是为了防备罗马城的“暴徒”去拯救他们，那么难道意大利各地就没有试图去解救他们的人吗？总之，“应该将他们看成是在现场捉住的叛国罪犯，并且按照我们祖先的方式对他们加以处决！”

小加图一锤定音，元老院当即“违法”通过了西塞罗事先的提案，恺撒也为自己的勇敢发言付出代价——他在散会后从元老院出来时，差点儿被西塞罗的狂热支持者用乱刀给砍死，多亏他朋友用长袍罩着他的脸才算混了出去。随后，西塞罗亲自监督“三人刑事组”（负责罗马监狱和刑场的低级官吏），在古老、阴暗和恐怖的图里亚努姆地牢里，对喀提林的同谋科尔涅利乌斯·连图卢斯等五人执行了绞刑。待到行刑完毕后，已是凌晨时分，西塞罗从地牢走出来到广场，对着等待结果的民众，说了句著名的“vixerunt”，意思就是“他们活完了”，以避讳“死刑”这个词语。

而逃出罗马城的喀提林，与曼尼乌斯等老兵集结起来，在被群山包围，名叫皮斯托里亚的狭窄平原上，遭到共和国军队的围攻，喀提林与追随者全数战死。

接着，小加图又提出了一项新法案，即“粮食救济配给”，将各地运来的粮食配给城中的贫民无产者，以代替喀提林曾经提出的土地分配。古代的无产者绝大部分是意志薄弱的，分来的土地再好，也是要辛勤耕作才有收获，现在伸伸手就有免费的面包吃，那总是好的。

据小加图的统计，当时在罗马，接受这种救济配给的人足有三十万之众，这群人偃旗息鼓后，恺撒的气焰也就被彻底浇灭了，再也掀不起风浪了。元老院很快经过抽签决定给予恺撒远西班牙行省总督的职位，包括卢西塔尼亚、贝迪卡两地区，也就是如今的葡萄牙与安达卢西亚，这是罗马世界的最西端，总之想要尽快将这个灾星给撵走撵远。

再度消沉的恺撒只能将精力转移到风月场上去，事实证明他在走男人路线前，先会走闺房香裙的路子，并屡试不爽。这时候，丧妻的恺撒已再醮，他娶的是流着庞培与苏拉两个家族血液的名叫庞培娅的姑娘。但恺撒觉得光是如此，还不足以表达他与克拉苏、庞培间的“亲昵”，于是就同时和克拉苏的妻子特尔杜拉及庞培的妻子穆基亚私通，在这三巨头结成同盟前，恺撒就和另外两位的老婆在床上“打成一片”了。最惨的要属庞培，当时他正从遥远的东方凯旋，经历了场艰辛无比的战争，彻底剿灭了海盗和米特拉达梯，结果在此期间获得的最大奖赏就是顶绿油油的帽子。

然而，很快就有人还给了恺撒一顶帽子。

此人是个年轻之辈，出身名门，名叫巴布留斯·克劳狄，其姐姐克劳狄娅是原本出征东方的卢库拉斯的妻子，但夫妻关系极为恶劣。克劳狄娅是个生性放荡的女子，西塞罗给她起的外号叫作“小钱袋”“铜焊头”，因为她曾当街命令奴隶鸡奸一个在背后说她坏话的她的前情人，后来那人许诺赔偿给她一袋银币，临了却送来一袋铜币。西塞罗还说她和她姊妹的开价和街头妓女没两样，只要几个铜板，就能和她们在“十字街头或阴暗巷子”里办事。当然，克劳狄娅最出名的，还是和弟弟的不伦之事，据说克劳狄在十几岁时，还经常会以怕黑为理由爬到姐姐的床上去。

当卢库拉斯获得了奇乞里亚总督职务，统率军队参加第三次米特拉达梯战争时，妻弟克劳狄也追随其后，企图建立功勋。但这两位根本是水火不容，克劳狄很快因煽动士卒哗变反对姐夫而被逐出营地，随即他又谋取了一支舰队，准备去围剿海盗立功，结果反被抓住，遭遇也远不如恺撒幸运，据说向海盗献出了“臀部的童贞”才被释放。

后来，庞培趁机夺取了卢库拉斯的兵权，让对方黯然归国，克劳狄也一起回来，并看上了恺撒的娇妻庞培娅。克劳狄也是个想到做到的“黄金青年”。当时罗马的贵妇喜欢举办秘密聚会，祭祀“仁慈女神”玻娜，这种聚会严禁男子参加，但克劳狄却想借机与庞培娅幽会，于是就刮净胡须，穿上女装，戴着首饰混了进去，孰料被恺撒母亲奥塔里娅的侍女发觉，顿时密会上所有妇女炸了锅，她们群起揪住克劳狄，准备将他阉割，还好他逃脱了。

卢库拉斯想要报复克劳狄姐弟（当时他已以通奸罪名将克劳狄娅休弃），便趁此机会安排一名护民官起诉克劳狄，罪名是侵犯大祭司宅邸、玷污罗马“半边天”的神秘仪式，并且旧事重提，要清算他和姐姐的乱伦罪。这时，西塞罗挺身而出，主动要求担当起诉律师，前面评价克劳狄姐弟的话语，全是他当堂说出来的。

◇ 古罗马一幅寓意深刻的镶嵌画，骷髅与蝴蝶在独轮上晃动，代表着变幻无常的死亡和生命

然而放荡的年轻冒险家却引起了恺撒的注意，而不是仇恨，既然这家伙连仁慈女神的祭祀仪式都敢闯入，还有什么是他不敢做的？结果在法庭上，被传唤来的证人兼受害人恺撒居然不发一词，等于自我放弃了追诉权利。所有的人甚至恺撒的母亲都对此大惑不解，然而恺撒始终没有公开解释什么。但他回家后立刻休弃了庞培娅，理由是“不

管有无其事，恺撒妻子的贞节不允许遭到任何怀疑”，随后就匆匆准备离开罗马，前往远西班牙行省就职。

以现在的眼光来审视此事的话，那就是恺撒确实放浪，也十分自私，但他却是个合格的政治家，永远会让个人情感服从于更深远的目的——年轻英俊的克劳狄在罗马城是继喀提林后呼风唤雨的人物，身边有数不清的狐朋狗友，他被贫苦民众视为明星——当粉丝的狂热达到一定程度时，才不会管明星的私生活是如何狼藉，这哪怕在当今社会，也是颠扑不破的真理。恺撒懂得，负责这个案件的法务官们也懂得，若判克劳狄有罪就是得罪了民众，但若判他无罪又得罪了卢库拉斯这群贵族，于是便用投票代替宣判，并有意将各自的名字写得潦草不堪，难以辨别。同时，在得到恺撒默许后，克拉苏也暗中运用金钱收买审判团，最后以三十一票对二十五票宣布克劳狄无罪。

恺撒认为，与克劳狄成为朋友远比与他成为敌人要划算得多：当我离开罗马后，他将替我对付西塞罗、小加图这些敌人，继续煽动民众，和元老院对抗。

不过，戴上了绿帽子，也布置好棋子后，恺撒还是未能赴任，因为他的债务已经累积到可怕的八百三十塔伦特，债主们扣押了他，不还钱就别去做官了。

这时，又是克拉苏出面，替恺撒做了担保，因为庞培已经回到了罗马，克拉苏迫切需要恺撒的协助与之对抗。

恺撒这才成行，来到了远西班牙。这是他第二次来到这里，第一次是以财务官身份，第二次却是总督，总算可以大刀阔斧干一场了。恺撒毫不犹豫地使用暴力手段扩编了行省军队，在原先二十个步兵大队编制外又征募了十个，前去讨伐卢西塔尼亚蛮族，一直推进到了大西洋海岸边。并且借着这场征服战争所获得的威望，调解镇抚了各个部族的关系，让他们统一向自己缴纳贡物。接着恺撒又革除了行省内的债务弊政，规定债务人可以每年向债权人偿还收入的三分之二，剩下三分之一供生活所需，这样逐年如此，直到还清所有债务为止。恺撒不愧是“欠钱不还”的老手，很懂其间的微妙关系，搞了个分期还款模式，让双方皆大欢喜。

远西班牙行省的职务让恺撒掘到了第一桶金，他不但在辖地赢得了巨大的声誉，获取了当地高层（罗马移民，也包括土著酋长）的爱戴和帮助，自己也发了笔横财，还被属下士兵称为“英佩拉托”。于是雄心勃勃的恺撒便决定要在任期结束后回罗马竞选公元前 59 年的执政官，他年龄满了，也等不及了。相传，在担任总督时，恺撒曾在阅读亚历山大传记时潸然泪下，对朋友说：“他（亚历山大）

在我这个年龄时已然死去，留下了征服的广大帝国和无法逾越的功绩，与他相比，我怎么能不感到羞惭呢？”

但早对恺撒有所防备的元老院，却故意捣乱：他们决定授予恺撒一场凯旋式！

凯旋式，那可是恺撒梦寐以求的，因为这么多年尤里乌斯家族始终没有享受过一场像样的、象征门楣和荣耀的凯旋式，这东西对他诱惑很大：“庞培已经享受过两次大凯旋式，而我一次也没有。”但按照规定，享有凯旋式的总督（或将军）必须要待在城外，直到仪式举行当天才可以入城。另外，罗马关于执政官选举资格的法律，又明确说到任何候选人必须在规定时间内在城中向现任执政官提出申请。

这就是元老院的诡计，当他们认为你想要颗美味的橄榄时，他就会抛出个核桃，让你在抉择的苦恼里丧失机会。

于是，恺撒向元老院提交了恳求，即“缺席登记”，意思就是“我在城外等着凯旋式，而后请人代替我在城中提出竞选申请”。这样便鱼与熊掌兼得。但元老院，特别是斗士小加图却不吃恺撒这一套，小加图“依据法律”（至于是哪条法律现已不可考）反对恺撒的诉求。他还发挥演说天赋，当元老院准备就恺撒恳求展开讨论时，小加图就会立刻站起来要求发言，随后扯向别的话题，滔滔不绝，直到元老院散会为止，第二天依旧如此，大有“如果你真的需要什么理由，一万个够不够”的气概。

这样，恺撒的要求被小加图无限地拖下去，而时间却一天天在流逝，恺撒再度发挥了他的特长：个人的感情服从深远的目的。他放弃了凯旋式，以普通公民的身份进入罗马城，登记为公元前 59 年执政官候选人。

然而即便这样，恺撒也不能说在竞选中稳操胜券，说白了元老院不喜欢他，他说不定会成为第二个喀提林。

这时，恺撒使出了精妙的政治手腕，或者说此时他体内属于苏拉的那部分灵魂开始燃烧觉醒，他居然能同时联手克拉苏与庞培，让这两位冰释前嫌，并和他俩结成了著名的“三巨头联盟”，来摄取共和国的大权，同时让自己登上执政官的位子！

这种联盟，先前许多国内史料都翻译为“三执政”，实际是很不准确的，因为当时三人都不是罗马执政官，它的拉丁语是 Triumvir，即“三人众”的意思，哪怕三个人在一起只是玩“斗地主”的，也可以冠以这个称谓，但恺撒、克拉苏、庞培却是奔着国家权力去的。

这个在公元前 60 年联合起来的三巨头会晤的细节迄今尚不得而知，也正是如此这三个人才骗过了所有人，包括相对清醒的小加图和西塞罗。虽然西塞罗在书信里表示过对恺撒与庞培联手的疑虑，但终究只是疑虑罢了，并没有采取任何实际行动。

但三巨头联手的动机倒很明确，那就是他们有共同的敌人——元老院。克拉苏与恺撒自不必言，而从东方凯旋的庞培，也再度吃了瘪。虽然他取得了巨大的功绩：彻底消灭了盘踞在伊利里亚、西西里、奇乞里亚和克里特威胁共和国多年的海盗。在抢过卢库拉斯兵权后，他并没有因个人恩怨改变前者的策略，他继续追击与罗马对抗近三十年的米特拉达梯六世，最后这个老头在黑海的北岸被自己儿子杀死。此外还有犹太王国、佩特拉等，更像是庞培顺手所取得的点缀式功绩——庞培征服了三百二十四个民族，掠夺了二万塔伦特的战利品归国。公元前 61 年，元老院决定再授予庞培一个大凯旋式，四十六岁的他虚荣心再度得到满足，不，甚至是满溢而出，狂妄的庞培开始营建巨大的希腊式剧场，剧场的阴影几乎要覆盖整个市民广场。小加图愤怒了，他开始联络克拉苏攻击庞培和他的征服战争，公开在元老院里嘲笑米特拉达梯战争不过是场“对女人的战争”，将庞培贬得一文不值。

另外，庞培在凯旋后自动解散了军队，表现了其对共和国的忠诚，但而后他向国家提出的诸如安置老兵的议案，却无一不遭到驳斥——庞培最后才苦涩地明白，他遣散军队为时太早了，元老院是欺软怕硬的，他三十七岁那年对方不是很“痛快”地让他当了执政官吗？即便自己在先前没有担任过任何低级官职，元老院也没拿这些条条框框说事，因为这帮人的喉咙当时被大兵的剑抵着，发不出声来。

沮丧的庞培便企图拉拢小加图，当时他已休弃了与恺撒通奸的前妻，成为罗马最有名的“钻石王老五”，便向小加图的两个女儿求婚，“随您嫁来哪个”。但他明显忘记了小加图的性格，对方的回答是：“庞培应该知道，从我家的闺房搞迂回战术是毫无用处的。”

最后，伟大的将军“整日待在家里，看着他在凯旋式上穿着的袍子，不发一语”。

恰好这时候，恺撒来了，用利害和热情说服了庞培，即便两人先前在男女关系上闹得不很愉快，但那又算得上什么呢？庞培开始为恺撒竞选拉人气，就像他之前支持老雷必达一样，苏拉的嘲笑没有错，几十年过去了，他还是那个轻易就被人影响利用的庞培，无任何改变。

这时候，小加图只是在明面上知道庞培和恺撒联起手来，但暗处的克拉苏却没被他注意到，他还在用陈旧的观点来判断新的战局：“克拉苏和庞培是死敌，既然庞培支持恺撒，那么克拉苏必然会反其道而行之。”或者说，在小加图眼中，恺撒只是个胡乱站队的投机分子罢了。

不久消息传来，恺撒又成功说服了另外一位候选人卢克乌斯，不但让卢克乌斯主动放弃了竞争，还让他将大笔资金投到自己身上，“抛弃卢克乌斯，将所有的砝码都押在另外那个人身上”。小加图冷静地判断“另外那个人”就是自市政官时期就与恺撒身为同僚“双子星”的比布卢斯，于是贵族们将钱都砸在比布卢斯的身上，在竞选过程里，小加图不惜公开宣扬：“为了正义的贿选是可以被接受的。”

硝烟散尽后，恺撒和比布卢斯双双当选，这个结果让小加图松了一口气，虽然比布卢斯看起来没那么聪明，但只要有整个寡头集团在背后支持，公元前 59 年将重演克拉苏与庞培联合执政的情景，这一年必然在互相拆台中“安全上垒”。

就在比布卢斯准备与恺撒战个痛快时，对方却在执政官就任典礼上（一般在新年三月一日）当着所有元老的面发誓要与“亲爱的老朋友”比布卢斯和衷共济，不会让彼此间的隔阂危害国家，他和比布卢斯会轮流处理国政，遇到矛盾要有商有量。元老们都对恺撒报以热烈的掌声，比布卢斯也在这种声音里飘飘然，“也许恺撒并非传言里的那么狡诈虚伪嘛”。

接着，恺撒利索地给了他狠狠一闷棍。在轮到自己当值的一个月里，恺撒早有预谋般地抛出一个法案，那就是元老院里对任何国是的讨论，都要记录在案，随后公开张贴在市民广场上，让所有人都能看到，这名为“阿库塔”

◇ 古罗马的书写业非常发达，自左往右分别为书箧、莎草纸、羊皮纸卷轴、铁笔、写字板和墨盒

的东西，可以看作是西方最早的“官方新闻”。

紧接着，在“新闻联播”里，恺撒宣布，要推行新的土地法案，就像当年的格拉古兄弟那样，将国有土地分成块，免费赠给那些“有三个孩子”的公民，或者退伍老兵，或者贫苦无产者，但二十年内不准出卖转让。换言之待到二十年之后，便可以出售——恺撒采取了个相对折中的法案，就保障了土地需求者的诉求，也认可了骑士阶层的权利（当时许多骑士都靠承包这些土地发财，如果不可出售的话，无疑是侵害了他们的利益）。

毫无悬念，土地和公民权恰如作者之前说的，始终是元老院的雷区和红线，现在恺撒堂而皇之地踩上去，这是赤裸裸的挑衅，对于这一点苏拉早就提醒过所有人：“要警惕那个不好好束腰带的男孩儿。”

这样，许多元老院代言人蜂起攻击恺撒，先是污言秽语，比布卢斯说他是“比提尼亚的‘王后’”，“以前想当国王，现在想当庞培的王后”；老库里奥说他是“尼可美德斯的窑子和比提尼亚的妓院”，老多拉贝拉骂他是“王后的情敌”。恺撒曾在元老院里为尼可美德斯四世的女儿辩护（具体辩护什么已不可考），特别提及了年轻时曾受过的国王的种种恩典，西塞罗于是当众喊道：“我求你别再说了！他给你什么，你又回赠了什么，大家心里都清楚！”在私人信件里西塞罗还唯恐别人不清楚，绘声绘色道：“恺撒被侍从引入了国王的寝室，穿着红色衣服，躺在黄金卧榻上，维纳斯的后裔就如此在小亚细亚丧失贞操。”

不过这些话吓不倒恺撒，他沉住气，一一化解敌人的攻势。当小加图再度口若悬河东拉西扯，准备阻止这个法案通过时，恺撒命令警卫直接把他给拖进监狱里关了起来；当元老院众人怒斥他时，恺撒跑出了集会所，对着两万名“有三个孩子”的公民们说：“他们在迫害我，就因为我提出了能改善你们生活的提案”，于是公民们都藏着短剑，围堵起元老院，声称假如不就执政官提案进行表决的话，那么就让特里布斯市民大会来通过好了！

于是战场转移到了市民广场，比布卢斯带着一群人来阻止恺撒对民众的煽动，但更多的人上来围殴他，比布卢斯又大喊天空出现了凶兆，这时候对法案进行表决是不利的（罗马政客经常用各种荒诞的凶兆之说来阻碍对手），结果民众直接浇了桶大粪在他身上。愤怒的比布卢斯认定这辈子都要栽在这个“感动罗马好同僚”的手里，于是他将袍子扯开，露出脖子对恺撒及其拥趸喊道：“都来殴打我吧，如果我不能劝说恺撒在罪恶悬崖边回心转意，那就让他来担负杀害我的罪名。”

但民众只是将比布卢斯赶到了朱庇特神庙那边去了。

这时小加图也冲入会场，要发表演说反对恺撒，民众将他抬起来扔出了广场，小加图转身绕道，再度进入广场，随后第二次又被扔出去。

而这时，克拉苏与庞培忽然出现在广场上，他俩一起登上讲坛，和恺撒亲昵地拥抱在一起。随后庞培担任了法案朗诵者的角色，他当着民众每朗读一条，就询问恺撒是否确定，民众又是否同意。整个会场就在这浓情蜜意、一问一答里达到了最高潮，“贵族共和”的力量在那天被打得粉碎——既然现在罗马最荣耀的人、最富裕的人、最有魅力的人联合在一起，还有什么是他们不能战胜的呢？

西塞罗在此后忧心忡忡地写道：“三头怪物联盟，就是变相的君主专制。”

平心而论，三头怪物里，恺撒是基础最弱的，或者说他只是很合宜地担当了庞培与克拉苏间的“中介”，从而攀龙附凤。一切不过是公元前70年庞培、克拉苏联手执政的成功版，只不过现在是恺撒站在镁光灯下，对着所有的民众大呼：“恭喜两位牵手成功。”

但谁想到随着时局变迁，就是这个头发稀疏的月老霸占了整个舞台，笑到最后？

土地法案通过后，恺撒又颁布了一个关于骑士包税人的法案，在严厉打击行省内的贿赂敲诈行为的同时，也请求国家免除骑士的债务（那时骑士去行省当包税人，需要先给国库缴纳大笔保证金），结果再次引起元老院的激烈反弹。恺撒便故技重施，将这个法案摆在市民大会上表决，因为有土地法案打底，他又得逞了，就这样恺撒又赢得了大批骑士的拥护，从此打下了坚实的金钱基盘。

说实在的，当时克拉苏才应是骑士界的统帅，这些事他早就应该做了，但从前面的章节读者不难看出来，克拉苏虽然权势财力熏天，但本质上却是个不折不扣的投机分子，遇到激烈的斗争往往就会掉链子，故而这份人情反倒落入了恺撒手里。

一系列短兵相接当中，恺撒对元老院完胜，闹到最后他的同僚比布卢斯再也不来开会了，连橡皮图章都算不上，只能窝在自家的宅院里闭门不出。当比布卢斯的朋友问他何时再出去主持政事时，对方带着罗马人特有的幽默感回答说：“当尤里乌斯和恺撒两位联合执政的年份过去之后。”而罗马城里则流传起了这首讽刺歌谣：

不久前发生过一件事，

◇ 古罗马金币上的执政官和两位“法西斯”束棒扈从

是在恺撒执政的年份里，不是在比布卢斯执政的年份里，

因为我清楚记得，

在比布卢斯执政年里，

什么事都没发生过。

三位巨头尝到各取所需的甜头后，“权力鸦片”让他们无法停止。三人很快结为了更为牢固的裙带关系，要永久地霸占罗马这个“富有魅力的寡妇”：恺撒居然将自己的女儿朱莉娅嫁给了已年近五十的庞培，虽然女儿原本已经和自己的亲信塞维利乌斯定亲。恺撒告诉塞维利乌斯说：“你可以娶庞培的女儿。”但庞培的女儿先前也订过婚，于是又得拆毁一桩姻缘。至于恺撒自己，他很明显不会在一年的任期结束后就偃旗息鼓，所以他锁定了来年就任的执政官卢基乌斯·科尔普尔尼乌斯·毕索（注意他的名字叫卢基乌斯，和那位反对庞培进剿海盗的公元前67年的执政官毕索并非一人），与毕索的女儿科尔普尔尼娅结婚，以期望将罗马政权牢牢把握在手中。而后恺撒虽然没有停止玩女人的行为，但和科尔普尔尼娅的婚姻却延续到自己生命的尽头。

如是，恺撒在女婿、岳父及债主的三重鼎力支持下，开始谋求行省总督的位子。恺撒着意的地区，是罗马北部的疆界，即山南高卢和伊利里亚，前者又叫“长袍高卢”，在公元前122年已被执政官阿赫诺巴乌斯征服，化为了罗马的一个行省；而后者则是蛮族与海盗聚居的地区，不过却有几个强大的罗马殖民城市。但恺撒的志向绝不单单在此，因为在山南高卢更北方的，名为山外高卢或“长裤高卢”（此处依旧没有接受过王化熏陶，当地蛮族还在穿着恺尔特式的裤子）的广袤地区，还不在罗马共和国的掌控之中。

此外，恺撒还能巧妙地利用罗马民族对高卢蛮族的仇恨敌视心理和两个民族的世仇来达到自己的目标。因为罗马城的首次失陷，就是因为遭到七万南下的高卢蛮族大军的进攻。惨败发生在公元前390年，当时会战爆发在距离罗马十英里的阿利亚河，四万罗马军队被杀得溃不成军，直到“高卢人手杀软了杀累了才停下”。

不久高卢人还攻入了罗马，焚毁了整座城市，屠杀了所有的元老，因为他们不愿离开邦国避难。

罗马是个有仇必报的国家，“高卢”这个代表忧患与耻辱的名词，在其消失前，是无法从罗马人民心头拭去的，所以现在恺撒可以公开对所有人说：“我还希望接手山外高卢方面的防务。”

◇ 给罗马人带来恐怖记忆的高卢国王布雷努斯，公元前 390 年正是他带领高卢大军攻陷洗劫了罗马城

小加图再度激烈反对，他认为将恺撒送到外行省，让对方肆意发动不义战争，就好比将暴君送到堡垒里那般失策，此外他还攻击恺撒、庞培、毕索、克拉苏，说这群人“用婚姻将国家职位变成人尽可夫的娼妓，带着女人互相包庇，瓜分行省和军队”，此外对三头怪物联盟，小加图也大喊“这种联盟注定没有什么好下场”。在得知恺撒对高卢的野心后，小加图居然撺掇元老院，再度和恺撒玩了个黑色幽默，要在任期结束后，授予他个“森林与道路行政长官”职务！

这是个什么东西？按照元老院和蔼可亲的解释，就是叫恺撒去管理全意大利的植树造林和街道维修事务，为全球的绿色环保事业出一份力。

但小加图的言论在恺撒等人的眼中根本不值一哂，在民众眼里也如萤火微光。因为小加图原先安抚贫民的手段，即“粮食配给法案”，每年都会为国家增加七百五十万第纳尔银币的财政负担，很快被弃置了——更多的贫苦到无路可走的民众蜂拥聚集在克劳狄手下，而克劳狄恰好现在是恺撒的爪牙。

下面的流程几乎是水到渠成：恺撒的亲信护民官瓦伦提乌斯再度绕过元老院，直接向市民大会提交了所谓的《瓦伦提乌斯法》，规定恺撒卸任后拥有山南高卢和伊利里亚总督的职务。同时因山外高卢总督梅特卢斯·赛勒猝死，于是该法案又做了修正，让恺撒同时担任三个行省总督，并被授予四个军团，任期长达五年。

一切又是之前《加比尼乌斯法》的重演，元老院在恺撒的“粉丝政治”前一败涂地，市民大会上恺撒大获成功。得意无比的他公然站在了协和神殿上，对着所有人扬言："我已达成了我渴望的目的，让我的敌人痛哭流涕吧，从此我将骑在你们的身上了。"

有元老揶揄说："这对个'女人'（他们一直攻击恺撒在与尼可美德斯交往中扮演女人的角色）来说，不是容易办到的事。"

恺撒回答说："那又如何？赛米拉米丝做过叙利亚的女王，而亚马逊女人族也曾统治过大部分亚细亚。"

但恺撒在去行省赴任前，并没有放松对元老院的戒备，他早已将双方定为了你死我活的关系，得到机会便绝不会松手松口。他选中的"留守"，正是曾经与他前妻庞培娅发生过丑闻的年轻政治家克劳狄，当时他正好也担任护民官。按照律法规定，护民官全称为"平民护民官"，其必须出身平民阶层，但克劳狄却是标准的萨宾系贵族出身，但恺撒再次帮了他，在一天之内就让一个平民家庭领养了他，从此克劳狄改为平民姓氏，成功当上护民官，并为恺撒充当起凶悍的打手。

直接被克劳狄瞄上的，是不断开罪恺撒的西塞罗与小加图两人。

很快，克劳狄以护民官的身份向市民大会提出这么一个议案：你们对元老院在三年前的"喀提林阴谋"里，未经审讯就越权擅自处死五名罗马公民的事儿怎么看？

西塞罗当即就崩溃了，他自认为最伟大的功业现在却成了足以给自己定罪的把柄。接着克劳狄就要求民众揪出触犯法律的主事者，让他接受"剥夺水和火"这种惩罚，"水"便是"饮水"，"火"就是"炉灶"，言下之意就是要放逐西塞罗，不允许沿途意大利任何居民给他提供饮水与食物。西塞罗就这样如丧家犬般逃离了罗马，前去希腊避难，而他耗尽积蓄在帕拉丁山上建起的带着白杨树，能鸟瞰整个罗马城的美丽豪宅，也被克劳狄的党徒烧毁夷平。

小加图准备和克劳狄战斗到底，但发觉徒劳无益：当年两位执政官，其一是恺撒的岳父毕索，其二是庞培的亲信加比尼乌斯（就是那位提出《加比尼乌斯法案》的），整个共和国都是三头怪物的天下。恰好当时罗马准备吞并塞浦路斯王国，克劳狄便找到小加图，认为他"最有资格前去办理这件事"。随后就通过市民大会，给予小加图相关任命，但却不给他任何军队与舰船，只是给了他两名文书相伴，一个是小偷，一个是克劳狄的爪牙。这样小加图在赴任期间根本不敢前往任地（那儿是由托勒密王室的成员统治），而是在罗德岛暂住下来，也等于是被驱逐出了罗马。

通过这样“高瞻远瞩”的安排，恺撒在高卢的铁血事业就此变得毫无障碍，在他任期里，高卢的大地被淹没在血海汪洋当中。

提起恺撒与高卢，许多读者可能会联想到著名的《高卢战记》，不过对于这部能与古希腊色诺芬《长征记》媲美的古典时代军事巨著，恺撒最早为其命名为“Commentarii”，也就是“笔记”“随笔”。按照传统理解，这份随笔同时也是恺撒呈交给元老院与市民大会的“述职报告”，一年一份，他在高卢待了七年，故而《战记》共七卷（第八卷由他的秘书后来补全），全书采用第三人称，行文简洁明了，几乎不带个人感情色彩，确实特别像职场报告，只有当小加图对他的战争行为进行质疑时，他才会加上带点儿主观色彩的辩解理由。

为什么要辩解？

说来讽刺，恺撒在担当执政官那一年里，通过了《尤里乌斯判例》，里面规定行省总督在任职期间，没得到市民大会或元老院许可，不得随意越出行省，也不可随意对外国发起战争。但恺撒在高卢的七年里没有停止过战争，根据普鲁塔克稍微夸张的说法，他征服了三千二百英里的土地，屠杀了一百万高卢人，将另外一百万变卖为奴。但这么多战争，却没有得到过元老院哪怕一次的许可，也就是说他违反了自己制定的法律，所以小加图才在元老院发言，提议将恺撒以“非法战争罪”给抓起来，剥夺他的军权，将他交给战争受害方即高卢或日耳曼的蛮族，请对方任意处置。

所以在《高卢战记》里，恺撒必须使用低调谦逊的文笔来欺瞒包括元老院在内的罗马人。事实上除了比较清醒的小加图外，大部分人都

◇ 1869 年博翰版本的《高卢战记》扉页

被他骗了，包括称赞这部作品“朴素、直率但又雅致”的西塞罗在内。

也就是说，恺撒使用各种手段，将自己打扮成战争英雄，走的是其姑丈的成功路线。在《高卢战记》里他不叙述行省日常工作，也不着意强调战争爆发的前因后果，只是不厌其烦地向罗马人描绘战争的流程及所取得的巨大成果。“罗马军队是如何征服战胜历史宿敌高卢”的，“尤里乌斯·恺撒是如何在征战里不辞辛苦的”，“恺撒是怎么捍卫着共和国北部边疆，不然高卢和日耳曼蛮族便会给你们带来何等深重的灾难的”。然而小加图也不得不丧气地承认，在古典军国主义的罗马，这种宣传确实是百试不爽的。

《高卢战记》的卷首，恺撒就用很简练的语段，不加任何修饰，十分精准地描绘了外高卢的地理风貌，他认为外高卢人分为三部分：比利时人、阿奎丹尼人和凯尔特高卢人。随后他将各个地区的地理、民情加以扼要的概述，比如比利时人最为勇猛，因为罗马那些使人淫靡的风俗，比如饮酒、美色等，尚未传入这个偏远之隅；而后恺撒又说，在凯尔特高卢人当中，又以赫尔维蒂这个部落（居住地大约相当于而今的瑞士）最为强大勇武，因为“他们差不多整天和日耳曼人交战，不是抵抗日耳曼人的入侵，就是去入侵对方”。

而恺撒最早交战的对象，就是赫尔维蒂人。

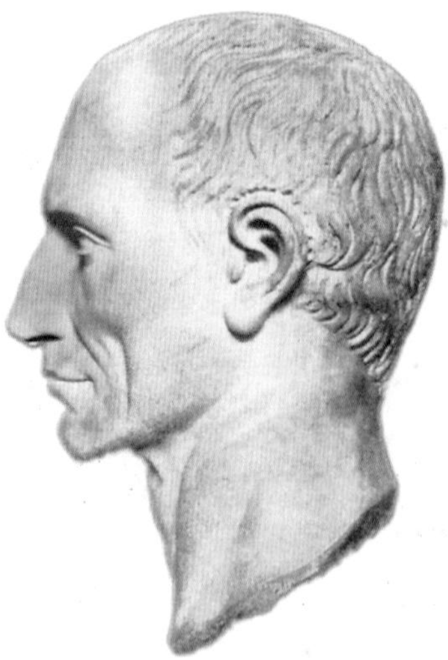

◇ 高卢战争时的中年恺撒

因为这时候，赫尔维蒂人准备举族迁徙了，原因除去恺撒先前所说的，与日耳曼频繁争战导致压力过大外，还有他们的居住环境过于狭窄，无法承受三十万人的生活所需。迁徙工作从公元前 61 年开始，赫尔维蒂人计划的准备时间是三年，就在恺撒来当总督的公元前 58 年时，他们烧毁了聚居地十二个市镇和四百个村落，并和必经之地的塞广尼人与爱杜伊人结盟。

赫尔维蒂人的目的地，据说是大陆西北角的布列塔尼。

前往布列塔尼，有两条道路，一条

◇ 公元前 107 年，胜利的赫尔维蒂人迫使罗马降兵钻轭门。19 世纪瑞士画家查尔斯油画作品

是通过塞广尼人的领地，但它处在汝拉山和罗唐纳斯河间，路经山河夹道，崎岖难行，并且随时可能遭受到其他部落的奇袭阻截；还有一条，那就是沿着阿尔卑斯山脉朝南方迂回前进，彼方本是高卢人一支阿洛布罗吉斯人的领地，后来被罗马征服，成为奈波高卢行省（范围在现在法国南部一带）的一部分，现在也是恺撒管辖的属地。

虽然恺撒多次强调，赫尔维蒂人迁徙的目标是要“建立其在全高卢的霸权”，但现在看来无疑有“泼脏水”之成分。因为这个部族在准备选择后一条路线前，就派遣了使者毕恭毕敬地来到恺撒面前，请求对方许可己方部族和平越过奈波行省，并保证沿途“绝不对当地造成任何伤害”。

恺撒拒绝了，虽然某日本女作家极力为恺撒辩解，称若是恺撒给赫尔维蒂人放行，任其移居布列塔尼的话，必然会对原本居住此地的皮克特人等部族造成压迫，形成连锁反应，从而导致难民潮。但恺撒本人的战记里，却对女作家脑海里的想象未置一词，恺撒提出了所谓“驳论”：公元前 107 年罗马执政官卢基乌斯·卡西乌斯·朗基努斯曾经与赫尔维蒂人交战过，但却身死军灭，残部被逼穿过轭门投降，而恺撒现在岳父毕索的祖父，也战殁于那场战役。

所以恺撒的理由很简单，说穿了，就是要为五十年前的事儿雪耻，外加为“老丈人的爷爷”报仇。

这都哪儿跟哪儿啊！连赫尔维蒂人的使者都对这位总督过于醉人的理由不明所以，但狡诈的恺撒同时也使用了缓兵之计，他对使者说，这件事自己还是得考虑一下，预计将于四月十三日答复。

五

高卢战云（上）

你们看看，他们的身体是不结实的，他们是软弱的，
身上的肉是松弛的；把你们自己武装起来去准备战斗吧！

——马可·卡米卢斯（公元前4世纪古罗马著名将领）将被俘的高卢战士衣服剥光后，鼓舞自己的属下之言

成功欺骗了淳朴的赫尔维蒂人后，恺撒立即命令手下的一个军团沿着罗唐纳斯河（即现在的隆河）到汝拉山间，构筑起一道高十六尺，长一百五十斯塔狄亚（1斯塔狄亚约合0.185公里，即183—185米）的防御墙，并每隔一段距离设立一处堡垒，将军团分散驻防其间，实际上粉碎了赫尔维蒂人取道奈波行省的企图。

到了约定的日子，赫尔维蒂使者前来询问恺撒的答复时，他回答说："按照罗马人的习惯，我不可能让你们通过共和国的行省，如果硬要来的话，那我就使用武力阻止。"

无奈的赫尔维蒂人见罗马人只有一个军团，就使用简陋的工具，强渡罗唐纳斯河的几处浅滩，准备突破恺撒的防御线，但以失败告终，因为凭借严整营寨工事的罗马军队是很难击败的。最后，他们放弃了这条行军路线，回到了前一条道路上，就是取道塞广尼的峡道。赫尔维蒂人买通了一位名叫杜诺列克斯的高卢贵族。此君实属爱杜伊族，是该族"执法官"（爱杜伊人对部族最高首领的称呼，

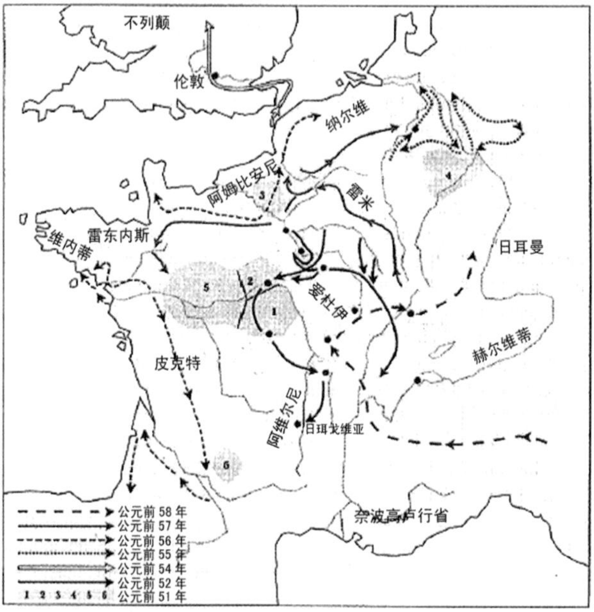

◇ 恺撒征服高卢地图

每年选举一次）狄维奇阿古斯的弟弟。爱杜伊人和塞广尼人是友好邻居，杜诺列克斯的妻子是赫尔维蒂人，但狄维奇阿古斯又是“罗马盟友”，与恺撒的私人关系很好。总之，与恺撒为敌的赫尔维蒂人，找到本族女婿，这女婿又骗过自己哥哥，跑去说服了塞广尼人，给赫尔维蒂人放了行。

得知这个消息的恺撒知道事态的严重性，要是真的叫三十万赫尔维蒂人穿过塞广尼峡道，再行追击可就困难了，于是他将新筑的防御线交给副将拉宾努斯镇守，自己则急速返回北意大利，随后带着五个军团的庞大兵力，杀往罗唐纳斯河。

此次恺撒的军队构成，是很值得注意的。按照《高卢战记》的原文表述，恺撒此时“急急赶往意大利，在那里征召起两个军团，又把正在阿奎莱亚（Aquileia，意大利东北部的要塞城市，当时为罗马的殖民地）附近冬令营里息冬的三个军团带出来”，再包括恺撒先前带去阻止赫尔维蒂人的一个军团，那么原本恺撒在行省赴任时所统辖的军团数量，实际是四个。这四个军团是由罗马公民组成，元老院授权给番号的，按照现代话来说，那是有编制的“正规军”。但恺撒这会儿又以和赫尔维蒂人作战为借口，临时在山南高卢范围内征募了两个军团，也就是通常所说的“辅助军团”，军费开支全由恺撒私人承担，那就是没编制的“临时军”。

按照番号来划分的话，有编制的为七、八、九、十军团，没编制的为十一、十二军团。在后来镇守高卢的岁月里，恺撒扩充了“没编制”的私兵队伍，组建了十三、十四和十五共三个新军团，又通过行赏、作战和前面四个正规军团缔结深厚的利益（也有情感）纽带，就此彻底地将近十个军团的军队掌握在自己手里。它们成为他日后征战天下的资本。

按照普鲁塔克的描述，罗马人是不害怕荒漠里酷热的天气和肮脏的沙尘的，但他们畏惧寒冷。毕竟亚平宁气候偏向温暖，所以其军队一般作战时，都有“冬令营”这个概念，在息冬期间官兵们都待在坚固的营地里，尽量避免出来。但军情紧急，恺撒根本顾不了那么多——七天时间内，他就领着五个军团，神速穿过了风雪咆哮的阿尔卑斯山脉，出现在了罗唐纳斯河畔。

此时，赫尔维蒂人已经深入到塞广尼地区，但事先他们与诸多部落达成的协议沦为一纸空文：三十来万人通过，不可能真正做到“秋毫无犯”。很快塞广尼人、爱杜伊人、阿洛布罗吉斯人等都深受其沿途劫掠之苦，官司纷纷打到恺撒这里，恺撒便掌握了道义上的主动权，迅猛追击赫尔维蒂人。当时赫尔维蒂人正企图渡过阿拉河，阿拉河是罗唐纳斯河的支流，也是塞广尼与爱杜伊地区间的“天然壕沟”，其水流异常和缓，几乎单靠双足便可涉水。然而赫尔维蒂人的队伍实在过于庞大臃肿，再加上妇孺辎重混杂，在尚有四分之一还未渡过时，恺撒的主力部队来了。

恺撒选择在夜晚第三哨（罗马军营将一晚上分为四个哨，便于警戒换岗）忽然带三个精锐军团猛扑过来，突袭了尚留在阿拉河边的赫尔维蒂人，将身负重荷的他们杀死了大部分，其余的驱赶到了密林里。接着，恺撒军团的官兵仅

◇ 法国漫画家笔下的《高卢战记》

花了一天时间就在阿拉河上架起座桥梁，接着全军继续追击敌人。

科技水平的差别让赫尔维蒂人分外惊骇：同样的阿拉河，他们花了二十多天没渡完，还有数万人折损在恺撒的手里，而恺撒一天工夫就成功渡过。其余的部落如爱杜伊人等也是同样感受，他们庆幸自己没公开与罗马作对，并决定在这场已经能看到结局的战争里无条件支持恺撒一方。很快那个“赫尔维蒂女婿”杜诺列克斯遭到惩戒，大批粮食和四千名“同盟骑兵”被交到恺撒手中，恺撒就使用这群仆从武力死死咬住赫尔维蒂人的后卫。

在大约半个月的猫鼠游戏里，敌我几十万人就这样走走停停，小打小闹，各自队伍倒没大的损失，但粮秣已快支撑不下去了。恺撒知道，己方距离规定的发粮期限只剩下两天时间（罗马军营里每隔一段日子就是粮饷日，各营帐从军需官那里取来薪资和粮食，分配到每个士兵手中），但他手中却无粮可发。

于是，恺撒只能带着部队，朝爱杜伊地区给养丰富的毕布拉克德城奔去——眼见恺撒居然放弃追击，赫尔维蒂人感到强烈的不习惯，便打听缘由——恰好这时，恺撒属下一名高卢籍的骑兵什长艾米留斯的帐下出现了一个逃兵，跑去将恺撒的缺粮窘境告诉了敌人。

“恺撒都这么窘了，我们更窘！”赫尔维蒂人意识到，若让恺撒得到了给养，己方就必死无疑，唯一的机会就是趁着罗马军队去毕布拉克德城时，反攻为守，与同样缺少粮食的罗马人决战，再仗着数量优势击垮恺撒。

结果在前往毕布拉克德城追击途中，蜂拥而来的赫尔维蒂人发觉恺撒已经将全部兵马掉转过来，布阵在一座小山上等待着他们。

恺撒的布阵很有科学性，他将七、八、九、十这几个经验老到的正规军团分成三列布于半山腰上，而十一和十二两个新兵军团，则被布置在山顶上，主要担任预备队，并看守辎重。

而二十万赫尔维蒂人（他们在阿拉河被歼灭了四分之一）是坐着篷车来到战场的，他们将车辆、辎重和妇孺排成车营，所有精壮的男子或骑行，或步战，排成密集的队伍，朝恺撒据守的山头如潮水般扑来。接着，恺撒的老兵军团使用了罗马人很早前对付高卢蛮族的战术，他们排列在山腰上，第一排士卒抛出标枪后便坐下；随即是第二排和第三排，他们在掷出标枪后半跪下；最后才是第四排。一瞬间山坡上掷下的标枪就像泼水般，砸在了赫尔维蒂人简陋粗糙的盾牌上。罗马人的标枪是特制的，士卒一般携带两杆，都叫作“皮鲁姆”（Pilum），但分为

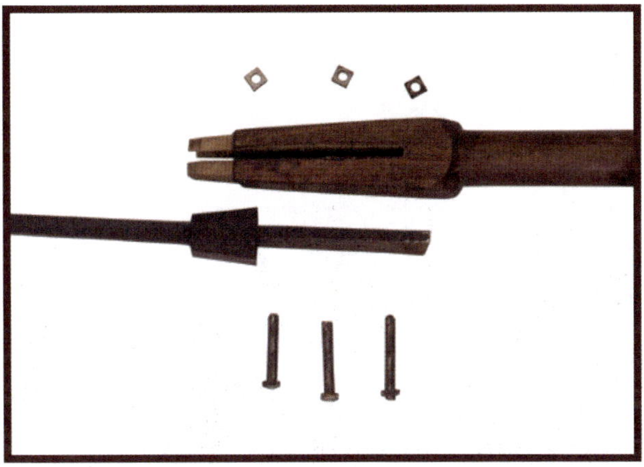

◇ 重皮鲁姆标枪矛头和木柄间的“关节”及铆钉

轻重两类。轻标枪重约两公斤，由铁矛头直接套在木柄上；而重标枪重约五公斤，在木柄和铁矛头间有个可以活动的关节，上面三个铆钉里有一个是木制的。在刺入盾牌或人体时，木制铆钉会断裂，木柄弯曲坠下，而矛头则继续留存，这样既可防备敌人拾取回掷，也能增加从伤口里拔出的难度。轻重标枪的投掷距离都在二十米到三十米之间，可以视作是肉搏前的短程突袭火力，其中重型皮鲁姆用于破坏重装敌人的护盾，而轻型的用于对轻装敌人的杀伤。

赫尔维蒂人的盾牌被皮鲁姆刺中后，铁矛头与断掉的木柄将他们的盾牌变成阻碍胳膊挥舞的累赘，随后四个军团的罗马军队纷纷拔出短剑，展开无所畏惧的白刃战。向来被视为勇武的赫尔维蒂人大败，朝一里外的一座小山上溃退，恺撒属下展开追击。而这时赫尔维蒂人担任后备的一万五千名战士突然出现在罗马人的侧翼，企图包抄过来，而跑到小山上的赫尔维蒂人主力也返身来战。恺撒的军团没有慌乱，他们将三列阵线分为前后两面，一面与敌人后备军作战，一面继续猛攻那座小山。

血腥的战斗从上午持续到傍晚，赫尔维蒂人支持不住，许多人被杀死，其余的则败退到后方的车营里继续顽抗。恺撒军团也尾随而至，随后在车营内外再度爆发残酷的战斗，赫尔维蒂人的妇孺都加入进来。直到深夜时分，车营沦陷——剩下的一万三千名赫尔维蒂人突围而出。

不过想必恺撒的人马在此次大战里也损失颇重，因为他在战记里承认，直到第四天才进行对赫尔维蒂突围残部的追击，因为“有的士兵受了伤，还有些阵亡者要掩埋，停留了三天”。不过剩下的战斗已有惊无险，赫尔维蒂的主力惨遭歼灭，残部得不到高卢其他部落的接济，部分被搜出遭到杀害，部分最终投降。

◇ 阿拉河战役后，与赫尔维蒂人谈判的尤里乌斯·恺撒

而后，恺撒在敌人的营地里搜出了他们的希腊文名册，记录其上的，既有可作战的男丁，也包括老人、妇女与儿童，总数是三十六万八千人，但战后被恺撒遣送回故乡的只剩下十一万人。

击败赫尔维蒂人后的恺撒威名响彻外高卢。随后在他的要求下召开了所谓的“高卢大会”，远近国王与酋长皆来参加。会议采取保密制，主持人就是爱杜伊人的执法官、亲罗马分子狄维奇阿古斯。在会上他在恺撒的授意下发言，称“先前高卢是个分裂的地方，其中最强大的两个城邦爱杜伊与阿维尔尼争夺霸权，居然都雇佣日耳曼人充当各自的武力后盾，导致现在渡过莱茵河来到高卢地区的日耳曼人竟达十二万人，他们供奉阿里奥维司都斯为王，霸占了塞广尼最肥沃的土地，向高卢各部落索取人质和贡物，现在还在肆无忌惮地扩展更大的土地。”

这番发言意思很简单，那就是恺撒的下一个战争就是要驱逐入侵高卢地区的日耳曼人，不管是为公义还是为私利。

不过阿里奥维司都斯还有个身份，那就是他是元老院认可的“友人”，换句话说，他也是“罗马人民的老朋友”——共和国对于被征服地区，向来喜欢采取以夷制夷的策略。

所以，恺撒首先给“老朋友”发去信函，请求他归还高卢部落送来的人质，并保证以后不会再有更多的日耳曼人跑到河这边来“讨生活”，如果阿里奥维司都斯答应，大家继续是“老朋友”，如果不答应的话，那就别做朋友先算账。

阿里奥维司都斯的回复也很强硬：“战胜者对战败者可以随心所欲支配，我不干涉罗马这样对待战败者，也希望罗马别来干涉我”，“没人和我作战不是自取灭亡的”，如果恺撒要算账的话，便“可以领教一下战无不胜的日耳曼人”。阿里奥维司都斯的话倒不是吹牛，后来古罗马著名的史学家塔西陀写过《日耳曼尼亚志》，其中对黑森林里的这群部落有很详尽的描绘，他们不管是办公事还是办私事，武器从来不离手，酋长被勇猛的侍从们环护。日耳曼人的价值完全体现在战争上，除去战争和狩猎外男人几乎无事可做，在战场上若酋长勇敢不如他人，那便是酋长的耻辱；但假如侍从们的勇敢不如酋长，那就是侍从们的耻辱；若是

◇ 高卢战争里的罗马军队

酋长战死沙场，而他的侍从生还，那这便是其毕生的耻辱。

总之，这群黑森林蛮子的世界观就是：“可以用流血方式得到的东西，如果还用流汗方式得之，就未免太文弱无能了。”

就此，纸面谈判破裂也是正常的结果，恺撒很快得到消息：阿里奥维司都斯准备围攻塞广尼最大的城镇贝桑松（《战记》里称维松儿阿），目标是掠夺给养物资，而日耳曼另外两大部落即阿鲁得斯人和苏维汇人，也渡过莱茵河或正企图渡过，要与阿里奥维司都斯会合，给恺撒制造更大的麻烦。

所以，恺撒再度下达了急行军的命令，全军日夜兼程，提前一步赶到了贝桑松。不过正当他在这座城镇筹措战备，厉兵秣马，准备与阿里奥维司都斯一决雌雄时，军营内却发生了“恐日症”。

这里的“日”，毫无疑问是日耳曼，当时贝桑松到处都流传着日耳曼人是如何高大魁梧、勇猛不凡的传言。最先对此发生恐慌的是各军团的军事护民官，这个官衔每军团六位，在早先采取值班制度，每人每两个月轮流指挥军团，但现在已“尸位素餐”化。除去前四个军团（共和国早期只有四个军团规模）的军事护民官是选举出来的外（恺撒早年就竞选过），其余的军团全由执政官随意任命，大多也不用上战场，只在后方担任文职行政工作，故而许多元老和骑士的儿子都对这个职位趋之若鹜，视为镀金的法门。现在这群军事护民官说怎么真的要和那群金发碧眼的蛮子打啊，便哭哭啼啼，躲在营帐里写遗嘱，最后畏战情绪感染全部的百夫长和士兵，大家连操都不出了，全部窝起来写遗嘱去了，遇到命令也不积极执行。

气得恺撒专门召开了个全体百夫长都参加的大型联席会议，在会上恺撒打了个很生动的比方：“日耳曼人只是看起来骇人而已，但别的不说，赫尔维蒂人就曾多次击败他们，还深入过日耳曼的领地，所以日耳曼人不过是赫尔维蒂人的手下败将——而先前的战斗也表明，赫尔维蒂人又是我们的手下败将……现在我要出去和敌人厮杀了，你们看着办。”说完，恺撒果然义无反顾地出发了，最早只有十军团跟随着他，因为这个军团最受恺撒的倚重与宠爱，几乎无役不与。

接着，感到惭愧的其他军团也陆续跟上了总督，对日耳曼蛮子的畏惧很快就被渴望建功洗刷耻辱的心情所取代。

接着，两军在贝桑松城下展开多次激烈的小规模交锋，但不管恺撒如何希望与阿里奥维司都斯决战，对方却只是派出分遣队来应付。心忧粮食不继的恺撒下令所有的部队自“大营”出来，直接推进到距离阿里奥维司都斯营寨仅六百步外，而后恺撒排出三列战阵，并要求最后一列的兵士在这个地点火速构筑个“小营”。

阿里奥维司都斯派出六千轻步兵和若干骑兵来阻止，但被恺撒前两列武装部队顽强阻截，只能眼睁睁看着“小营”在一天内完工。而后，恺撒留下两个新兵军团驻防小营，自己带着四个老兵军团返回大营，这是为来日的决战铺路——罗马人在任何时间、任何地点作战，都希望后方有工事足以凭恃。

第二天，恺撒六个军团尽出，沿着小营列下阵势，和日耳曼人混战一日，不分胜负。后来恺撒从俘虏的口中得知：阿里奥维司都斯非常信任一个巫婆，她通过占卜告诉他，“如果在新月出来前作战，神是不会保佑日耳曼人得胜的。”这就是阿里奥维司都斯按兵不动的原因。

当一个人的愿景全部集中在未来某个时刻时，那他在之前的所有时间里都是孱弱的——恺撒抓住了这个机会，在次日将六个军团和所有辅助部队拉出来，急速逼近阿里奥维司都斯阵地。无奈的日耳曼诸部落也只能像昔日的赫尔维蒂人那样，立下一个个车营，蛮族妇女们坐在车上，高举双手呼号着，要求她们的男人在战场上要不负勇名，如果失败的话，她们将全部被矮小的罗马人玷污，然后会沦为奴隶。

决战爆发后，恺撒加强了己方的右翼，并亲自指挥，因为他通过观察，发觉对面的敌人（也就是日耳曼人的左翼）较为薄弱。但阿里奥维司都斯也加强了自己的右翼，希望迅速打败罗马人的左翼。所以这是场互相突破，胜负全由天定的博弈。战斗喇叭吹响后，整个战线上的两军连标枪都来不及投掷，就短兵相接在一起，罗马人使用大盾和短剑奋勇刺击，而日耳曼人则结成了类似希腊的 Phalanx 方阵，将盾牌重重相连，防护住前方和头顶，来阻遏恺撒军队飞湍瀑流般的猛攻。

这时候，小个子的罗马士兵发挥了灵活的优势，他们许多人直接跳到了日耳曼人的盾牌上，将它们扯开，再用锋利的短剑自上而下猛刺猛砍，随后日耳曼人的左翼维系不了方阵而崩溃。但阿里奥维司都斯的右翼在另外一面，也深深压迫住了恺撒的左翼，使得他们也有失败的危险。关键时刻，恺撒属下的骑兵将领，克拉苏的小儿子巴布留斯·克拉苏（他当时担任财务官。他还有个哥哥担任恺撒副将，所以前者称小克拉苏，哥哥称大克拉苏）带着所有的辅助骑兵从营地后列冲上来，发挥了骑兵的速度优势，填补了己方左翼的空缺，并将日耳曼人的右翼给驱逐了回去。

接着，恺撒命令全军突进，阿里奥维司都斯则全线崩坏，他的营寨失陷，大部分部下在逃命中被挤压在莱茵河岸边遭到屠戮，阿里奥维司都斯和少数人或乘船或泅水，逃回了河对岸。他的两个妻子被杀，两个女儿一个被杀一个被俘。原本已经渡过莱茵河的苏维汇人在得知阿里奥维司都斯败逃的消息后也惊惶地遁走，结果被高卢当地部落杀死大半。

此刻“战无不胜的日耳曼人”的尸体铺满了从杜比斯河直到莱茵河间广大的土地，其情状万分凄惨。反正，据恺撒或史学家的说法，贝桑松之战中罗马军队与高卢的“盟友”共杀死了八万日耳曼人，莱茵河防线得到了未曾有过的巩固，日耳曼人再也不敢随意越过。

这样，在经过两场战役后，恺撒在全高卢的威信已无可撼动，于是他在该年将冬令营提前到了九月，下令让军团进入贝桑松营地休整，消除先前战斗的疲累。接着他将冬令营交给首席副将（代理总司令官）拉宾努斯管理，并要求其注意监视更北方的比利时人的动向，自己则越过阿尔卑斯山，来到了山南高卢的米兰城，主持由所有高卢酋长参加的“巡回审判大会”，来确立驱走日耳曼人后各行省的新秩序。

在息冬期间，拉宾努斯送来信件，称高卢最北方的比利时的各个部落正在互相交换人质，秘密结成对恺撒不利的联盟，理由很简单：“不甘心被罗马征服”。但这个理由却给了恺撒来年开战的借口，有了这个借口，恺撒又绕过元老院，在山南高卢和伊利里亚地区再征募了两个新的（番号十三和十四）军团，在公元前57 年夏季后交给他的副将带到了贝桑松的冬令营里。不久恺撒也来到贝桑松，在那里许多高卢部落向他打报告：比利时人集中了四十万人上下的大军，正朝某个地点集结。

但恺撒对这个不明确的数字并不予采信，他需要更精确的情报，而武力恫吓是最好的手段——拥有八个军团的恺撒当即离开贝桑松朝比利时边境火速挺进。

罗马军队最大的优势不是自身多么勇敢强壮，而是铁一般的组织和纪律，这是当时周边的蛮族或国家望尘莫及的，而这种将人训练成骡子的“纪律”，就是靠拉练、扎营来实现的。恰如犹太史学家约瑟夫斯所说，“他们的演习是不流血的战争，战争是流血的演习”，只要入营成为军队一员，那就毫无例外要遭受百夫长的呵斥和殴打，直到能全副武装在烈日或风雪下一口气奔走二十里路为止。

所以，仅仅花了十五天恺撒的大军就来到了雷米族的地盘，这个部落立刻就服软了，向恺撒提供了物资，当然还有最关键的军事情报：比利时人其实也是日耳曼人的后代，他们很早前渡过莱茵河来到现在居住的地方将土著的高卢人全部赶走，就将这个“鱼塘”霸占了下来。

后来，同属日耳曼人的辛布里人与条顿人大举迁徙，杀入高卢，当其他部落纷纷惨败遁走时，比利时人却击退了后来的这批“黑森林老表”，保全了家园，这使得他们获得了“全高卢最为勇武”的评价（恺撒之语）。在去年的比利时部族大会上，这群人确实制定了详尽的军役分摊计划——势力最大的比洛瓦契人出六万精壮；仅次于比洛瓦契，拥有十二个城镇的苏威西翁人出五万人，他们的国王盖尔巴担任联军统帅；最偏远也最为蛮勇的纳尔维人出五万人；其余的各个部落，也各出两万、一万不等的人。

最终，比利时蛮族联军的人数就确定了，共二十九万六千人。

将敌我数量和力量进行比较后，恺撒决定以新归顺的雷米族领地为内线，凭

◇ 罗马军团的远程利器，名为“蝎弩”的轻型弩炮，发射标枪或小型铅弹

借他们的城镇及己方的野战工事消耗比利时联军，再择机彻底击败他们。

当从斥候口中得知比利时联军结成了首尾不能相望的庞大队伍朝恺撒所在地扑来时，恺撒带着大部分军队越过了阿克松奈河（现在的法国索恩河），接着背靠着它构筑了坚整的营地。考虑到这条河川上唯一一座桥梁对己方后勤的重要性，恺撒特别让副将萨比努斯带着六个大队在对岸后方也筑起一座拥有十六尺（罗马尺）深的环形壕沟与十二尺高壁垒的营寨保护这座桥梁，足见恺撒对雷米族忠诚的信任，还是留有“余地”的。

不久，军情传来，因为比利时联军由十二个部落组成，缺乏约束，士兵的乐事就是沿途劫掠，这时他们正乱哄哄地攻打一个叫勃拉克斯的要塞城镇，而此要塞恰好属于雷米族所有。

勃拉克斯决定向距离八里外的恺撒营地求援，它的使者告诉恺撒：“比利时联军大军围城，这群人在攻城时，后方的射手朝城垛上猛砸如雨般的石块，驱赶守城人员，随后步兵全部高举盾牌，逼近城墙根下，挖掘破坏，现在勃拉克斯局势危急，没人能在这样的猛攻下坚持下来。”

恺撒很爽快地答应派遣援军，他让那个使者做向导，并派出了罗马军团里最精锐的辅助兵（即努米底亚的标枪手、克里特岛的弓箭手和巴利阿里群岛的投石手，并称为“辅兵三大件”），半夜朝勃拉克斯城驰援。

这些善射的军队进入勃拉克斯后，比利时联军的攻城队伍很难在他们射出的矢石下幸存。怒火万丈的比利时人焚烧了城下所有的农田作为报复，而后放弃了勃拉克斯，开始瞄上了恺撒——他们在距离恺撒营地两里外扎营，据说夜晚的篝火绵延整整八里。

在进行了几次斥候战后，恺撒摸清了比利时联军的底细，他们虽然人多势众，但战术协调性极差，根本不足为惧。恺撒将军团沿着营寨的正面摆了出去。他的战场选择得十分老到：营地处在河边平原的一处高地上，正面是个缓缓下去的斜坡，既适合大部队列阵，也能保证弓矢和标枪的射程，而两侧则是陡峭的山崖。恺撒还在上面挖掘了横断式样的壕沟，并在后面布设了大量的弩炮投石机，以防止比利时人从侧翼包围自己。

在双方营寨间有一片难以跋涉的沼泽地，比利时人的统帅盖尔巴认为在正面作战上难以击败恺撒，便命令一部分战士强渡阿克松奈河，企图攻陷恺撒事先在那里安置的由萨比努斯据守的桥头堡。

得知军情有变的恺撒紧急带着所有的骑兵和辅助射手穿过了桥梁，赶到了萨比努斯的营寨前，配合他里外夹攻，比利时战士绝大部分被当即射死在河流里，其余的人勇敢地踩着同伴的尸体，继续冲锋，但根本攻不破萨比努斯坚固的工事，结果又被恺撒骑兵围住，统统杀死。

比利时人的攻势被扼住了，他们困守原地。不久更坏的消息传来：恺撒事先安排的奇兵，即爱杜伊人执法官狄维奇阿古斯所带领的高卢仆从军，乘虚攻入了比利时人的老家。这下，蛮族联军再也坐不稳了，他们宛如春运时急着赶回家的人，再也不顾军队的纪律，在半夜里争先从各自营地里朝家的方向奔逃。谨慎的恺撒害怕这是敌人的计策，便派遣了许多斥候，当黎明时分他确定比利时人的行为是真的溃逃后，就下令两位副将比狄乌斯与科塔（恺撒的舅舅）统率所有的轻装骑兵，而首席副将拉宾努斯带着三个军团的步兵尾随其后，尽情追逐比利时人，杀得他们尸横遍野，直到日落才收兵休息。

第二天恺撒带着生力军越过雷米族的领地，来到毗邻的苏威西翁人的地盘，已丧失战意的国王盖尔巴交出两个儿子求降；接着，比利时势力最大、人数最多的比洛瓦契人也降服在恺撒的兵锋下。

但比利时人里最蛮勇的纳尔维人却拒绝投降，他们集合了其余几个小部落，要和恺撒决一生死。接着便是一场十分惨烈的作战：在一次突袭战里，恺撒右翼的十二军团蒙受了极其惨重的损失，所有大队的百夫长皆有伤亡，其中第四大队的六名百夫长都战死沙场，掌旗官殒命，大队队标（signum）也丢失了。

◇ 罗马军团的队标，每个军团拥有的叫鹰旗，下属每个大队各自拥有一个队标。队标是以一根长矛上面系上铜牌或其他标志物做成的，由该大队的第一中队掌旗官所持，指示作战所用

失去队标，对一支部队来说是巨大的耻辱，不过这时候十二军

团连队列都无法保持了，又谈何洗刷耻辱？关键时刻，恺撒抓起盾牌，冲到了所有士兵的面前，要求所有还未战死的百夫长站起来，将队标全部移到最前列去，继续指挥士兵战斗下去。这时，同样伤亡惨重的七军团慢慢和十二军团形成了背靠背的态势，兵士见身后没有威胁，才鼓起勇气继续作战，最终扭转了战局。

而遭到失败的纳尔维人，除去妇女和儿童外，几乎所有的壮丁都丧失了，只能向胜利者乞求和平，因为实在是“没人抵抗”了。最后，还有个叫阿杜亚都契的部落，原本正准备来支援纳尔维人，在知道友军灭亡后，便退往一处很坚固的山垒继续抵抗罗马人。

这处山垒是当年辛布里人和条顿人构筑起来囤积物资所用，其四周全是峭壁山崖，只有一条狭窄的道路通往其中。山垒拥有双重石墙，还安置了许多滚石和尖桩。阿杜亚都契人坚信，恺撒的军队根本无法攻陷这里，所以当他们看到罗马人绕着山垒修筑周长一万五千尺的长围，并且开始用木材和铁钉制造盾车、攻城塔时，就讥笑说这一切徒劳无益：“白白累坏了矮小的罗马人。”

但是当巨兽般的攻城塔开始在滚木的作用下灵活而气势十足地逼近山垒城墙时，当阿杜亚都契人发觉它们的高度比自己所居的山和城还要高时，便对罗马的技术惊为神人，只能请求和谈。但恺撒对他们的不屈或者说狡诈早有防备，只是叫阿杜亚都契人将所有武器从城墙上抛下，而后就撤走了围困的岗哨。

当夜，阿杜亚都契人用暗藏起的武器和简易的柳条盾牌武装了自己，勇猛地从城门杀出，企图摧毁罗马人的长围工事，但早有准备的恺撒下令反击，塔楼、墙垒后的弩炮、弓箭连续不停地发射，四千阿杜亚都契人被杀死在工事和壕沟前。次日，恺撒使用攻城槌打破了城门，彻底毁灭了这个部落——五万三千人被卖给了随军的奴隶贩子，所有的将士都发了财。

另外一边，恺撒副将小克拉苏带领一个军团的别动军，征服了从外高卢到大西洋边的大部分蛮族。

经过对比利时人联军的鏖战，现在恺撒的势力触角已经抵达了外高卢最北和最西的地带，从这边海洋到另外一边海洋。短短一年多时间，恺撒殴打了现在欧洲诸多国家的祖先，或者说是名义上的祖先，瑞士人、法国人、德国人、比利时人等等，而后通过年贡和税金及战争劫掠所得，他发了大财。现在的恺撒是先前那个负债累累，连官职都无法正常赴任的那个恺撒所无法比拟的，现在的恺撒光是收买罗马城内的官员动辄就花费千万塞斯退斯的钱财，替他们偿还债务收买人

心，连眉头都不皱一下。

在接到了恺撒来自高卢的战情报告后，民众沸腾了，他们很自然地将恺撒视为英雄，元老院也假惺惺地笑了，表示要为恺撒在城内举办整整十五天的“谢神祭”，以这个盛大的庆典来感谢诸多神对高卢战争的协助。这是元老院前所未有的“慷慨”——当年庞培从东方凯旋，也只是举办了十天的庆典，所以恺撒难以置信，继而得意扬扬地在《高卢战记》里写道：“这是前所未有的事。”

然而，元老院的反攻正在展开，他们一致认为，在三巨头联盟里，恺撒是最狡猾最不易控制的，而庞培则不同，他是当中最薄弱的环节。庞培立场多变基盘不稳，一次又一次浪费军队与民众对他的狂热。在恺撒于高卢荒原里声名鹊起时，他却在罗马城的政坛里跌跌撞撞：克劳狄放逐西塞罗时，他袖手旁观；与恺撒女儿伉俪情深，又激起了元老院与贵族党的敌视和嘲笑；克劳狄处处与他为难，伟大的庞培居然束手无策，任由其辱骂和恫吓。

总之，到处都是庞培的敌人，或者有意无意要坑他的朋友，有人要叫庞培去埃及，调解埃及托勒密十二和臣民间的冲突；但很快西塞罗又请求庞培不要去埃及，而担任整个共和国的“粮食督办”，来统筹整个国家的粮食运输、分发，结果克劳狄又激烈反对，说这个法案会让庞培卷土重来，重新拥有国王般的权力；还有许多朋友劝庞培和朱莉娅离婚，舍弃恺撒重新赢得元老院支持。

心慌意乱的庞培只能听从相对稳妥些的建议，出任了粮食督办。事实证明只要他离开了罗马城，任何事情还都是得心应手的。庞培向西西里、萨丁尼亚和非洲各地派遣骑士和亲信奴隶，平抑了各地高腾的粮价。但是当他离开罗马后，元老院重新操控了执政官和法务官的选举，寡头门阀再度大获全胜。

“粮食局长”庞培不由得惊慌起来，恰好在此刻恺撒的邀请来到：我已将军团分散在高卢新征服地区冬营，自己则在山南高卢的首府拉文纳，等着和您与克拉苏再度会晤。

接着即是公元前 56 年 4 月间著名的三巨头公开的会晤。为什么说是公开的？因为先前此三人在结盟时，因为畏惧猜忌与打击，是瞒着元老院的，但这次不同。据普鲁塔克所称，当恺撒甫一出现在位于山南高卢的名叫卢卡的小村庄时，此地“马上聚集了成群结队的男子和妇人”，包括克拉苏与庞培在内的两百名元老，门前靠着一百二十根束棒权标，这种标志只有执政官、法务官级别人物才能拥有——没人能否认，恺撒是政坛的“当红炸子鸡”，人人都想巴结他。

不过恺撒使用金钱打发了绝大部分的“外围男”，只有庞培和克拉苏才有资格与他举行秘密会晤，这次三巨头达成的协议是：庞培和克拉苏要就任来年执政官，再度对元老院实行逆袭；恺撒为此提供的帮助是，让其所属的四个军团的兵士（他们都是罗马公民）离开冬令营，返回罗马投赞成票；而恺撒为此得到的回报是，他的总督职务将在五年任期满后再延长五年——很明显，恺撒爱上高卢这块偏远但富饶的土地了，他通过“外放策略”取得成功，避免了像喀提林那样的覆灭危险。

至于罗马城，就让克拉苏与庞培去折腾好了。

但卢卡会议的内容很快就被曝光，当年的执政官马赛利努斯直接在元老院问责回来的克拉苏与庞培，问他俩是否有参选的想法，是否和恺撒达成了私下分割国家权力的肮脏交易。庞培的回答是：“我可能参选，也可能不参选”，等于没回答；而克拉苏的回答更为圆滑：“只要是对共和国有利的事，我都会义无反顾地去做，包括当执政官在内。”

大怒的马赛利努斯便在元老院发表对这三位的弹劾演说，庞培还以颜色。因为马赛利努斯曾在剿灭海盗的战争里担当过庞培的副将，并颇得重用，故而庞培说这位不是个正经人物：“没有我，他不可能当演说家，而只能当哑巴；没有我，他不可能发财，而只能饿死。好了，现在马赛利努斯居然开始攻击恩人了！”

在这种情况下，当年大部分的候选人都沉默了，他们甘愿当作“充数”的，只有已回到罗马的小加图坚定支持自己的姐夫——一位元老院门阀政治的拥护者，出身贵族名门的多米提安斯·阿赫诺巴乌斯竞选。

庞培和克拉苏的手腕是骇人的，他们雇佣了大批武装起来的流氓、门客，在多米提安斯与小加图带着竞选游行队伍来到马尔斯大校场时，指示这群人将走在队伍前面的火炬手当街杀死。而后所有人惊恐逃逸，只有小加图还留在原地坚持抗争，结果这位斗士手臂也被刺伤。至于多米提安斯则吓得躲在宅邸里不敢出来，故而克拉苏与庞培双双当选。

接着小加图又要竞选法务官，希冀能和这两位继续对抗，但在小加图于街区广场演说时，庞培跑来说天上在打雷，是个不祥的预兆，叫大家都回家去，封杀了小加图拉票的机会。随后克拉苏掏出无数金钱出来贿选，最终让恺撒的亲信瓦提尼乌斯与特雷邦尼阿斯分别当选法务官和护民官。小加图又惨败了：铁一般的事实证明，除去所谓的传统和潜规则，元老院里的贵族门阀其实是不堪一击的，他们既没有能力和恺撒这样的枭雄一较高低，又不屑于讨好民众，结局自然是一败涂地。

下面即是早就商量好的戏码登台上演。护民官特雷邦尼阿斯提交了一项法案，称公元前55年的两位执政官，在一年任期满后，不必通过抽签仪式就能获取西班牙、非洲和叙利亚、埃及两个地区的总督任命，并且他们在任内也不必请示元老院就能自主对他们认为的敌对国家或民族发动战争；同时，尤里乌斯·恺撒的高卢总督任期再延长五年。

这个法案当然是为庞培与克拉苏量身打造的，全罗马城依旧只有一个小加图在激烈反对。为此他被殴打过，被恐吓过，还差点儿被扔进监狱里去，但一切都无济于事，三巨头联盟的势力不可撼动。

得到好消息的恺撒，安下心来继续他在高卢的事业。在此年里他和他的军队于陆地上并没有遭逢高烈度的战争，主要是征服了阿尔卑斯山南北的几个蛮族，开辟了内外高卢连接的商路，并设置了关卡抽取他认为合适的税金来支撑自己的事业。

但战争却爆发在海洋里。

与恺撒为难的是个叫维内蒂的古老的海上蛮族，他们掌控着莫尔比昂（现属于法国西海岸）海湾的数个港口，并且拥有大量的船只，与不列颠保持着密切的联系，是这一带海洋的霸主。

当时小克拉苏带着七军团驻屯在大西洋岸边，因为当地缺乏粮谷，所以小克拉苏就派出数位指挥官前往维内蒂及周边的地区征收粮食。结果维内蒂人也许是认为自尊受到了伤害，因为他们认为“先前在这片海洋上经过的所有船只，都得向我们纳贡才行”，现在自己居然要向矮小的罗马人交粮，真是个耻辱。另外，所有人都懂得，这群高卢民族都有些“二杆子”精神，属于一言不合就要打生打死的类型，所以维内蒂人就把两名罗马征粮官给扣押下来，条件是“恺撒必须归还我们交出去的人质”。受到这种二杆子精神的传染，维内蒂旁边的几个部落，也都扣住了征粮官，随后他们又认识到这个行为有点儿闹大了，干脆也不想交涉认错了，直接开打好了。

恺撒也无心推行绥靖政策，因为维内蒂人的起事赢取了许多偏远部落的支持，他们拿起武器，又要反抗罗马的霸权了。恺撒对维内蒂的战争分为四路：他的首席副将拉宾努斯带着骑兵布防在莱茵河畔，防止比利时人叛乱和日耳曼人的侵袭；另外一位副将小克拉苏带着十二个大队和部分骑兵进入阿奎丹尼，防止这个地区起事蛮族与维内蒂人会合；副将萨比努斯带着三个军团，游走在维内蒂地区周围，来阻止其他邻靠部落对其的增援；最后，恺撒亲自在流入大西洋，处在爱杜伊地区边缘的里杰尔河处建造堡垒、船只，并到处征募桨手，在高卢地区负责这一事务的，是年轻的将军狄基摩斯·布鲁图。因为恺撒当然知道，他与维内蒂人的战斗，可能要在海面上展开。

交战时刻，恺撒才惊讶地发觉，高卢蛮族并不是什么科技都落后于罗马——起码对于航海与舰船技术来说是这样的，罗马人从来都不擅长于航海，大规模建造舰船、学习海战，还是因为布匿战争里为抵御迦太基人的海军优势"现学现卖"的。再加上地中海就是个"大澡盆"，此处的船只大多狭长单薄，使用桨力驱动，更多的是承载陆战队员的舢板：双方在远处投射石块、弩箭，靠近后就互相用撞角冲击（还只有大船装备这玩意儿）、用长桨对砸对打，最后就是跳帮白刃战。而维内蒂人是纵横于气候条件恶劣的大西洋与北海的，他们的船只很高，船首与船尾都昂起，龙骨平直，使用坚固无比的橡木和粗壮的铁钉、铁锚构成船体，精

◇ 罗马人与维内蒂人激烈的海战

细毛皮制成的风帆相比罗马人的亚麻布帆更能抵御狂风暴雨。

而且，维内蒂人的港口分散在海湾的礁石山崖内，他们采取海上游击战术，当在路上无法抵御恺撒后，他们就将妇孺、给养全部搬上船只，扬帆就走，罗马军队的小船对它们没有任何办法：撞角撞击吧，根本撞不动维内蒂人船的橡木板；使用弩炮和标枪吧，维内蒂人的船身太高，根本够不上去，反倒是维内蒂人居高临下射来的远程武器威力大增；采用接舷战吧，连铁钩都抛不上去，人家根本不带你玩儿。

最后，还是年轻的狄基摩斯采取了个新战术，他叫桨手们都备好长竿，在其上绑上锋利的钩镰，长度足以弥补船只的“身高差”。在作战时，罗马的桨手就举着这种长钩刀，先搭住维内蒂人的帆绳，而后齐齐击鼓划桨割断之，帆落下的维内蒂船只再也无法发挥速度优势了，这时候罗马人再奋勇登上去，同这群海洋蛮族展开激烈的白刃战。

这样直到日暮时分，大部分维内蒂船只被摧毁或俘获，他们的城镇和港口悉数被占领，发生在莫尔比昂海湾的战斗才落下帷幕。为了在全高卢起到“杀鸡儆猴”的效果，恺撒将维内蒂部落所有人都变卖为奴，以示惩戒。

维内蒂人覆亡后，“脾气浮躁但又经不起挫折”的高卢其余地区，包括阿奎丹尼各部落，也都陆续惨败在恺撒副将手下。到了夏季结束时，就只有两个名叫莫里尼和门奈比的部落，因为处于密林中，还在抵抗着恺撒，高卢的其余地区重新降服。恼火的恺撒便砍伐了树林，企图叫这两个部落无处容身，但对方很快又跑到更深的密林里去，没办法的恺撒只能在暴风雨季节里宣布进入冬令营。

此次冬令营，恺撒没有将军队撤回塞广尼或者山南高卢地区，而是就地分散驻屯在刚刚平息叛乱的地区。但不久后他得到讯息，日耳曼人又大批渡过莱茵河，来高卢地区讨生活了。

这次跑来的日耳曼人是乌西彼得斯人和登克德里人，他们渡河也是出于多米诺骨牌效应：因为日耳曼人当中最为彪悍的当属于苏维汇人，而最为繁荣庞大的是乌皮人。于是，苏维汇人最早不断地去攻打乌皮人，虽然屡战屡胜，却始终吞并不了乌皮人，便改为要求乌皮人每年纳贡即可，双方罢战。而后不甘寂寞的苏维汇人（他们部落理想的政治版图，就是自己方圆六百里内不要有其他的部落存在）就开始前往莱茵河的北方，将倒霉的乌西彼得斯人和登克德里人给驱逐了。

恺撒要求乌西彼得斯人和登克德里人退回去，并称莱茵河以后就是罗马的权力边界，任何一支日耳曼人再企图越过，就是对罗马治权的侵犯。

但两个日耳曼部落也派来使者，辩解自己是遭到苏维汇人的压迫，才不得已到高卢来的，内心并不希望与恺撒为敌。恺撒就提出一个相对折中的方案：乌西彼得斯人和登克德里人回莱茵河那边去，到乌皮人的地盘定居，因为乌皮人也来到他这里控诉苏维汇人的暴行，你们仨可以联手去对抗苏维汇人，保全家园。

从这个方案可以看出，恺撒虽然对日耳曼部落屡次侵扰高卢地区倍感苦恼（因为高卢人轻浮好事，任何外来的火种都可能引发灾难），但由于日耳曼是个极为蛮荒的满是黑森林的地区（起码在当时看是这样的），那里的蛮子不饮酒、没有贫富差距，不少部落还以捕鱼和捡拾鸟蛋为生，个个都极为彪悍善战，所以他对深度介入此地区兴趣不大，故而还是希望采取“以夷制夷”的策略，叫他们自己在莱茵河那边的“穷窝”里折腾。

对恺撒提出的方案，两个日耳曼部落的答复是，“我们热爱和平，但不害怕战争”，言下之意是如果恺撒解决不好这问题的话，两部落合在一起的四十三万父老乡亲，也要给罗马人点儿颜色瞧瞧，“我们只怕苏维汇人，除他们外，任何敌人我们都不怕”。

这群不知道天高地厚的日耳曼人，世界观也就局限在那片黑森林里了，恺撒哭笑不得，只能抓紧时间备战。原本，恺撒和这两个日耳曼部落约定，为了使者能准时将双方的方案来回转达，在三天内恺撒的军队不能靠近对方的营地，但使者刚走，恺撒就撕毁了这个约定，命令全军急速朝停留在莱茵河与莫塞河间的日耳曼人营地进逼。

于是，一桩没头公案就产生了，官司后来一直打到了罗马城。对于恺撒的这种行为，日耳曼人，甚至恺撒的政敌如小加图，都指责恺撒违反约定，犯了非法战争的罪行，小加图甚至建议褫夺恺撒职务，将他捆起来交给日耳曼人随意处置。但恺撒在《战记》里辩解道，他之所以这样做，是因为日耳曼人完全不守信用，他们伪装和谈，其实是在拖延时间，因为他们的精锐骑兵都跑到莫塞河对岸去劫掠征集粮秣去了，我这不过是“先发制人”的策略。

恺撒的行为是建立在兵不厌诈的基础上的，而小加图的指责是建立在党同伐异的认知上的，作为后来人的我们，似乎也没有必要非得分出个是非曲直来，反正待到使者跑到恺撒面前抗议时，恺撒的军团已经距离日耳曼人只有十二里的距离了！

◇ 生长于密林之中彪悍的日耳曼战士

这时，排在罗马人军队最前方的是五千名骑兵，大多是自高卢和阿奎丹尼而来的盟邦仆从军，其中领队的不少酋长都被授予了罗马公民权和罗马贵族姓氏，他们热切地想趁着乌西彼得斯人和登克德里人主力骑兵不在营地的时机突袭敌人得手。

恺撒预计的没错，当时日耳曼人的留守骑兵只有八百人，但他们根本不畏惧人数占优的罗马骑兵，奋勇发动了逆袭。按照恺撒在《高卢战记》里对日耳曼骑兵的描述：他们的坐骑很矮小丑陋，因为这群人不喜欢商贸，也不像高卢人那样喜欢漂亮高大的马匹。但日耳曼人的马外表虽不好看，却被调教得十分驯服，它们吃苦耐劳，能运载主人和武器跑很远的距离，并在主人下马作战（日耳曼人的骑兵战术类似于后世的龙骑兵）时，能安静地待在原地等待。

这次，八百名日耳曼骑兵大胆地冲到恺撒骑兵队列前，随后集体下马，使用长剑刺杀罗马军的坐骑，使得士兵纷纷坠马，四散奔逃，五千人居然被打得一败涂地。对此连恺撒都无话可说，只能指责这次惨败是因日耳曼违背了和议，突然发起进攻所致。但恺撒也没法说清楚，他那五千骑兵又是怎么冒出来的，为什么会距离日耳曼人营地如此近。

战斗里，恺撒的骑兵队伍损失了七十四人，包括名叫毕索的阿奎丹尼酋长，他被元老院授予过“罗马友人”的尊号。本来毕索是为救助自己兄弟突出日耳曼人包围圈的，但随后却被蜂拥而来的敌人杀死，而被他救出的兄弟见状不愿独活，重新驱马杀回，也壮烈战死。

日耳曼骑兵一直突击到了罗马军团的步兵队列前，看到对方阵势森严才折返回去。经过这次失败，恺撒怒不可遏，决心趁着对方主力骑兵没回来前，使用精锐步兵攻陷乌西彼得斯人和登克德里人的营地！

六

高卢战云（中）

看啦，敌人是在那边。

——劣势战场上，恺撒抓住一个企图逃跑的鹰旗手，扭转他的脖子，强迫他面向敌人并如此说

不过在恺撒采取具体行动前，两个日耳曼部落又送来大批的长老与酋长作为人质，向恺撒求和。这大概也是恺撒的战争饱受质疑的重要原因，若乌西彼得斯人和登克德里人真的反抗罗马的话，为什么会把这群人白白送来？要知道，酋长和长老，就是他们战时的指挥官。

但恺撒却懒得管这些，即便战后需要对元老院解释，那也只是场笔墨官司而已，反正元老院和他的矛盾是不可调和的，又何必用一场败仗去委曲求全？所以，恺撒对对方的使者置之不理，而是下达了作战命令。

这是一场展现军队铁一般纪律的奔袭战，虽然罗马那孱弱的骑兵在先前的战斗里丢失了荣誉和颜面，但它的步兵却是当时世界上最为优秀的。恺撒的军团，短时间内强行军八个罗马里，以三列战斗队形冲入日耳曼人的营地。将指挥官全部送去当人质的日耳曼人全是乌合之众：壮丁在抵抗中被杀死，妇孺在绝望里冲出营地，被恺撒的骑兵肆意践踏凌辱，还有许多人落入湍急的河流里淹死。

这样，两个部落就此化为乌有。接着，为了压服桀骜的日耳曼部落，恺撒带着胜利之师渡过了莱茵河，但是他没有选择坐船，而是让军团里的工程匠师，在宽阔无比的莱茵河上，使用了一种极为特殊的构造法（《高卢战记》里有详尽的描述），在短短十天内修筑了一道桥梁（现在位于德国安德纳赫与科布伦茨间），接着便踏上了莱茵河对岸的日耳曼土地。

见识到罗马共和国伟力的日耳曼诸部落，有的逃走，有的派使者来向恺撒乞求庇护。在这儿逗留十八天后，认为已经完成武力压制的恺撒，将队伍撤回了高卢地区，而后他又任性地将新修好的“莱茵河大桥”给毁弃了。

这样做除去防止桥梁为日耳曼人所用外，更多的是为了展示恺撒“寇可往我亦可往”的恫吓。

接着，孜孜不倦的恺撒觉得没有战争是件很无聊的事，于是又将目光锁定在不列颠岛屿上。当时除去远行的商贾外，没有罗马人真正了解不列颠的风土人情与地理风貌。它究竟拥有哪些部落？什么地方适宜舰队停泊？又出产哪些可为罗马人所用的物资？有没有征服的价值？一切答案都隐没于海洋迷雾当中，所以恺撒决定首先进行一次武力侦察。

◇ 不列颠战车，长矛手，贵族骑兵，轻装骑兵，标枪手

为了防备元老院的聒噪，恺撒预先就编造好了入侵不列颠的借口：“在先前对维内蒂人的战事里，不列颠的许多部落作为志愿兵，加入了对方的阵营。”

接下来，恺撒将先前用于对维内蒂人作战的船只全部集中起来，并且强迫已经降服的莫里尼人上缴额外的舰船。在冬令营期间，许多得知风声的不列颠部落都派遣人质前来表示降服，但恺撒不愿意再继续于冬令营里等待来年开春，便急匆匆向不列颠进军。

担任主力渡海部队的是两个军团与一批辅助骑兵，他们分坐在八十艘船上。通常认为恺撒的两个军团在而今法国的布涅格起航，而骑兵则在而今法国的安布勒特斯起航，舰队在夜晚第三时出发，到了白天第四刻全部越过了狭窄的多佛海峡，来到了传说中的不列颠。

早已得到情报的不列颠蛮族（他们与高卢海岸联系很密切）战士，密密麻麻布阵在海边陆地与山崖上。所以恺撒将船只停泊在原地，待到所有其他部队陆续到齐后，便发出信号，将部队全部停靠在一处适宜作战的平坦陆地边。

不列颠人的机动部队迅猛赶来，率先对恺撒的上岸部队进行攻击，他们不但有轻装骑兵，还有一种简易的战车，纵横冲突，占据干燥的陆地，朝罗马人投掷密集的标枪，阻遏他们上岸。

危急时刻，恺撒发出讯号，叫己方的战船开到浅水处，使用弩箭驱散敌人，保护陆军上岸。在不列颠人被打退后，许多罗马士卒还是站在齐腰深的海水里不敢上岸，这时候十军团的鹰旗手勇敢地从甲板上跳下来，对所有人大喊：“跳下来吧战士们，除非你想让鹰旗落入敌人的手中。”受到这样的激励鼓舞，所有的士卒都纷纷跳入浅水里，与其他同伴一起杀了上去，击败了敌人。

失败的不列颠人便前来求和，恺撒答应了他们的请求，但到了登陆后的第四天，恰好是月圆之夜，遵循在地中海作战习惯的罗马人，只是简单地将船只拖上岸，结果因为涨潮，大部分船被海水灌满，还有不少被推到礁石和山崖边撞碎，另外运载骑兵的船队也未能来会合——因为他们遭逢了风暴，退回大陆去了。

得知恺撒没有船只，没有骑兵，并且没携带过冬粮食的情况后，不列颠酋长们的胆儿又肥起来，他们暗中交换密约，并停止向恺撒交付人质。精明的恺撒当然从中嗅到了危险的气味，于是他下令全军动作起来，将损毁最严重的船只上的木板与铜铁零件拆下来，补充到损毁轻微的船只上去，这样虽然失去了十二艘船，但其余的却迅速恢复了航行与作战能力。此外，高卢地区的给养也及时送抵。

没两天，出去“打草谷”的七军团，忽然派遣斥候回来报告说，在远方冒出大股的尘埃，恺撒知道这是不列颠人来袭了，便留下两个大队固守营地，自己带着其他士兵快速武装起来，赶赴战场。

果然，在一处麦田里，不列颠蛮族从森林和原野的四面八方冲来，看来是早有预谋的。他们的战车风驰电掣，发出雷鸣般的声音，不断突击七军团的队列，朝敌人飞速掷出标枪，接着上面的武士跳下来与罗马人进行肉搏，待到战况不利后，就再跳上车逃走，给罗马人的阵列造成极大的困扰。

就在罗马士兵们被不列颠战车弄得惊恐万状时，恺撒及时赶到，稳住了态势，他命令全军保持稳定，退回了营寨，不和敌人争一日短长。几天后，不列颠大队人马再度来攻，恺撒让军团背靠营寨排成一线，并保留了预备队。待到敌人的步骑筋疲力尽后，恺撒让预备队打开营门出击，尽情追逐，杀死了许多人，并趁机劫掠焚烧了周围所有不列颠人的城镇和谷仓。

没办法的不列颠人只得再度来求和，恺撒这次索要了双倍数量的人质，而后乘船退去。

公元前55年，罗马城的执政官克拉苏，已经开始着手准备远征帕提亚的事宜，所以前来向恺撒索取人手，这也是三巨头联盟的条约里规定的："大家都要守望相助。"于是恺撒便将骁勇善战的小克拉苏，并带一千名高卢精锐骑兵，打包送还给他的父亲。

也在这一年，恺撒最爱的母亲去世，但恺撒并没有在《高卢战记》里提及这件事情，甚至没有特地回去奔丧，因为他实在太忙了，他是个政治家，是个将军，就必须要牺牲身为儿子的角色。恺撒相信母亲也能理解，因为尤里乌斯家族终于在他的手中荣耀起来，想必母亲也能含笑撒手人寰了吧。

另外，元老院又宣布，为恺撒对不列颠的征服行动举办二十天的谢神祭。其实恺撒第一次对不列颠的出击并未取得很大战果，元老院此举颇有些将他架在炉火上烤的阴险含义在内，这就促使恺撒不得不对不列颠进行第二次征伐，直到这个大岛国纳入罗马版图为止。

准备就绪后，恺撒召开了全高卢的巡回审判大会，主要目的还是压服人心、索取物资，待到一切准备妥当后，他就准备第二次出征不列颠。恺撒害怕他带着主力前往海峡对岸后，会有不甘屈服的高卢贵族趁机闹事，便要求许多人随他一起出征，特别是那个爱杜伊的杜诺列克斯，考虑他在先前对赫尔维蒂人战事里的"卓越表现"，恺撒特别要求他同行，但桀骜不驯的杜诺列克斯坚决不允，并在舰队避风港口麦尔底私自脱逃，结果被恺撒派追兵杀死。杜诺列克斯事件表明，在罗马的军威下，高卢各部落的独立性已遭剥夺。

此事完毕后，海面上刮起了适宜航行的西南风，恺撒就让首席副将拉宾努斯带三个军团留守麦尔底，自己带着其余五个军团及两千名骑兵，坐着数十艘战船与六百艘运输船，在夜晚朝不列颠岛屿奔袭而来。但是风却在半夜忽然停止，但恺撒之前就下令将所有船只造得低矮些——因为多佛海峡很窄，于是士卒们奋力划桨，直到次日中午，终于陆续登陆。

此次不列颠人没有在岸头阻击，因为他们事先了解了恺撒此次来的军力和舰队数量，知道这样做是不可能成功的，便纷纷逃往内陆。

恺撒选出了十个大队的步兵与三百骑兵守卫船只，接着就带着其余人马追击不列颠人，结果留守岸头的人来报：昨夜又遭遇了飓风，许多船只再度被刮坏甚至沉没。无奈的恺撒只能停下脚步，督促手下建造了能保护船只的临岸营寨。等到这一切好不容易完工后，在原先的战场上，恺撒发觉不列颠人已经集结了一支更大的队伍，他们的部落达成了攻守协议，并且推举一位名叫卡西维隆努斯的好战国王为统帅。

在这次战事里，不列颠人展现了在战争里的学习能力，他们发挥了战车和轻

◇ 在海岸线上与罗马军团奋勇鏖战的不列颠勇士

装骑兵的优势，不再傻乎乎地与罗马人正面交手，而是化整为零，敌进我退，敌疲我扰，如果有罗马的大队中队落单时，就从四面八方发起猛袭。这种战术让恺撒颇为损失了一些人马，连副将昆图斯·杜鲁斯也被杀死。感到疲乏的恺撒意识到想要通过一次性的战斗击败不列颠抵抗是徒劳的，于是他便决心“擒贼先擒王”，带着主力渡过泰梅西斯河（即泰晤士河），直攻不列颠统帅卡西维隆努斯的老巢。

得知消息的不列颠人，在河对岸集结了很多的武士，并且将大量的尖桩绵延插在地上和水里来阻遏罗马人。恺撒亲冒矢石，一马当先，冲入湍急的河流朝对岸冲锋，所有将士都追随着他的旗帜。不列颠人抵抗不住而溃逃，卡西维隆努斯带着族人和辎重，逃入了密布沼泽与树木的某处要塞当中固守。

如此，不列颠人都在暗处，而恺撒在明处，一旦他的骑兵跑出去劫掠粮食，不列颠战车就从各个方向冲来，杀死驱逐罗马骑兵，这样恺撒等于手脚被束缚，耳目也被遮蔽，军团只能待在原地，动弹不得。

关键时刻，不列颠人犯了与高卢人相同的毛病，他们部落众多，根本不算是个国家，面对外敌很难做到同仇敌忾，很快就有个与卡西维隆努斯有仇、名曰德里诺庞德斯的部落跑来与恺撒谈和，请求这位罗马总督将他们的人扶上不列颠统帅的位子。德里诺庞德斯的投降引起了连锁反应，许多小部落都来向罗马人表达同样的意思，他们把卡西维隆努斯隐蔽要塞的具体方位告诉了恺撒。

如此，恺撒便调兵遣将，按照不列颠叛徒们的指示，自两面越过崎岖难行的林路和沼泽，对要塞发起猛攻，卡西维隆努斯奋勇抵抗了一阵，但还是不敌而逃，留下来的妇孺和牲口都成了罗马人的战利品。遭受巨大损失的卡西维隆努斯也只能向恺撒乞和。

原本按照恺撒的秉性，他肯定是会对敌人赶尽杀绝的，但高卢后方发生的乱事却迫使他和不列颠人罢战，接受了他们的人质，并规定了年贡数量，而后将军队撤到高卢地区的冬令营。

因为该年高卢地区粮食严重歉收，而这种自然现象又很容易诱发各种叛乱，所以恺撒不再像往常那般将军队的冬令营集中在某处，而是分派副将们各自带着一到两个军团，在方圆一百罗马里的地带分散驻屯，这样做有两个好处：单个军团的冬营地邻靠高卢的各个邦国部落，方便就地筹粮；一旦某个方向的高卢人叛乱，也可一方有难八方支援，免得集中一处，信息不灵，抵抗不力。

不过这样做也有一个短处，那就是主帅恺撒只能坐镇中央，调度和通信都会滞后。对前线的指挥官来说，如何审慎地判断当前敌情而不引起连锁的惊慌混乱，是个不小的考验。

果然，在进入冬季后，驻屯在厄博隆尼斯地区的营地发生了骚乱，此处距离莱茵河最近，也是整个冬营体系的最前线，有一个军团（应该是十四军团）外加五个大队，恺撒委任的将领是萨比努斯与科塔。该地的国王安皮奥列克斯受特莱维利（也是居住在莱茵河中流边的一个高卢部落，其骑兵特别强悍）国王英度鞠玛勒斯唆使，袭击了罗马冬营的伐木队，早有预备的萨比努斯自营地派出一支精锐的西班牙骑兵队将叛乱的高卢人击退。

安皮奥列克斯要求和谈——也难怪恺撒说高卢人反复无常。谈判时安皮奥列克斯先是表达对恺撒的由衷感谢，而后将叛乱的原因推到己方部落民身上（高卢和日耳曼的酋长和国王权力很有限，部落民会议有决定战和的权力）。最后安皮奥列克斯又恫吓说：这次叛乱不是我一个部落，而是全高卢的集体行动，另外还会有大批日耳曼人渡河来支援叛乱，我既不能背叛其他部落，又不能不顾恺撒的恩情，所以我劝你们将军队撤到距离此地五十里外去。这样，我安皮奥列克斯既对得起所有高卢人（因为我“清除”了罗马人营地），也对得起恺撒了（我保证不继续对罗马人采取敌对行为）。

这个要求在营地里激起了激烈的争论，大部分指挥官与首席百夫长，包括科塔在内都认为在没有得到恺撒命令前，擅自放弃营地是件不光彩也不明智的事，安皮奥列克斯不值得信任，我方军力充足，营地坚固，粮食储备也足够，应该就地抵御，直到恺撒的援军赶来为止。

但萨比努斯却不同意，他害怕安皮奥列克斯的恫吓是真的，己方营地会在大批高卢与日耳曼叛军的包围下成为“孤岛”，遭到毁灭的命运，所以他认为应该后撤，去和另外的冬令营联合起来，这样才是稳妥的做法。

同为最高指挥官的科塔和萨比努斯的争吵一直持续到半夜，给官兵造成很大的困扰，十四军团本就是新募之兵组成的，基层缺乏必要的骨干，科塔为维护大局而退让，同意了萨比努斯的主张。天明时分，十五个大队的士兵排出了一字长蛇阵，携带沉重的辎重行李，开始朝数十里外拉宾努斯或昆图斯·西塞罗（雄辩家西塞罗的弟弟）所在的冬令营撤退。这样的行军根本瞒不过安皮奥列克斯，事实上萨比努斯也不打算隐瞒，他从心底里就把对方当成了集市上信守承诺的商贩，而不是危险凶残的蛮族酋长。

◇ 欧洲各国都以自家历史能攀上古罗马为荣，但又争先将反抗罗马的人物奉为本国的“民族英雄”，比如这位安皮奥列克斯，他的铜像迄今还矗立在比利时的小城通厄伦的广场上

在距离营地二里路的一处大峡谷里，当罗马人大部分队列走进去后，事先埋伏在两侧高地的厄博隆尼斯武士忽然鼓噪杀出。他们的战术堪称迅猛而完美：先堵死峡谷的两头将罗马人给封死在口袋里，而后奇袭他们后方的辎重队，并使用各种抛射武器，阻止罗马人夺取制高点突围。

罗马的军队很快陷于混乱，萨比努斯只能从一个大队跑到另外一个大队，毫无章法地布置着作战任务，要求十四军团在原地结成圆阵，对抗各处杀出的敌人。但事实上这种命令只会让所有人更加绝望，他们认为自己被彻底包围起来了，队形混乱起来，许多人跑到辎重车辆前去找自己认为最宝贵的东西。

而另外一方，安皮奥列克斯下令：不要和罗马人近战，也不要擅自离开队伍去抢夺他们的辎重，因为“战利品总归是我们”的。而后厄博隆尼斯人远远地猛烈投射矢石，并蚕食罗马人的阵地。激烈的战斗从天明持续到第八个白日刻（大约下午两点），十四军团的首席百夫长双腿被长矛刺穿，科塔也在指挥战斗时被石块砸中面部身负重伤。

其余的士兵虽然奋勇抵抗了接近一天，但伤亡增多，士气也逐渐消沉，不过他们未必没有翻盘的机会。但这时意志不坚定的萨比努斯又中了奸计，亲自前去与安皮奥列克斯谈判，结果遭到杀害。失去最高指挥官的罗马军队终于在敌方的凶猛攻击下溃败，科塔与大部分军事护民官、百夫长战死，十四军团的鹰旗手将旗帜扔入己方营垒后被敌人包围杀死（毫无疑问，鹰旗落入敌手），十五个大队数千名官兵绝大部分阵亡，只有极少数幸运者狂奔逃出，将这个悲惨的消息告诉了另外一座营地的拉宾努斯。

取得巨大胜利的安皮奥列克斯联络了先前被恺撒重创而对罗马抱有仇恨的纳

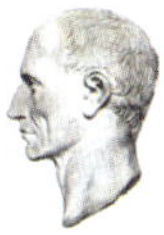

尔维、阿杜亚都契人，组织起一支强大的复仇军，朝着昆图斯·西塞罗的驻屯地扑来，因为他的营地是攻击范围内最靠近的。

没有人告诉昆图斯·西塞罗发生了什么，反正当他派出去采牧的士兵被铺天盖地的敌人拦截杀害后，他只能亲自带着所有人登上营地的高垒竭力抵抗。等他察觉敌人足有数万之众，便急忙派出使者，向拉宾努斯、恺撒求救，又命令所有人玩命加固营地工事，挖掘堑壕。

高卢人与比利时人故技重施，他们又派来使者，将曾对萨比努斯说的那番话重复了一次，称他们很敬佩昆图斯·西塞罗，只要他愿意弃冬令营而去，保证不会受到丝毫伤害。但西塞罗明显要比萨比努斯头脑清醒，他回复说："罗马军队向来不接受武装敌人的任何条件，除非你们放下武器。"

交涉破裂后，安皮奥列克斯宣布围攻战开始，高卢与比利时蛮族的学习能力不俗，他们逼着罗马俘虏教他们关于土木和器械方面的知识，在短短三个白日刻时内就绕着西塞罗的营地修筑了长达三个罗马里、高九尺的封锁墙，及十五尺宽

◇ 高卢战争时期，恺撒军团里的百夫长

的堑壕（也足见蛮族士兵数量之多）。没有铁锹和十字镐等工具，这些人就用铁剑直接挖草皮，徒手搬运木材与石块。接下来的情景，更让被困的罗马人惊悚不已——蛮族也造起许多盾车、挠钩与攻城塔，准备用于攻坚战。

第七天，安皮奥列克斯下令全军攻城，蛮族军队发射大量带火的矢矛和火球，当时营地内罗马士兵的宿舍是仿造高卢样式建造的，低矮并且屋顶有厚厚的茅草覆盖，虽能更好地抵御严寒，但防火性能太差，再加上当时风势猛烈，很快就被焚烧殆尽，官兵的行李也被烧着。不过西塞罗属下所有人毫不顾及个人财物，而是在营垒前奋勇抵抗敌人的盾车与攻城塔。因为在先前的抢修中，罗马人连伤病员都上阵，创造了短时间内构筑二百二十座塔楼的奇迹，所以在纷飞的弓弩与投石的夹击下，营垒墙壁之下堆满了蛮族人的尸体。后来，当一个蛮族的攻城塔逼近墙壁时，十一军团第三大队的百夫长叫属下全部散开，而后打出各种挑衅的手势，叫对方尽管过来，但攻城塔里被吓破胆的人却不敢前进分毫，很快这个攻城塔就被投来的石块与火把摧毁。

在其后的奋战里，十一军团有两位百夫长表现极为出色，一位叫提图斯·波罗，一位叫卢基乌斯·乌泰瑞斯，他俩原本是“对手关系”，因为两个人都在竞争军团首席百夫长的位置。当纳尔维武士蜂拥而上时，波罗对乌泰瑞斯大喊道：“你还迟疑什么？今天就应该决定我俩的胜负。”说完他举起标枪，对着密集的敌人冲过去，乌泰瑞斯紧紧相随，唯恐落后。波罗掷出标枪，刺穿了一名蛮族武士的胸膛。纳尔维人也纷纷朝波罗掷出标枪，一支标枪扎穿了波罗的盾牌，另外一支扎到了他的腰带，他的剑鞘被扯歪（罗马百夫长的短剑是挂在腰带上的），一时间拔不出剑来自卫。危急时刻乌泰瑞斯赶到，刺死了敌人，并驱赶其他人往后跑，结果不慎掉入一个坑洼里。正当敌人反身来要杀他时，波罗腾出手来，又赶过来手刃了几名敌人。最后两人并肩作战，毫发无伤，在热烈的喝彩声里返回营地。

◇ 波罗与乌泰瑞斯所在的十一军团（即“海王星”军团）军旗图案，上面是手持三叉戟的海神

在 2005 年 BBC 和 HBO 合拍的历史剧《罗马》里，波罗与乌泰瑞斯这两个被记

录在《高卢战记》里的人物，荣幸地成为影视剧主角。不过波罗变成了“大头兵”，两人所在军团也成了十三军团。编剧虚构了许多情节来丰满两个小人物的悲欢离合，使个人命运更好地与共和国末年的风云激荡融合起来。

在真实的历史中，乌泰瑞斯而后的命运不得而知，波罗在《内战记》中又出现过一次：他后来成为二十四军团的首席百夫长，追随安东尼的弟弟出征庞培，兵败投降，加入了庞培阵营。在随后恺撒与庞培在希腊的鏖战里，他曾勇敢守卫庞培的营地，最后与同伴一起被恺撒军杀死。

作战几日后，西塞罗虽然阻挡了敌人的攻势，但损失也十分巨大，更为窘迫的是，他派出去求援的使者全被敌人捉住，押到营地，当着所有士兵的面残酷折磨而死。

最后，还是一个名叫维尔基格的纳尔维贵族挽救了罗马人。维尔基格非常仰慕西塞罗，在战前就投奔到其帐下。此时维尔基格解放了手下的一名奴隶，让他持着一根矛，上面绑着信件充当求援使者。那个奴隶也是高卢人，混在围城队伍里竟然无人发觉，终于在该日夜晚，遥远营地的恺撒得到了西塞罗的求救信件。

恺撒给副将马可斯·克拉苏（大克拉苏）及费边发去讯号，让他们火速带着各自的军团前去援救。又叫拉宾努斯派出军队与自己会合，但拉宾努斯回报：“我方遭到了特莱维利国王英度鞠玛勒斯的猛攻，根本无法抽出人手。”

无奈，恺撒只能带着两个军团（有一个他交给了大克拉苏，驻屯在萨马洛布里瓦城，看管辎重、人质和文书）驰援西塞罗营地。随后恺撒唤来一名高卢辅助骑兵，许给他极为丰厚的报酬，叫他先将自己来救援的消息用希腊文（绝大部分高卢人是看不懂希腊文的）写成信件，递交给被围攻的西塞罗，以稳定营垒内的军心。

那高卢骑兵冲到营地边缘，发觉包围彼处的厄博隆尼斯、纳尔维、阿杜亚都契人的队伍简直如同黑色的海洋，惊惧之下，他将恺撒的信件系在标枪的皮带上，奋力朝着营地掷了进去，然后就跑回去了。说来也巧，那标枪恰好钉在了一座塔楼上，到第三天被一名路过的士兵看到取下，交给了昆图斯·西塞罗。

西塞罗当众朗读了这封信，全军士气大振，决心继续坚守下去。六万名蛮族军队，却也从斥候那里得到了恺撒到来的消息，于是全部转身去攻击恺撒，实质上放弃了对西塞罗的围攻。

这下，负担全都落在恺撒肩上，他的两个军团因为先前战争的损失减员，加

◇ HBO 与 BBC 合拍的历史剧《罗马》里的波罗与乌泰瑞斯

一起只有七千人，但他采取了示弱计策，引诱大队敌人攻击他立下的狭小营垒，随后全军趁着敌人来摧毁墙垒的时候，从各个门里冲出，狠狠重创了敌人。这下蛮族军队再也支撑不住，全线溃逃。

等到恺撒进入了西塞罗营地时，发觉其间没有受伤的士兵只有十分之一了。恺撒发表了演说，热烈赞扬了所有人的勇敢沉着，并声称敌人的好日子到头了，此外也检讨了萨比努斯与科塔的惨败。

那边，围攻拉宾努斯冬营的英度鞠玛勒斯在知道恺撒成功解救了西塞罗营地后也撤围逃走。不久后，畏惧责罚的他（在公元前 54 年的大叛乱里，英度鞠玛勒斯毫无疑问是首犯主谋）卷土重来，却被拉宾努斯巧妙击败。罗马人的骑兵忽然从营地里冲出，采取了“斩首战术”，捣毁了特莱维利人的指挥中枢，英度鞠玛勒斯本人也在莱茵河边被捉住杀死。自此燃烧了整个冬季的战火，才算是暂时停歇下来。

恺撒的演说虽然自信激昂，但其实这个冬季是他进入高卢以来最胆战心惊的时期：他损失的不但是十五个大队的官兵和十四军团的鹰旗，还有罗马人在高卢地区“战无不胜攻无不克”的形象。高卢人惊喜地察觉到，只要气候合宜（罗马人害怕雪和严寒）、战术得当，他们也可以轻易地击溃杀死这些罗马人。这样的发现再加上高卢人轻佻浮躁的性格，使得这个冬季各处的叛乱和密谋就像野火般蔓延。

此时，罗马城的局势也发生了微妙而迅速的变化。公元前 55 年，在克拉苏与庞培联合执政的年份结束前，迫不及待的克拉苏就拼凑起七个军团（一说十个）前往叙利亚行省，接着在公元前 53 年，带着整编训练都不充分的军队（克拉苏的部下大多是私下征募的，另有一些原先戍守叙利亚的正规军团）出征东方帝国帕提亚，然而这场无谋狂妄的征伐以最悲惨的形式结束。克拉苏的七个军团在卡莱城附近被大批帕提亚轻重骑兵包围，在炎热而没有水源的沙漠里全军覆没，克拉苏与其子（小克拉苏）阵亡，就这样，对财富和名誉都算得上是个饕餮的克拉苏最终以这种“鸟为食亡”的方式，在历史舞台上消失了。

并且，恺撒与庞培联盟的象征，即庞培的妻子茱莉亚也因为难产而死。

现在，三巨头的联盟已经是破产了，作为鼎之一足的克拉苏死去，作为情谊纽带的茱莉亚也死去，原本被任命为西班牙行省总督的庞培，已经窝在都城里近十年无所事事。元老院认为反击的时刻到了。

而公元前 53 年到公元前 52 年的高卢地区也是翻天覆地，高卢人终于在种种必然和偶然条件的作用下，联合起来，发动了对恺撒也是对征服者罗马的可歌可泣的大反抗。

英度鞠玛勒斯虽死，恺撒知道高卢的叛乱并未真正结束，实际上它可能才刚刚开始。于是他趁着喘息，又紧急补充了三个新军团，不过这三个军团的来源有点特殊：其中两个是恺撒自己在内外高卢私募的，一个是十四军团，来取代惨遭全歼的前身，一个是十五军团；还有一个，是恺撒向庞培借来的，即六军团。

因为这时候庞培已被元老院推举为独特的“单独执政官”（sine collega），他身兼西班牙总督，但可以不去亲自赴任，并且能在全意大利自由募兵。很明显这是元老院的离间之计：吹捧虚荣心极强的庞培，压制打击恺撒。不为别的，元

◇ 古罗马时代通行的攻城武器——移动攻城塔

老院的精英寡头们都明白，庞培是个政治低能儿，将权力交给他就像放入保险箱般安心，而真正危险的，是那个身处高卢血雨腥风里的恺撒，还有他的骁勇军团。

敏锐地认识到这一点的恺撒，也多少采取了一些反制措施，他需要继续与庞培保持哪怕是表面上的“兄弟之情”，所以就大剌剌地向庞培借了六军团的番号，也就是说，这个军团取代了死去的女儿，充当了他和庞培间的纽带。

庞培自然答应了，因为他追求的始终只是罗马凯旋门的荣耀而已，他进来是为了享受凯旋式，出去是为了追逐凯旋式，他没有非和恺撒翻脸不可的理由。

补充了军队后，自公元前53年伊始，其后整整一年，恺撒就在高卢地区和莱茵河两岸疲于奔命，镇压惩戒叛乱的诸多高卢、日耳曼部落：厄博隆尼斯、纳尔维、阿杜亚都契、门奈比、特莱维利、森农内斯、卡尔努德斯、苏维汇、苏刚布里等等。几乎半个高卢都在与他作战，而在军事行动里，恺撒也撕下了先前仲裁者的面具，所过之处充满了屠戮、焚烧和劫掠，罗马的军队不但将村庄里的牲畜和妇孺全部掳为战利品，还对叛乱的贵族施行残酷的刑罚——地位稍低的施以铁钉刑（将铁钉砸入脑袋），地位稍高的如森农内斯国王阿克果，则被恺撒的束棒扈从抽出“法西斯”里的斧头斩下脑袋示众，恺撒称之为“明典正刑”。

但血腥的镇压并未能使得高卢人屈从，到了公元前52年，除去恺撒的铁杆盟友爱杜伊人、塞广尼人和雷米人外，绝大部分高卢部族都在名为维钦托利的青年贵族的领导下起来反抗罗马人了！

这次大反叛爆发时恺撒正在山南高卢行省，也就是意大利北部的米兰城待着，视线焦点并未在高卢，而是在罗马城。因为就在当时，罗马城中爆发了巨大的骚动，那个曾经侵犯过恺撒妻子的浪荡平民护民官克劳狄被杀。克劳狄在恺撒就任执政官前后与其结成了攻守同盟，并从恺撒那里得到了不少好处，实际上他是恺撒安插在邦国中的代理人。克劳狄也以十分活跃的姿态回报恺撒，他先后驱逐了西塞罗与小加图，在平民和街头流氓当中名声大噪。

克劳狄是个天生的民粹煽动家，他提出了不少收买人心的法案，比如取消粮食配给的象征性收费，又比如恢复街头节日聚会（西塞罗担任执政官时曾取消过，因为这些活动是斗殴和骚乱的温床）。渐渐地，追随克劳狄的人越来越多，克劳狄的气焰也越来越嚣张，开始和留在罗马城的庞培对立起来。克劳狄的党徒公开在集会场所恐吓庞培，并集体露出下体，辱骂对方是“性狂乱将军”，而伟大如庞培者，面对这种粗暴得无以复加的骚扰也只能掩面逃跑。

◇ 古罗马贵族的中庭，上面是天井，下面承接雨水，形成蓄水池，往往还配有小型的祭坛

而克劳狄的兴风作浪也日益使罗马城走向了无政府状态，正是借这个契机，同时身为克劳狄仇敌的庞培与西塞罗，或者可以说庞培与元老院的关系开始密切起来。庞培背弃了平民党，开始投向元老院的怀抱。西塞罗不断发表演说，鼓吹授予庞培各种权力，而庞培本人也扶植起一个叫埃尼乌斯·米罗的“比克劳狄更为无耻”的街头煽动家（曾担任过公元前57年的护民官），与克劳狄的党徒不断发生武装摩擦，这种冲突让罗马城满是混乱景象，甚至让公元前53年的执政官选举拖延了七个月之久。最终，在公元前52年的某日，克劳狄与米罗两伙人在阿庇亚大道上偶然遭遇，但双方都没有一起跳广场舞的兴致——在擦肩而过时，米罗属下的角斗士刺伤了克劳狄，而后就是血腥的混战，不久克劳狄血肉模糊的尸体被丢弃在街道边。

接着，克劳狄的党徒们聚集在市民广场上，为克劳狄举办了盛大的葬礼，盛大到连元老院的集会会堂都被他们的热情之火（这个火明显不是比喻）给付之一炬。

面对骚乱，元老院束手无策，庞培抓住了这个机会，他的军团很快就扑灭了克劳狄党徒的反抗，西塞罗亲自为杀人者米罗做了无罪辩护。这种高度危急时刻常常让人们觉得“独裁是剂良药”，于是庞培因为铁腕手段被委任为“单独执政官”，他没有同僚，实际就等于成了独裁官。

成为“单独执政官”的庞培颁布了严刑峻法来稳定罗马的秩序，当然他也没有忘记再将自己的西班牙总督任期延长五年，但他所提的法案里，却没有遵照当初卢卡会议的精神——“利益均等”，也就是说，庞培绝口不提恺撒在高卢的任期延长问题。这是个很敏感的信号。果然，庞培随后又指示亲信抛出一个法案，规定以后行省总督的任命，不在执政官或行政长官任期满后立刻下达，必须等到五年以后。庞培的想法就很明显了："这是冲着恺撒来的！"按照这个法案，待到公元前 49 年时，庞培继续是西班牙总督，恺撒却不能再待在高卢了，庞培可以继续拥有军队，但恺撒则必须按照规定解散自己所有的武装。

恺撒不是傻子，他明白元老院之所以如此纵容庞培摄取权力并任其为所欲为，不是因为庞培有多强，而是在元老院的心目里，庞培的危险要比他恺撒小得多，因为庞培始终是个立场摇摆没有根基的"伟大人物"，庞培的"伟大"只是一种"虚胖"，在元老院眼中根本不足为惧。

所以，虽然在《高卢战记》里，恺撒提到在克劳狄死后，"由于格涅乌斯·庞培的努力，罗马已经进入较为平静的状态"，所以他才带兵回高卢平叛的，其实是高卢人恐怖的叛乱已经逼迫恺撒赶回高卢，"两害相权取其轻"，他暂时顾及不到和庞培的争斗，因为高卢一旦丢失，恺撒就会失去安身立命之所。

大叛乱的爆发地是钦那布姆城，它是罗马人的殖民城市，位于现在法国的奥尔良。在高卢部落约定起事的日子里，卡尔努德斯人"不知死活"（恺撒语）地袭击了这个城市，将其中的所有罗马籍的移民、商人和采购粮食的骑士统统杀死。

◇ 在古典时代，高卢人也许是最勇敢最机灵的战士，但自古以来松散的政治体制却注定了他们的败亡

随后，“通信基本靠吼”的高卢各部落，将消息用洪亮的嗓子从一个村落传向下一个村落，须臾便将“起来反抗罗马”的呼声传遍了周围一百六十罗马里的范围！这号角声催生了大叛乱的领袖——阿维尔尼的维钦托利。

阿维尔尼位于现在法国中南部高地的奥弗涅地区，在公元前 3 世纪到 2 世纪是全高卢的霸权拥有者，后来败于罗马的征讨军，虽然保住了独立地位，但却失去了大部分领地，将部落联盟领导权让与爱杜伊人与塞广尼人。而维钦托利本人，他的名字是“Vercimcedorigh”，在高卢语里是“大首领”之意，所以许多人认为这并非此青年的本名。据古罗马史学家狄奥的记述，维钦托利原先曾在恺撒军队里服役，并且深得恺撒的赏识，恺撒一度想扶植他担当阿维尔尼的国王。不过维钦托利并不领情，因为他的父亲也是为谋取独立和王位死在了亲罗马派的手中，此外他热爱自由更甚于热爱权力，所以在得知“钦那布姆事件”后，他当即就召集起食客与随从准备响应卡尔努德斯人，但却被亲罗马的叔父与其他酋长驱逐出了部落首府日珥戈维亚城。

走向乡野的维钦托利发挥了令人震怖的力量，在他的宣传鼓动下，所有阿维尔尼的部落民都倒向他这边，反倒将亲罗马派全部驱逐了出去。随后维钦托利被奉为国王，周边的高卢部落全部因对罗马人的厌恶与仇恨如潮水般集结在年轻英雄的旗下。维钦托利向各个部落索取了人质，并且要求他们按照各自的人数提供兵员和武器。维钦托利尤其重视骑兵的组建训练，认为这是对付罗马人的法宝。

军队集合完毕后，维钦托利让一名勇敢的亲信卢克戴留斯进军卢登尼，自己则进军别里都基斯——一个横亘在阿维尔尼与爱杜伊地区间的部落。遭遇危险的爱杜伊人（他们也是恺撒最忠实的铁杆）派出大批步骑，企图在里杰尔河挡住维钦托利，但他们的军队不久就逃回，因为“别里都基斯人已经暗地投降了维钦托利，再前去必然会遭遇伏击”，这消息不知是真是假，反正整个高卢已风声鹤唳。

卢克戴留斯随后也征服了卢登尼地区的部落，开始直驱共和国的奈波行省，企图夺取首府奈波城（位于现在法国南部的普罗旺斯）。不顾一切的恺撒带领军团急速赶赴该行省，总算稳住了局面——看到对方布防坚整，卢克戴留斯也只能退走。

接下来，恺撒实施了围魏救赵的计策，他带着精锐军团北进，翻越了奈波行省边境积雪有数米厚的启本那山脉，突然出现在阿维尔尼本土，这样维钦托利只能放弃向爱杜伊地区的推进，返回来救援己方的大本营。

◇ 共和国晚期一位标准军团士兵的全副装具，和勇猛的蛮族不同，罗马人克敌制胜的法宝永远在于纪律和坚忍

但恺撒却直接将进入阿维尔尼境内的军队托付给狄基摩斯·布鲁图统率，自己则带着少量卫队，冒着风雪如闪电般游走于爱杜伊等地区，宣布撤销冬令营，即便会遭逢严寒和缺乏给养的困苦，所有的军团也必须出击！

维钦托利也没有继续上当，当他发觉进入故乡的罗马人只是支偏师时，就并未在其身上耗费过多精力，而是再度带着主力攻击波伊人所据守的一座叫戈尔哥宾那的要塞。

波伊人本是赫尔维蒂人的一支，后来当后者被恺撒击败，并被勒令返回原先聚集地后，波伊人却被恺撒特意留下，定居在爱杜伊的领地内，成了爱杜伊的附庸部落。接到波伊人告急消息的恺撒急速带着主力朝戈尔哥宾那靠拢。得知恺撒来救的维钦托利，只留下少量军队包围波伊人，亲率主力前来迎战恺撒。

恺撒准备夺取一个名叫诺维奥多拉姆的城镇作为前线的要塞，而这个城镇也派出使者投降了。罗马人已经派出了由百夫长带领的先遣小部队进入城中，准备收缴武器与牲口，但维钦托利的骑兵行动十分迅速，如风般赶到了诺维奥多拉姆，城中不少部落民见到维钦托利的援兵来了，便抢夺武器，并企图关掉城门，歼灭恺撒先遣队。这时，先遣队的百夫长抢先一步拔出剑来，勇敢无畏地守住城门，才保证先遣队安全退出。

接着在诺维奥多拉姆城下，两军的骑兵爆发了激烈的战斗。众所周知，罗马军团骑兵，包括附属于他们的高卢骑兵，战斗力是经不起考验的，与坚强精锐的步兵比较起来，他们往往就是“弱鸡”的代名词。眼见前列骑兵濒临溃逃，恺撒使出了杀手锏——他先前在日耳曼地区征募的四百名骑兵冲出，才算是击退了敌人。

维钦托利的先锋骑兵败走后，诺维奥多拉姆城又慌了，他们将先前“滋事”

的部落民捆缚起来送给恺撒，重新投降。其后，鉴于隆冬作战的艰难，恺撒便准备将兵锋转移向一座叫阿瓦里库姆的大城镇。阿瓦里库姆是别里都基斯地区最肥沃最繁盛的要塞，恺撒认为只要取得此处，不但能解决军队的给养，也能重新赢得别里都基斯诸部落的效忠。

不过恺撒没想到的是，这时维钦托利也在召开许多酋长和国王列席的作战大会，提出了与罗马人作战的新方针：恺撒的军队孤悬于高卢地区，不可能从本国取得补给，只能像先前那样以战养战，所以此后高卢人与恺撒作战，不应该困守某座城镇，也不应该贸然与敌人决战，而是要坚壁清野，必要时牺牲个人或者单个部落的利益，阻止罗马人取得粮秣，我军再利用骑兵优势切断他的补给线路，让他陷于高卢“人民战争”的汪洋大海之中。

不得不说，维钦托利是个天才领袖，他的作战方案着实是击中了恺撒的命脉罩门，若是高卢真的能在他的领导下通过对罗马人的奋战凝结为一个强权国家的话，那么而后欧洲的历史可能要改观不少。刚开始，别里都基斯也确实像他所建议的那样，一日内焚毁了二十座以上的城镇，火光冲天，让行军的罗马人胆战心惊，不过当他们听说自己国家的“掌上明珠”阿瓦里库姆也应该被烧掉后，别里都基斯人不干了，他们痛哭流涕，跪倒在维钦托利的脚下，哀求不要毁掉这座高卢最美丽的城市，他们完全可以凭借阿瓦里库姆的富饶充足的物资和险峻难攻的地理位置击退恺撒的军队。

说白了，小坛小罐好摔，轮到大行李可就难做了。

最后，无奈的维钦托利也只能答应：保卫阿瓦里库姆，让恺撒在这座城市下流尽鲜血。

七

高卢战云（下）

这样庞大的一支军队在转瞬之间，
就像一个鬼魂或春梦般消失得无影无踪。
——普鲁塔克叙述阿莱西亚战役里高卢军队的惨败

阿瓦里库姆确实是座固若金汤的城堡，它的四周几乎全是天然屏障——河流与沼泽，只有一条狭窄的路径可堪通行，恺撒就将围城阵地布设在这儿，并建造各种攻城器械。

维钦托利则带着大队主力，据说有二十万到三十万人，驻屯在距离阿瓦里库姆十六里处，在侧面威胁着恺撒。这时候高卢的骑兵大发神威——他们不断凭借着机动优势和追求自由的勇敢，扩大着自己的出击半径，将罗马人的采牧队伍驱逐得越来越远，也将他们的就食范围压缩得越来越小。连恺撒也承认，尽管己方想尽了各种办法，比如取消固定采牧路线和时间来避免高卢骑兵的打击，但还是遭受了巨大的损失，后勤状态也日渐窘迫起来。

这时，还愿意给恺撒提供支持的就只剩下波伊人与爱杜伊人了，但波伊人的部落很小也很贫乏，而爱杜伊人也开始强烈动摇，送粮食的态度迅速走向消极。总之，越来越多的高卢部落投向了维钦托利一方，恺撒所面临的难题也越来越多。不过即便是这样的时刻，恺撒也没有失去作为一名英明统帅应有的判断力。有一次列阵进攻维钦托利的营寨，他发觉对方在人数和地形上都占据了很大的优势，所以即使己方官兵士气高涨，他还是向所有人指出，“即便强攻上去能赢得胜利，但是也会失去极多勇士的生命”，随后硬是将军队给撤回去了。

◇ 恺撒军对阿瓦里库姆城的围攻

因为此刻摆在恺撒面前的不外乎两个作战目标，即维钦托利和阿瓦里库姆城。对于恺撒来说，维钦托利势力过于庞大，很难寄希望于一次胜利就将其击垮，所以恺撒经过缜密的思索，还是决定将主攻目标放在阿瓦里库姆城，要抢在维钦托利向其派出援军前（事实上，高卢人确实准备精选出一万人前去增援这座城市）把它攻陷，这样才能扭转战局。

但阿瓦里库姆城也不是唾手可得的，驻守它的别里都基斯战士面对以攻城技术见长的罗马军队展现了无可比拟的智慧和勇气，他们在城墙四周架设包覆兽皮的塔楼，大量使用矿工挖掘坑道破坏围城工事，还制造了带着绞盘的套索，套取罗马人的挠钩，当罗马人加高攻城塔后，他们就极其机灵地将己方墙垒升得更高。

而对恺撒的军团也应该不吝褒美之语，他们在寒风、冷雨和积雪里，任劳任怨，坚守岗位，这不光光是被军功、赏赐激励的结果，更是出于长期并肩作战的过程里与统帅领袖缔结的鲜血情谊，在以后的内战里，这种情谊会更加凸显。

二十五天后，罗马人的攻城工事大功告成，它是一座宽三百三十尺、高八十尺的壁垒，士兵可以凭借它轻易对阿瓦里库姆城发起攻击。而此时别里都基斯战士也发起了拼死反击，他们有的从城门和坑道杀出，有的站在城墙上向罗马人的壁垒抛掷火把，双方爆发了纵火和抢救间的殊死搏战。恺撒命令两个前沿军团昼夜轮换，其余所有人手，有的将燃烧的攻城塔拖回，有的负责扑灭壁垒内的火焰。

残酷的战斗持续了一夜，付出巨大伤亡的别里都基斯人将罗马人攻城塔前的壁障给摧毁了，又投入生力军，企图一鼓作气摧垮恺撒的围城部队。但罗马人各种弩炮猛烈发射，终于打退了别里都基斯人的反扑。据恺撒亲眼目睹，这群高卢战士在战斗中表现出了令人敬畏的勇敢，“有一个立在市镇城门前的高卢人，把别人递给他的树脂和油膏，一团团投掷到正在焚烧的一座木塔的火焰中去，当他被一架弩机射过去的矛洞穿右肋，倒地死去，这批人中站在他后面的另一个人，跨过他的尸体，继续这一工作，当第二个人又被弩机以同样的方式射死后，又有第三个人顶了上去，顶第三个人的是第四个人……”

出击失败的别里都基斯人最终决定丢弃城堡逃跑，但出发前别里都基斯妇人的哭喊声震天动地，她们拉住他们的脚，乞求不要丢弃她们，这声音惊动了罗马人，最终让别里都基斯人逃跑的计划流产——阿瓦里库姆，这个高卢的“明珠”，气数已尽了。

次日起了风暴，恺撒趁着别里都基斯人松懈之机，下令全军攻击。士兵们顺着城墙奋勇攀爬，或者踏着攻城塔跃上城墙，守城方很快失去了城墙和塔楼，他们的战士全部跑到了广场上，排成了三角楔形阵，好让自己能在任何一个方向与攻来的罗马人作战。但罗马人没兴趣与他们交手，而是沿着城墙不断跑动，占据各个关隘与制高点，明显是要铁壁合围了。最终，别里都基斯战士崩溃了，他们只能乱糟糟跑向城门突围，结果被恺撒步兵杀死一半，其余的人在逃跑途中又被恺撒骑兵杀死。

入城后的恺撒军展开了骇人听闻的屠杀与抢劫，借口是“为钦那布姆的屠杀复仇”，当然也是为犒赏己方“长期围攻的辛苦”，总之四万人的市镇，战后跑到维钦托利那边的只剩下八百人。

果然不出恺撒所料，维钦托利害怕影响全军士气，甚至只能在夜里接待逃出的人，并且很快将他们转移安置。接着维钦托利召开了军事会议，对阿瓦里库姆城之战进行了严厉的检讨，称本来保卫这个城市就毫无必要，反倒让恺撒得到了给养，接着他再度呼吁“全高卢联合起来”。

维钦托利的呼声收获奇效，阿洛布罗吉斯国王都托马德斯（他的父亲是标准的罗马盟友）带着大批精锐骑兵前来参战，维钦托利还从高卢各地“搜罗”了大批善射人员，组成了骑兵与轻装射手协同作战的体系，准备与恺撒一较高下。

而从陷落的阿瓦里库姆取得大量给养的恺撒，眼见冬季快要过去，适合出征

◇ 血战中的罗马军团

的日子即将到来，也准备与维钦托利决战。

但这时，几名爱杜伊酋长冒死跑来，告诉恺撒一个惊天消息：“罗马人最忠实的盟友爱杜伊也在酝酿着分裂的风暴！”

最早的起因，还是两个显赫的酋长争夺爱杜伊国王的位子，一位叫孔维克多列塔维斯，一位叫科德斯。按照恺撒在《高卢战记》里所说，高卢的贫富分化和阶级对立远比日耳曼人要严重，贵族酋长往往拥有大量的私兵食客，也操控了部落邦国的权力，这点和罗马毫无二致。而爱杜伊在高卢战区可以说相当于恺撒的后院，特别是在而今大部分部落掀起叛乱的局势下，恺撒万不可以失去这个邦国的支持，于是他立刻秘密离开前线，疾驰到了特乞基亚城，对这桩案件做出判决：科德斯只是得到了其兄长雷加克斯（也是前任国王）的扶持，并未获得祭司与民众的认可，所以将王位授予孔维克多列塔维斯才是合理合法的。

忙不迭“安顿”好爱杜伊秩序后，恺撒立即要求他们献出所有骑兵与一万步兵，用于保护自己的粮道。随后他将手下十个军团分为两路：自己带领六个，继续与维钦托利作战，目标指向阿维尔尼的首府日珥戈维亚城；另外四个由拉宾努斯带领去讨伐森农内斯人。

两军之间隔着厄拉味尔河。维钦托利下令将这条河上的所有桥梁拆毁，恺撒就让两个军团隐蔽在河边的密林里，又派其余的军队拉开很长的队伍，顺着河岸游走，以吸引维钦托利人马的注意力，待到“空当”出现后，两个军团急速从潜伏地点走出，在厄拉味尔河面上的残留桥基上，火速构筑起一道新的桥梁。恺撒所有的军团都冲了过去，维钦托利只能放弃既有阵地，朝日珥戈维亚城退去，以图固守。

五天后，恺撒的军队抵达日珥戈维亚城脚下。这是一座四面都是险峻山路的坚固城堡，而所有高卢的反抗军也都在维钦托利的领导下猬集此处，他们占据了几乎所有的制高点，并且拥有精良的骑兵与弓箭手，罗马人在大营里必须要仰视才能看到高卢的旗帜。

但细心的恺撒还是发觉了敌人布防的一个疏漏：在日珥戈维亚的山脚下，正对着城市，有一座十分陡峭的小丘陵，上面的高卢守军并不是很强，只要夺取此处，便能控制流向日珥戈维亚城的大部分水源。于是恺撒趁夜出击，攻占了这座丘陵，在上面构筑了一个坚固的小营，又在小营与大营间挖出了双重平行的壕沟（宽十二尺），使大小营地之间的兵力与后勤通道不受敌人骑兵侵袭。

但就在恺撒准备凭借这座小营压制维钦托利军队的汲水和采牧时，爱杜伊人派来保护他的后路的一万兵马却发生了哗变。原来，恺撒先前亲自指认的爱杜伊新国王孔维克多列塔维斯叛变了，也要追求“属于爱杜伊人自己的自由”，他指使一个叫李坦维克古斯的同伙，带着派出去支援恺撒的一万人，在距离日珥戈维亚三十罗马里的地方，忽然谎称恺撒污蔑爱杜伊人逆反，已经将在前线参战的所有爱杜伊贵族处死，接着就煽动兵士将队伍里所有的罗马人都杀死，并唆使所有人投入维钦托利一方。

知道这个消息后，恺撒意识到事情的严重性，要是爱杜伊人真的叛乱的话，自己可就进退无路了。于是他留下两个军团给副将费边，自己带着所有骑兵与四个轻装军团疾驰二十五里路截住了李坦维克古斯及其军队，并当着所有人的面，叫军队里的爱杜伊贵族骑着马来回走动，来击破“这些人已经遇害”的谣言。李坦维克古斯被拆穿后带着亲兵逃往日珥戈维亚城，而其余大部分爱杜伊士卒则投降了恺撒。

恺撒草草将这批爱杜伊人收编进来，又马不停蹄地折返日珥戈维亚战场，因为副将费边的急报到来：高卢人正猛攻他据守的大营，他手头兵力捉襟见肘，无法守御这么长的阵线。

现在恺撒所面临的局势是很危险的：后方，爱杜伊国王孔维克多列塔维斯依旧上蹿下跳；前方，维钦托利的优势军力虎视眈眈；夹在中间、后勤不继的是他自己，还有六个军团。

所以恺撒决定，先在日珥戈维亚战场上进行“敌前撤退”，去爱杜伊稳定局面，徐图再起。不过这种行为是很危险的，因为在古代，撤退往往会在某些客观和非客观条件下演化为溃退。但似乎命运女神永远都在青睐恺撒，他在小营观察战场时，发觉对面的另外一座山头，前些日子还满布着高卢士兵，但今日却空荡荡没什么人，在询问过城中的逃兵后，恺撒得知原来那座山头的后面是一片平坦的陆地，并长满了树木，其间有道路可以通往日珥戈维亚城的后方。

而维钦托利在因疏忽于先前丢失山头后，害怕恺撒会再来夺取这个山头，甚至会一鼓作气攻入城中，就动员了大批人手来修筑防御工事。

恺撒抓住了这个机会，派出营地里的马夫骑上骡马驴子，再混杂少量骑兵，

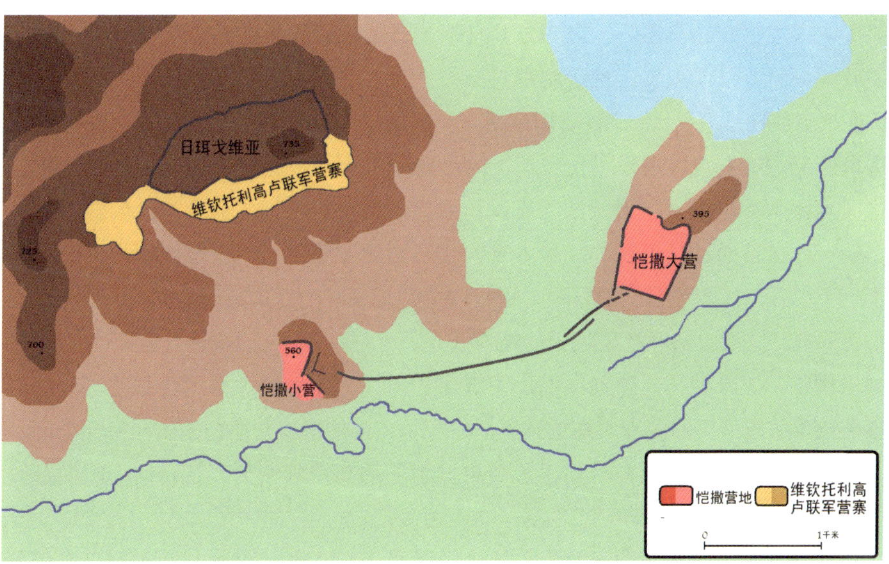

◇　日珥戈维亚之战示意图

假装成骑兵主力在那个山头下来回疾驰，并做出准备集结进攻的姿态。在城头居高临下的高卢人看到这一切后果然中计，连忙将主力派往彼处。而恺撒却命令所有精兵，将百夫长头盔上的羽翎、士兵盾牌上的纹章、大队的旗标等统统遮掩起来，一小队一小队地从大营移动到小营，再以此地为出发点，急速朝日珥戈维亚城突击！

一线的攻击主力是恺撒麾下的第八军团步兵，此外恺撒又让仆从的爱杜伊骑兵从右面的山坡上迂回上去策应。

从如此的部署可以看出恺撒的决策是摇摆不定的，虽然他在《高卢战记》里说自己原本是打算要撤退的，但在此刻却又派出主力强攻日珥戈维亚城，足见他的心理完全是投机的，也是赌徒式的，“打下来更好，打不下来再跑不迟”。从这一点上看，此战后他对官兵的训斥是毫无道理的，在《战记》里也犯了文过饰非的毛病。

日珥戈维亚城市，距离它下面的山坡大约是一千步的直线距离，但因道路蜿蜒，所以实际的攻击距离要比目测长得多，并且城市外围还有密密麻麻的高卢人营寨，以及六尺高的防护石垒。

最初八军团的进展顺利，一气攻占了高卢人三座营寨，还差点生擒了阿洛布罗吉斯国王都托马德斯，一名叫卢基乌斯·费边的百夫长还与三名同伴直接冲到了城墙下面，搭成人梯，费边先踩着上去，接着又将三人逐个拉上去。这名百夫长在战前就向战友宣称：“我要于此战里获得比攻陷阿瓦里库姆城更多的战利品。”这也足见，“争取攻占日珥戈维亚”这个既定目标，早已在军队基层动员好了，这根本是主帅恺撒自己的想法。所以恺撒在《战记》里云，他见“达到自己目的之后（什么目的语焉不详），就下令吹起退军的号子”，但前线军团却因为相隔了一个山谷，没听见撤兵的号声，这根本是毫无逻辑的败后掩饰之言。

罗马军队的攻势吓坏了城中的高卢女人，她们拥上城头，撕扯衣服，做出手势，露出胸部，哭求罗马人饶恕她们，不要像在阿瓦里库姆城那样对待被俘的人。但不久，在那边山头的高卢人察觉到了恺撒声东击西的阴谋，他们的骑兵率先赶回，接着就是数不清的步兵与弓箭手，结果城头上的高卢妇人又开始转向，她们蓬散着头发，高声尖叫，鼓舞己方的男子奋勇杀敌。

山脊上，维钦托利的无数步骑挟风带雨般居高临下猛攻压制八军团，在先前爬山路过程里精力大损的罗马士兵根本抵挡不住。而恺撒也无能为力，他只能命

◇ 日珥戈维亚的恶战

令小营里的十军团与十三军团出来，在山脚下列好阵势，只希望八军团败下来后，能够阻挡维钦托利的进一步追击。

这时，受恺撒指示在右路山坡上迂回的爱杜伊骑兵忽然出现在八军团的侧翼。这群爱杜伊骑兵，因同文同种，与维钦托利属下骑兵在打扮上毫无二致，虽然在事前为了分别敌我，恺撒命令他们全部右袒，但士气已面临崩溃的八军团还是“被自己人给吓倒了”，全面败下阵来。先前一路冲上城头的百夫长费边与三名同伴一同被围起来杀死，尸体被抛下；另外一位叫彼得隆尼乌斯的百夫长奋勇砍开一道城门后，惨遭围攻阵亡。

维钦托利的铁蹄直冲到山脚下，见恺撒的十军团与十三军团阵势严整，才退了回去。

此战恺撒承认战死百夫长四十六人，而后在《战记》里声称损失士兵七百余人。不过以一名百夫长统率八十人左右的军制来看，再加上七百人只是单纯的阵亡数目，恺撒的八军团遭受到可怕的重创，应是不争的事实。

战后，恺撒召开了军事会议，首先斥责了部下的鲁莽（毫无理由），随后又鼓励了他们。但情况不是靠开会就能扭转的，回军途中，若说先前爱杜伊人还只是有叛变苗头的话，那么现在他们全部叛变了，参加恺撒军队的爱杜伊骑兵全部逃亡，最后恺撒的六个军团被扔在了雪融后的里杰尔河边，陷入了十分狼狈的境地。

恺撒一度对行军路线的抉择感到绝望，因为到处都是敌人，而维钦托利又随时可以集结大军来与他的新败之师决战。最终，在强行渡过汹涌的里杰尔河后，恺撒将人马带到了森农内斯地区，与先前的另外一路人马，即拥有四个军团的拉宾努斯会师。这时候，整个高卢地区没有参加维钦托利联军的只有雷米、林贡内斯与特莱维利三个部落，最后一个还是因路途遥远才暂时没有反叛而已。维钦托利真的已实现了“全高卢联合起来”的宏伟目标，他属下光是各邦送来的骑兵加起来就有一万五千人，兵强马壮，可以四处出击，压迫奈波高卢行省。当维钦托利得闻恺撒集中了所有十个军团，穿过了塞广尼与林贡内斯的边界地区朝自己反攻时，遂决心乘着日珥戈维亚胜利的余威，带领所有联军与恺撒决战。

按照维钦托利自己在酋长会议上的说法，“胜利已经到来，罗马人已经离开高卢，准备逃回行省（奈波或山南）”，“罗马人遇到我们的话，步兵只能抛弃行李与辎重，而骑兵也不会敢于走出行列与我方作战”。

也许维钦托利是为鼓舞士气而发此言，也许这真的是他内心所想，但毫不夸张地说，经过先前的几次胜利，维钦托利因骄傲与轻敌犯了致命错误——他放弃了化整为零坚壁清野的正确策略，又回到了要和罗马军团正面对战的套路上。但百年来残酷的事实证明，有这种想法的，不管他先前是帝君还是国王，无一例外都遭到了惨败的命运。

战场上，维钦托利在距离恺撒军队十个罗马里处立下了三座营寨，接着下达了翌日骑兵为先锋，全军突击碾轧恺撒的命令。

一万五千名来自各邦的高卢精锐骑兵——他们全部都为自己的作战位置与身份骄傲——齐齐排列在春季灿烂的原野上，互相鼓舞着，发出了“今日的战斗，谁要是不能两次驰入敌军的阵列里，便不准接近自家的屋子，也不准接近妻儿父母”的口号。

但他们还不知道，恺撒也是个在失败里不断成长的军事家，他清醒地认识到，罗马军队必须得对抗高卢人的骑兵优势，要加强自己的骑兵队伍，所以在出战前，恺撒居然派使者穿过了高卢地区，到了莱茵河对岸，雇佣了大批“日耳曼友邦”的骑兵，据《战记》所言，大约有四五千之众。在先前的战事里，日耳曼骑兵的吃苦耐劳、战技出色博得了恺撒的青睐（他们曾以八百之众大破恺撒属下的五千高卢骑兵）。这群日耳曼骑兵与相当数量的轻装步兵（他们总是习惯与骑兵协同）被雇进入军团后，恺撒又认为他们的坐骑太差，便特别下令叫军团指挥官、骑士、留任老兵将自己的马匹统统转给日耳曼人，成功加强了己方骑兵力量。

但维钦托利还不知情，他的所有骑兵在战时分为三列，两列配备在左右两翼，负责包抄攻击，剩下一列布阵在所有步兵前面，负责阻滞罗马人步兵逼近。从这一点看，维钦托利是认为恺撒会采取正面强攻的“墙式战术”的。

但他没想到的是，恺撒军营里所有的日耳曼骑兵也分为三列，分别挡住了高卢骑兵的突击，接着步骑的大混战在各处如火焰雷霆般迸发出来，恺撒亲自带着旗标，见到何处吃紧就疾驰到何处鼓舞士气，号召所有人在敌人骑兵突击前站稳脚跟，并不断发动反击。

最后，右翼的日耳曼骑兵大发神威，成功地将迎面的敌人全部驱逐击溃，而后他们骑马急速推进，追赶高卢败兵，顺带攻占了一个能俯瞰维钦托利步兵队列的山头，接着就全部冲下来。维钦托利联军的其余队伍看到这种情景，害怕反被围歼，就挨个儿从恺撒军团的前沿奔逃，恺撒下令全军出战追亡逐北，杀敌无算。

败退到营寨的维钦托利这才回想起"与罗马人正面决战必败"的魔咒，但也无可奈何，军队士气开始下跌。他便又想起了日珥戈维亚保卫战的成功经验，便下令全军移营，朝邻靠战场最近的阿莱西亚城——一座孟杜皮人的城堡走去。

但前往阿莱西亚恰恰是噩梦惨剧的开端——恺撒的日耳曼骑兵死死咬住高卢联军的后队，杀死了对方三千人，逼高卢军乱作一团地拥入阿莱西亚城。

下面就得看罗马步兵的表现了。恺撒下令，"全面包围阿莱西亚"，要来个瓮中捉鳖，用少数人全歼多数的高卢联军。阿莱西亚城与日珥戈维亚城相仿，也坐落在山顶，只有一面平原朝外，其余三面全是连绵起伏的高岭，这种地形便于己方守御，但也利于敌人围困。

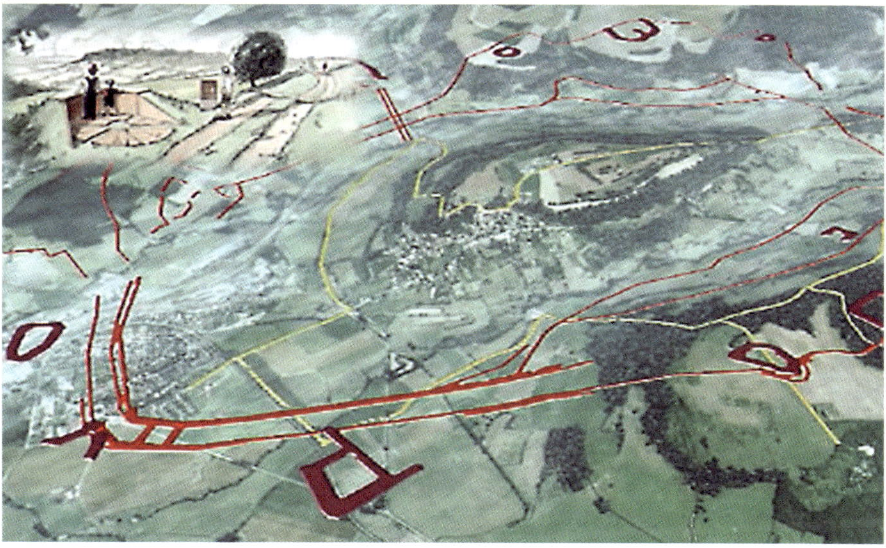

◇ 而今阿莱西亚遗址风貌（黄线圈的是中心部位，红线代表恺撒的围城工事）

◇ 表现拉宾努斯部修筑围城工事的漫画

嗅出要被困死气味的维钦托利当然要全力阻止恺撒，他在城外设立了一个带有堑壕的营寨以作呼应。而后，双方的骑兵在那个方圆只有三里的平原地带互相驰突交战。恺撒首先派出普通骑兵与高卢人鏖战，消耗了对方的精力后，再命令日耳曼骑兵出击，大败维钦托利骑兵。高卢人混乱不堪地败逃回城外的营寨，由于人数太多而营门太窄，许多人没能进入，只能任由日耳曼骑兵屠杀，营中的不少人又被吓得朝城里跑，维钦托利关闭城门不放他们进来，才将这些人逼回营寨工事里。

骑兵战后，罗马人首先绕着阿莱西亚城周边十一罗马里构筑了二十三座堡垒，并派驻警戒兵马。眼见不是事的维钦托利只留下步兵坚守城市与工事，而将各邦的骑兵召来，让他们趁着恺撒的包围圈还未形成前分散突围，返回各自的部落里，督促所有高卢适龄人员都武装起来，赶赴阿莱西亚，与他里应外合，围歼恺撒的十个罗马军团。

接着，维钦托利让孟杜皮人将粮食和家畜全部集中到城中来，给八万步兵（全是他从各邦国部落集中来的精锐）做了长远的调配（初步目标是坚持一个月）。在城外，恺撒也意识到，阿莱西亚城的围攻战是决定整个高卢命运的战役，他不可以有丝毫的动摇，才能将所有高卢叛乱力量“聚而歼之”，而对方的想法明显和他一样，所以这场战斗是智慧、意志和军队水平的殊死较量。

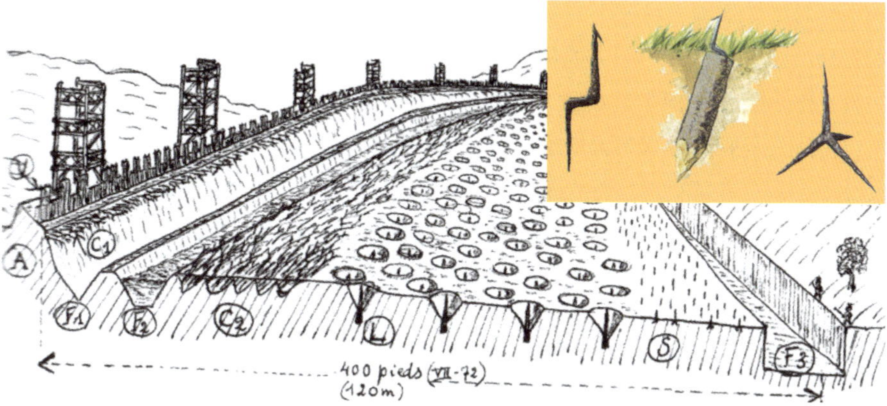

◇ 阿莱西亚的围城工事，以及各种踢马刺和梅花桩

于是著名的“阿莱西亚之围”开始。恺撒首先叫所有士兵绕着城市挖掘了一道二十尺宽的壕沟，但这道壕沟并非按照传统方式，将两边做成斜坡形，而是两面都是垂直的，这样可以有效地防止高卢士兵泅徙攀爬过来。这道壕沟，可以看作是围城方与守城方的分界线，而后恺撒所有的工事都距离这道壕沟四百步开外。因为现在已无多少高卢盟友兵力可供遣派，而恺撒属下的十个军团经多年战争消耗，也不足员，大致总兵力在五万以下，更何况在构筑围城工事时，还有相当多的人员要出去砍伐树木、收集各种材料，那么，常备在绵延长度达十一罗马里的防线上的兵力，与阿莱西亚城中的八万高卢战士比起来，绝对是捉襟见肘的。更何况，维钦托利随时可以在一个点上集中大量突围兵力，让罗马人措手不及。所以恺撒在围城壕和工事间特意留下的四百步距离，就是给己方提供反应时间的。

当然，若这四百步是光秃秃的平地，也不足以阻遏高卢人的猛烈冲锋。所以在此空间内罗马人又挖了两道十五尺宽的壕沟，并且注入了河水，其中靠近工事的那条较浅。接着在三道壕沟间，又挖掘了一道五尺深的窄沟，将采集来的树桩剥皮削尖，密密麻麻插在其中，并用铁钉打牢，让高卢人无法拔除，这些树桩共有五层，只有尖头露出地面，并且互相串连，恺撒的士兵将此称为“阴阳界”。在“阴阳界”前，罗马人又模仿骰子上面的五点，挖出了许多斜对角的坑，里面塞入人腿粗的圆形树桩，顶部削尖并用火熏黑，这部分坑共有八行，每行相距三尺，被很形象地称为“百合花”。在“百合花”前，罗马人又在木材顶端钉上铁钩，同样深埋入土中，布满各处，叫作“踢马刺”，看来是为坑陷阻滞维钦托利骑兵的。

最后，在防御工事前，罗马人构筑了十二尺高的壁垒堤道，将己方人马保护在其后，在壁垒前又用削尖的树桩做成鹿角，防止敌人偷袭。而后每隔八十尺就构筑一座木塔，用于瞭望城内，提供预警。

在阿莱西亚围城工事紧密进展时，维钦托利突围出去的骑兵将该地的战情通报给了全高卢各部落，这群人又在一起开了个大会，认为全民皆兵在军纪和后勤上保证不了，还是各邦按照人数抽取军役去解围比较靠谱，并且推举了名叫康缪斯的高卢贵族为统帅。这位康缪斯先前也是恺撒的“亲密盟友”，并在恺撒远征不列颠时出力良多，其邦国在法律和权力上也得到过恺撒慷慨的厚赠。所以事后就连恺撒也慨叹：“高卢人在争取自由，恢复旧日英勇善战的声名这件事上是那么齐心，竟至于无论怎样的恩惠、无论什么样的友谊都不能影响他们，所有人都全心全力投入到目前的战争中去。”

最后，解围军的数量达到了八千骑兵、二十五万步兵的骇人程度，其中光是恺撒曾经最铁杆的盟友爱杜伊人就提供了三万五千人的军役。所以，包括康缪斯在内，上下都认为围城的罗马人光是看到他们的兵力数量就可能被吓退了。

对援军到来早有预案的恺撒，便又绕着营地的背面，构筑了与阿莱西亚城围城工事一模一样的壕沟工事，将所有的人马置于守军与解围军“夹心层”间，两面作战。

首先坐不住的是阿莱西亚城里的人，他们的人数太多，而粮食消耗得飞快，所以内部发生分歧，一部分人主张投降，也有一部分人主张在还有体力时果断突围，最终争吵的结果居然是先将不能作战但又要吃饭的老弱妇孺给送出去。最早被送出去的恰好是收容维钦托利联军的孟杜皮人，也就是阿莱西亚城真正的主人。他们成群结队来到罗马人的壁垒下，哭哭啼啼哀求恺撒收容他们，全族人宁愿当奴隶，但被恺撒一口回绝。

这群孟杜皮人的最后结局虽然史料里没有明确记载，但恐怕是不很乐观的。

不过就在城内守军犹豫不决时，康缪斯带领的庞大的解围军，在距离围城工事一里外扎下了营，并且占据了一处山头，和城内遥望联络起来，这下城内士气大振，所有人又都互相庆贺起来，觉得凭借他们的人数优势，只要决死突击，就能将所有的罗马人给无情夹碎。

次日，康缪斯的所有骑兵布满了那片平原，而城中所有人也列阵走了出来，并携带大量柴火捆，想填平罗马人的壕沟。

恺撒意识到决战时刻已经来临，他详细地将各个部队的岗位都安排好后，下令所有骑兵出营寨，居高临下地与解围军的骑兵作战（从前文看，维钦托利在守城前已将所有骑兵分散遣出求援，故而《高卢战记》里的这段骑兵战描述，似乎是单指康缪斯的解围军）。高卢人的骑兵行列里夹杂着大量弓箭手与投石手，步骑协同十分紧密，战斗初期杀伤了不少恺撒骑兵，一度导致其陷于不利局面。但关键时刻恺撒又命日耳曼骑兵密集压上，驱散了高卢骑兵，并将来不及逃跑的敌人轻装步兵大部杀死。

而阿莱西亚原本出来的高卢军见情势不利，也只能退回去。

其后，康缪斯的解围军花了一天时间，制造了大量云梯、木栅与挠钩，在次日半夜时分悄悄逼近了罗马人的工事，接着喊声如雷，矢石如雨，企图驱散堡垒上守卫的罗马人，并将木栅抛入壕沟内，要压上来。而工事内的罗马人举火照明，使用弩炮猛烈射击铅弹、投枪阻遏。黑夜里的混战结束后，双方都有许多人受伤。负责该段防务的，一位是恺撒的坚定支持者，原先的护民官特雷邦尼阿斯；另外一位则是在先前远征埃及战事里功成名就，而后再加入恺撒军队，担当财务官的马可·安东尼。这两位将军亲自坐镇前线，到处调度人马，填补缺口。高卢战士

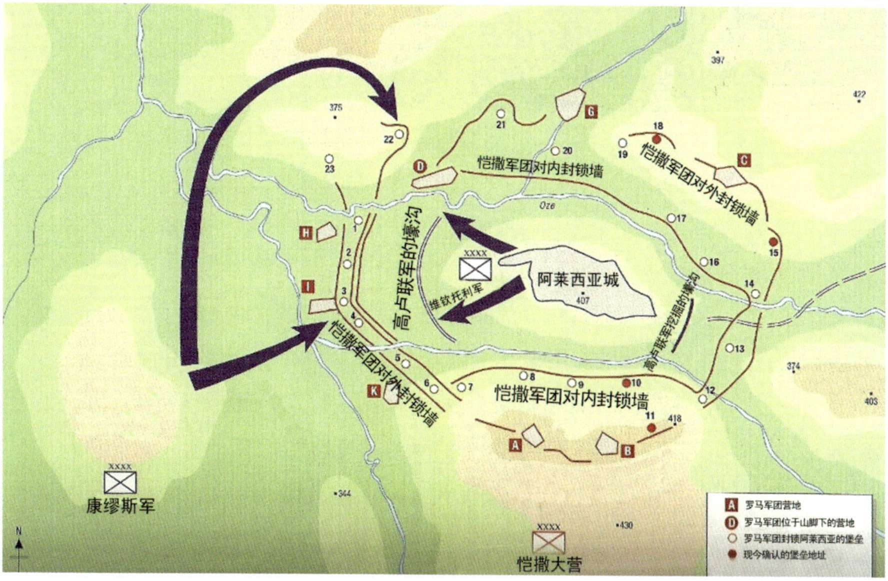

◇ 阿莱西亚解围战示意图，D 点是最终决战发生处

◇ 不屈自杀的高卢人，手挽着的是已被他杀死的妻子

冲到工事下遭遇了“踢马刺”“百合花”“阴阳界”的轮番伺候，要么被铁钩钩住，成为罗马人投石和标枪的活靶子，要么就是跌入坑中被尖头树桩刺穿，再加上劈头盖脸射来的弩炮，高卢战士死伤遍地，双方厮杀到天亮后，高卢人只能扔下无数尸体败退。

本准备从阿莱西亚城中突击出来的另一方面高卢军见状也只能继续退回去。

总之，恺撒的双面围城工事发挥了大效用，它不但阻遏了来自两个方向的敌人的攻击，更让守军与解围军无法协同作战，而己方却能够随心所欲地调度，逐渐占据了战事的主动权。

但高卢人还是不愿意坐以待毙，在城外，康缪斯又召开了作战会议，总结了前两次突围的教训，决心要冷静下来，在恺撒防线的弱点上打开局面。最后，在仔细侦察和讨论后，高卢人将目标锁定在阿莱西亚北面的一座山头上，因为这座山面积太大，所以罗马人没办法用堡垒工事将它全部圈起来，故而只是在斜坡上修了个独立营寨，只要能拔除这座营寨，就能在围城线上打开个求生，不，甚至反败为胜的缺口。

但事先恺撒已考虑到此处可能会首当其冲成为敌方的目标，所以安置在此营寨里的足足有两个军团，兵力不可谓不雄厚。康缪斯为击破此处，下令从各族里挑选出六万精锐，与当面之敌人数上构成六比一的绝对压倒性优势，并将前线指挥权委托给了卡西维朗纳斯——一位阿维尔尼贵族，也是维钦托利的亲戚。

卡西维朗纳斯带着这六万人于凌晨时分进发，很快就陆续进入目标山脚下的密林隐蔽起来，高卢人此次行军的技巧十分出色，罗马斥候毫无察觉。接着康缪斯带着其他兵马全部列阵在营地前，大张旗鼓，吸引罗马人的注意。

正午时分，卡西维朗纳斯发出总攻的讯号，六万高卢精锐猛士势如风发，全部呐喊着拥上山头，其决死气势让驻防此处的罗马军团官兵不禁胆寒。城内，察觉这一动向的维钦托利也集中军力，携带盾车、挠钩、云梯朝着北面山坡的那座营寨猛攻而来！

前后左右攻过来的高卢人实在太多了，很多罗马官兵持剑作战时，背后满是高卢人战斗的呐喊，大家都开始惊慌起来。几乎在工事的每个段落，都在发生矢石和白刃的激战，一时间连恺撒都判断不明敌人的主攻方向究竟在何处，但他并未慌了手脚，而是急速找到个能俯瞰周边战场的制高点，在调度指挥了一会儿后，恺撒发现了敌人真正的主攻焦点。

现在整个阿莱西亚城已经被剑和火煮沸，“双方心中都认为这是做出最后努力的唯一机会，高卢人认为除非突破工事，否则一切脱身的希望都告断绝，罗马

◇ 阿莱西亚恶战

人也认为只要这一天能受得住，所有的辛劳都从此可告结束”。北面的那座营寨前的战斗最为残酷激烈。卡西维朗纳斯手下的高卢战士，前面的模仿罗马人那般，将盾牌层层叠起推进，后面的轻装士兵奋勇射箭投石，所有举着箕畚的人冒着远程的杀伤穿梭阵列间，用土将罗马人的“踢马刺”等坑全都掩埋，一拨人死伤了，又有更多的人换上，对营寨实行不间断的压迫。

陷于两面作战的两个罗马军团很快伤员激增，箭矢、投枪和铅弹也发射殆尽，体力也濒临崩溃的边缘了。

于是恺撒急忙命令拉宾努斯带着六个大队驰援彼方山头，并且直截了当地告诉他：守得住就守，守不住的话可以自行退回或突围。可见，当时局势的凶险令恺撒自己心中都没底了。而在此刻，城内的高卢战士也踩着同伴的尸体，纷纷顺着山坡和峭壁爬上来，用挠钩拉塌罗马人的胸墙和木栅。恺撒便命狄基摩斯·布鲁图先带几个大队压过来，接着又派副将费边带几个大队增援，最后自己亲自带队过去，把城内冲出来的高卢人打回去后，他一刻都不停歇，又集合了所有人朝最危急的北面山头营寨奔去。

恺撒亲自带了四个大队的步兵，外带部分日耳曼骑兵，直冲目的地去增援拉宾努斯，其余的人马则绕出工事，在山坡旷野上侧击高卢人。先前，拉宾努斯在增援北面山头的过程中又从邻靠的堡垒里带出来了十个大队，但依旧阻挡不住敌人排山倒海般的猛攻。

在刺目的阳光下，恺撒一马当先，来到了此处。所有的军团军官士兵，很容易从他身上名为帕鲁达门托姆（paludamentum）的披风上辨认出他来。这种披风是用一种方形的厚羊毛布料制成，通常染成白色或紫色（以恺撒的性格，很可能是染成紫色），从脖子披到膝盖处，上端系成两个角用纽扣别在右肩上，而后将右臂袒露出来，这本是古罗马统帅在接受过凯旋式后才允许穿戴的，但向来只是起到礼仪作用，在危机四伏的战场上是不会穿这种过分醒目的衣服的。但恺撒却从来不管这些，越是危险的地方，他就越喜欢这件披风，或者将它升起当作旗帜，或者披着它驰骋前线，因为恺撒希望所有的官兵都能清清楚楚看到，统帅与前线士兵一样，都在奋勇和敌人搏战！

榜样的力量是无穷的，这时候所有在场的罗马士兵都爆发了欢呼和呐喊，如雷霆般投出了手中的标枪，接着拔出短剑，舍生忘死地扑向了高卢人，而同时恺撒的日耳曼骑兵也冲出来了。卡西维朗纳斯的部众丧失了最后的勇气和斗志，陷入了大溃败，其本人也被恺撒军队俘虏，被缴获送到恺撒面前的高卢军旗有七十四面之多。恺撒属下的日耳曼骑兵乘胜猛攻解围军的营地，高卢人作鸟兽散，不是死在马蹄和利剑下，就是逃奔回各自的国家，再也没有一战的勇气。

这种凄惨的景象被阿莱西亚城中的人看在了眼里，第二天维钦托利就将所有人召集来，坐在他们面前，说自己已经没有了命运的眷顾，争取高卢人自由的努力也已付诸东流，现在他可以任由他们处置：将他杀死可以，将他捆缚起来送给恺撒也行。

随后，阿莱西亚城派出了使者，对恺撒陈述了维钦托利已放弃抵抗的情况。于是恺撒便叫所有的官兵都在营地里列好阵势，自己端坐在高台上，将佐与旗标环绕四周，随后命令城中所有的高卢人不问身份，统统放下武器出降。据普鲁塔克的描述，维钦托利为坐骑披上了华丽的马衣，本人穿戴上精良的甲胄，驰入罗马人的营地，绕着恺撒转一周，但恺撒依旧安坐不动，傲然以胜利者的姿态对着他。接着维钦托利下马，脱下所有的甲胄衣物，裸体静静坐在恺撒脚下，直到被扈从拖走。这位带高卢人追求自由的英雄，先是在罗马城里被关押了六年，而后在恺撒战胜庞培后的大凯旋式上，作为“战利品”被当众用法西斯斧头斩下了头颅。

庞大而士气高扬的高卢联军为何失败？单就体制、武器装备而言，维钦托利的部众并没有什么逊色于罗马人的地方，而就人数、后勤和骑兵来说，他们相比于罗马人还占据了优势地位。不过恰如维钦托利本人多次说的，高卢从来没有成为一个上下通达的集权王国，历史给予他们这样的机遇太少，即便有也被浪费了。当罗马共和国在亚平宁崛起时，在高卢土地上也陆续崛起

◇ 身着“帕鲁达门托姆”战袍的恺撒像

◇ 维钦托利向恺撒投降。阿莱西亚战役后，高卢地区有组织的反罗马战斗基本宣告终结

过某些强大的邦国，但它们充其量只能维系某些时间段的霸权而已，最后又慢慢在内讧里沉寂下去。故而虽然凯尔特高卢人的势力范围曾经西至西班牙半岛，东抵小亚细亚，不过却始终是一盘散沙的状态。高卢人的性格也注定了他们要上演一出悲剧。他们动辄妄自尊大、偏激极端，但目光又过于短浅，临事考虑不够周全，头脑聪明但有时候又自作聪明，有时能舍弃一切但有时却在关键时刻斤斤计较，先前的亚历山大大帝就评价他们“就会吹牛”。在对阵恺撒时，虽然维钦托利得到了几乎全高卢的兵马，但指挥权却始终不够统一，作战的坚定程度也远远不及罗马人，稍有挫折就举止失措。比如在阿莱西亚围城战前的战斗中，当高卢人骑兵被恺撒雇佣的日耳曼骑兵击败后，他们就不顾战场态势，机械照搬日珥戈维亚的胜利经验，在缺乏足够给养的情况下，就贸然进入阿莱西亚死守，结果最终就是“守死”的结局。

如果维钦托利回避与恺撒的决战，继续使用坚壁清野和骑兵战的策略的话，那么即便是如恺撒这般的军事天才也是很难取得胜利的，因为维钦托利是高卢人当中最杰出的英雄，而高卢人自己在追求自由和独立的战斗中所发扬出来的无畏精神也是可歌可泣的。只不过历史永远没有“如果”可言，最终，高卢及其土地上的诸多凯尔特、日耳曼邦国，成了历史名词。

阿莱西亚战役后，从比利牛斯山脉直到莱茵河间的广袤地区，高卢人的有秩序的反叛彻底结束了，接下来就是恺撒军团不断追亡逐北、传檄而定的过程。但来自罗马城的挑战却愈发严峻起来。

这一点在《高卢战记》第八卷里体现得尤为明显。有人说，恺撒本人没有直接参与第八卷的写作，这卷是由其机要秘书奥卢斯·伊尔久斯动笔完成，这表明恺撒的目光已从沉寂下来的高卢大地上转移开来，投向了七丘之城当中。以至于伊尔久斯直接在《高卢战记》里说：“我知道，恺撒是分别把每一年写作一卷战记的，但我认为自己没有这样做的必要，因为在次年（即公元前 50 年），即卢基乌斯·保卢斯和盖约斯·麦恺路斯担任执政官的一年，高卢并没有特别重大的事迹可记。”

高卢已经无仗可打了，恺撒的行省和军队究竟应该如何处理成了整个共和国的焦点。按照立于公元前 55 年的《特雷邦尼阿斯法案》的规定，恺撒被延长的任期在公元前 49 年 2 月底终结；另外根据庞培就任“单独执政官”后通过的新法案，在这次任期满后，恺撒根本不可能再谋求任期的第二次延长了，那么再过一年，他苦心经营的军队就会被解散，他便会失去最坚强的后盾，那样即使有巨额的财产，在返回罗马城后也会成为别人餐盘上的“肉”。恺撒的政敌众多，罗马的舆论风向也开始转变，许多政坛人士开始大肆抨击他和他的战争。

按照恺撒自己的推演，他卸任回到罗马后一定会遭到政敌如小加图的控告，接着他要么自我流放，要么被流放。现在元老院已经拉拢了庞培为站台的，运作起整个国家机器与他为敌，而他可以凭借的就只有高卢地区和十个军团。

最初，恺撒是想妥协的，他但求不成为罪囚即可，当时他所抓取的“救命稻草”是罗马法律里“行政长官在任期内不能被控告”的规定，所以恺撒的打算是：到公元前 49 年 2 月底任期满后，按照惯例由该年的两位执政官之一前来接替他的位子，不过执政官必须待在罗马城里度过一年任期，所以理论上恺撒可以继续在高卢总督的位子上待到公元前 48 年开年。

而在这多出的一年里，恺撒就能运用各种资源，让自己参选公元前 48 年的执政官，在“任期”上毫无空当，这样他的政敌就没有机会弹劾自己了。

但罗马的法律也有这样的规定，即执政官候选人必须亲自前往城中登记，先前恺撒就是舍弃了在卢西塔尼亚行省获得的凯旋式才登记成功的，所以现在恺撒的愿望要想达成还得突破这个障碍才行。三巨头的卢卡密会里，恺撒本已与庞培、克拉苏取得共识，那就是可以在不在场的情况下，委托别人替自己完成登记。公元前 52 年，被恺撒拉拢的全罗马十名护民官确实集体提出了“可免除尤里乌斯·恺撒亲身竞选”的法律草案，并且也得到了通过。

然而这一切还是在庞培就任“单独执政官”后被打破。庞培在元老院的撺掇下，又恢复了“任何执政官候选人必须到场登记，并亲身竞选”的规定。如此恺撒的退路就被封死了。公元前 49 年接替他的不再是当年的罗马执政官，而直接由五年前的执政官去接替即可(即公元前 55 年的执政官)；而他也不能再在高卢地区盘桓，就算要谋求公元前 48 年的执政官，也必须得亲自去罗马登记，而那样无异于自投罗网。

所以公元前 50 年的冬季，虽然没有狂怒的高卢起义，但不流血的斗争形势却比任何一年都来得严峻。恺撒自然不会束手待毙，他制定了“和平当先”的预案，即尽量将这场斗争限制在法律框架内，虽然在罗马城里元老院使用卑劣手段操控了来年执政官的竞选，罢黜了得票遥遥领先的赛维乌斯·盖尔巴，只因盖尔巴是恺撒的副将和亲信，而且“推波助澜”，叫两位仇视恺撒的先锋人物卢基乌斯·保卢斯和盖约斯·麦恺路斯当选，而这两位在就任前就扬言他们在任期内的首要之事，就是“褫夺恺撒所有的官职和荣誉，让他滚回罗马来受审”。

于是，恺撒下了血本，他先是耗费巨资打造自己的形象，并在罗马城内扶植新的代理人。恺撒使用在高卢掠夺来的财富，想尽办法来讨好民众和士兵，不但兴建了豪华的建筑，举办了大型竞技会，还特意将所有士兵的薪资提高了一倍。古罗马虽然早先的兵员由适龄公民担任，但在卡米卢斯时代就推行了军饷制，只不过军饷很低，每名普通士兵的年薪只有四百五十塞斯退斯（各种说法皆有，故取折中的数据）。这些钱够干什么？做个比较，当时罗马城内的地位低下的手艺人，每天的所得也有三个塞斯退斯，年薪在九百到一千塞斯退斯左右，所以军饷完全能用“微薄”来形容。恺撒此举虽然没能从根本上改变这一现象（改革后，士兵年薪也就勉强与手艺人相当），但毕竟博取了军队的欢心和支持。

恺撒不敢返回罗马城，但他自己或派出代理人在意大利和高卢地区的殖民城市到处游说，以慷慨的馈赠博取这些“新公民”的支持，请求他们拥戴自己当上公元前 48 年的执政官，并同样拥戴自己在罗马城里扶植起来的护民官。

护民官本来是古代平民和贵族斗争的产物，他虽不处理具体的行政事务，但却有提出法案、保护平民、对元老院决议行使“否决权”的巨大权力。不过早在两个世纪前，罗马的贵族、平民作为阶层就逐步融合，人们不再单谈出身，而是对财力更感兴趣，所以护民官也逐步成为各个派系间明争暗斗的工具。

◇ 古罗马的鸟卜官

恺撒的“工具”，在罗马城里的代表性人物有四位：库里奥、史克里邦尼阿斯、安东尼和卡西乌斯。他们的共同特征是鲁莽妄为，年轻而有鼓惑力，而他们的职责就是使用护民官或鸟卜官（安东尼最初就任的即是鸟卜官）的特权，呼吁或者威逼元老院和国家继续尊重公元前 52 年时十名护民官集体推出的法案，让恺撒能够在总督与执政官间“无缝对接”。为拉拢这些人，恺撒颇花费了些血本，其中库里奥和史克里邦尼阿斯原本还算是恺撒的政敌，但恺撒还是让其成为己方的战棋，光是史克里邦尼阿斯，恺撒就为他还清了足足六千万塞斯退斯的债务，为库里奥偿还了最少一千五百塔伦特（相当于五千四百万塞斯退斯）的债务。

布置妥当后，恺撒与元老院的斯杀就要开始了。

八

卢比孔河

这个会允许我的请求的。

——公元前51年，恺撒谋求继续担当高卢总督，遭到元老院拒绝时，他敲打着自己的剑柄说

首先，是元老院和庞培发动了试探性攻击，他们通过公议，称“克拉苏在卡莱战役覆灭后，叙利亚缺乏抵御入侵的力量”，要求恺撒与庞培一人提供一个军团，前去叙利亚增强防御。而因在此之前庞培曾借给恺撒一个军团（六军团），所以实质上这两个军团都得从恺撒部属里抽调。

但其实此时帕提亚和罗马共和国已经议和，无意西侵，可以说这个公议就是针对恺撒的，一是试探他的态度，二是趁机削弱他的军力。恺撒却心无芥蒂，起码表面看起来如是，除去第六军团外，他还将新募的十五军团也一并送走，临行前他发表演说，热情褒奖了这两个军团，并分发了优厚的犒赏。

这两个军团由阿庇斯·克劳狄（此君是前不久在罗马城党派斗殴里死去的护民官巴布留斯·克劳狄的兄长）带队，翻越了阿尔卑斯山，来到了意大利本土。在阿庇斯与元老院方面的会晤里，阿庇斯将恺撒在高卢地区的军事行动诋毁得一文不值。

恺撒爽快地归还军团，并且得到了阿庇斯“如此评价”，种种迹象都给了元老院和庞培致命的错觉——恺撒不堪一击。

因此，元老院和庞培接下来的态度更加傲慢不逊，当年的执政官麦恺路斯根本没有按照协议将恺撒的两个军团送往叙利亚，而是直接交给庞培，布置在罗马城边，充作意大利本土的防御力量。

公元前 49 年的执政官麦恺路斯更加离谱，当恺撒在山南高卢建立新的名为康谟的殖民城市，授予此地高卢贵族公民权后，又派遣当地的市政长官（此人是个拉丁化的高卢人）前往罗马城与元老院交涉时，麦恺路斯竟然叫手下用棍子将此人痛打了一顿，并声称“被殴打就是异邦人的烙印”，“带着你的伤痕，回去给恺撒看，这就是元老院的态度”。

至于庞培本人更不将恺撒放在眼中，他的精锐军团全放在西班牙和马其顿，意大利本土除了刚刚取得的两个军团，根本毫无守御军队可言，而庞培本人也始终窝在罗马城，不去行省赴任（这也是后来恺撒攻讦他的原因），当其他清醒的人士劝诫他时，庞培居然狂妄地说：“我只要跺跺脚，全意大利就会有数不清的军团冒出来。”

但恺撒的战争准备却紧锣密鼓，他以军队拉练的名义，慢慢将军团集中到了阿尔卑斯山之南，宛如把把利刃，悬在了罗马城城头。接着他写了一封信送给元老院，希望对方能答应他的请求，即可以不到场登记为公元前 48 年执政官的候选

◇ 恺撒渡过卢比孔河

人。对此元老院内部展开了激烈的争论，以恺撒的岳父毕索为首的“尤里乌斯党”与大部分护民官极力主张接受恺撒的请求，但小加图和科尔涅利乌斯•梅特卢斯•西庇阿（庞培现在的岳父）两位执政官却激烈反对，他们以强硬蛮横的语气威逼所有人：“如果对恺撒还有留恋，还想着恺撒的好处，那么就等于与元老院为敌。”

而庞培本人因为避嫌（按照规定，身为西班牙总督的他是不能出现在罗马城中的，所以他以西庇阿之流为代理人操控政局）没有与会，但其倾向也十分明确——“不用对恺撒客气”。当他听说元老院还有异议，就雇佣了大批老兵、街头流氓，将会堂给围堵起来，迫使元老院尽快下达惩处恺撒的决议。

这时，护民官库里奥、安东尼等人又提出一个新的化解办法：为公平起见，恺撒解除武装的同时，庞培也必须同时这样做。这个提案，得到了不少中间派人士的赞同，但元老院里的死硬分子却顾不得那么多了。麦恺路斯首先就这个问题在元老院组织投票表决，但他故意将两个议题拆分开，即分为“要不要派继任者去恺撒那里”和“要不要解除庞培的兵权”。于是元老们大部分赞同前者而反对后者。但这时护民官库里奥却主张将两个议题合并投票，即“恺撒卸任高卢总督时，他和庞培两人要不要同时解除兵权”。元老们便又回来投票，结果三百七十票赞同，二十二票反对，气得麦恺路斯当即将元老院遣散，并高声叫骂：“让你们去享受胜利，把恺撒当成主宰吧！”

眼见正常手段行不通，公元前 49 年 1 月 7 日，另外一位执政官连图卢斯发布了“戒严令”。这是元老院的杀手锏，只要发布戒严令，公民对特里布斯大会的上诉权和护民官们的否决权都不再生效，他们便可以采用非常手段随意压制甚至杀害敌对人士，格拉古兄弟、喀提林都是丧命在此锏之下的，故而城中的“尤里乌斯党”的代表人物库里奥、安东尼等，在得知戒严令颁布后，便化装成奴隶，坐在大车里偷偷溜出城去。

护民官们逃跑后，元老院与庞培更加得意忘形，他们接连数日召开集会，除授予庞培紧急征召意大利境内一万三千名退伍老兵的权力外，更将官职大肆私相授受：庞培的岳父西庇阿得到了叙利亚行省，小加图的姐夫多米提安斯 • 阿赫诺巴乌斯得到了高卢行省。讽刺的是，西庇阿曾就任公元前 54 年的执政官，而阿赫诺巴乌斯是公元前 52 年的执政官，按照庞培自己通过的法律，他们都是在卸任执政官未满五年就担任行省总督的“违法者”，而恺撒的亲信马尔基乌斯 • 菲利普斯（他是恺撒外甥女阿提娅的第二任丈夫，也是奥古斯都 • 屋大维的继父）和恺

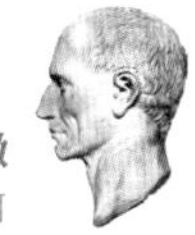

撒的姨兄科塔明明分别是公元前56年与公元前65年的执政官，却都被排除在外，连抽签仪式都不允许参与。

所以庞培与小加图根本不是堪称道德完人的共和分子，他们也不过是党同伐异的利己者而已，不过是披着个虚幻的遮羞布来骗人骗己罢了。

此刻，恺撒正带着十三军团驻扎在拉文纳城，在接纳了逃到自己这边来的护民官后，他认为使用武力的时机已经到来，便召集所有的部下，发表了演说："过去有许多政敌对我进行恶意中伤，而我曾经的义兄弟庞培也被这些人引诱腐蚀，并出于对我的妒忌，一心想要损害我的名誉。现在他们为了对付我，连护民官神圣不可侵犯的否决权都剥夺了，又用武力加以污辱和破坏。"

这也是恺撒对元老院政敌宣战的借口，而后他对着齐齐站在自己面前的十三军团所有官兵说："你们在我的统率下，在过去的九年当中为国家干了许多事业，进行了许多所向无敌的战斗，平定了高卢全境和日耳曼，那么现在为了保卫我的名誉和尊严，要起来对付敌人了！"

对此，十三军团的答复是："我们已做好准备，誓死保卫统帅和护民官不受伤害！"

接着，恺撒骑马来到了黑色的卢比孔河前，这是意大利本土和山南高卢行省边界的一条小河，毫不起眼。但它是罗马法律的"鸿沟"——任何行政长官，在未经许可的情况下带着军队越过这条河，将被视为共和国之敌。

按照阿庇安与普鲁塔克的说法，恺撒就像"魔怔"了一般，骑着马在河边来来去去，但最后他还是对着后面的十三军团喊道："如果我不渡河，我将面临各种各样的灾难；但如果我渡河，全人类将会遭遇多种灾难。"很明显，恺撒经过一番思索后，还是将"自己"置于了"全人类"（当然在此处泛指罗马公民）之上，在一句著名的台词"骰子已经掷出，就这样吧"被说出后，他纵马跳入河水里，渡了过去。

在他身后的是五千名十三军团的官兵。

但是，其余驻屯在高卢地区的军团正在陆续赶来，恺撒要使用十三军团采取先锋闪击战术，打庞培个措手不及。同时，消息也从高卢传来，他最信任的首席副将、代理总司令官拉宾努斯选择了参加庞培阵营。在恺撒渡过卢比孔河后几日，拉宾努斯穿着平民装束，和自己的儿子一起沿着埃米利大道进入意大利，他舍弃了先前恺撒给予的一切地位、荣誉，变成了恺撒的敌人。

拉宾努斯出身寒微，自年轻时就是恺撒政治信念的执着追随者，在高卢最艰苦的作战时光里，他多次单独率领一路人马，出色完成了各种任务，而在决定命运的关键性战役里，如阿莱西亚之战，他又是恺撒最为倚重的前线指挥官。但拉宾努斯的家乡金古卢姆城却在很早前就是庞培家族的产业，换言之，他和他的父辈都算是庞培的“食客”“被庇护人”。这种关系在罗马社会尤其受到重视，是不可擅自撕毁的，庇主对被庇护人有保护的职责，相对应的，被庇护人也有向庇主尽忠的义务，违反的人将被视为毫无契约精神的道德败坏者，在死后也要被钉在耻辱柱上。

受这种天然伦理的限制，拉宾努斯用恺撒赐予的金钱装扮了家乡，但现在他却要用自己的生命和鲜血来践行对庞培家族的承诺，即便先前庞培与他很少有交集。不管如何，拉宾努斯的叛离，给元老院方提供了很好的宣传战“炮弹”：“连恺撒的首席副将都背叛了他，足见他多么不得人心。”

事实却证明，恺撒的基层部众，也就是那些百夫长和普通士兵，并没有受拉宾努斯的影响，几乎都选择了追随主帅，这是恺撒最大的基础，正如他的秘书伊尔久斯自豪地宣称的：“我们既拥有七、八、九、十这样四个战无不胜的老兵军团，也拥有像十一军团这样由特别选拔出来的勇敢青年组成的后起之秀。”原因没有别的，恺撒与他们一起行军，一起挖壕沟，慷慨地将各种奢华的衣甲和珍贵的武器赠予他们。士兵们被这些装备激起自豪感，在战场上格外珍视，誓死不愿被敌人夺去。恺撒在平日里遇见士兵都亲切地唤他们为“战友”，在军队里，家境富裕的会主动帮助贫寒的渡过难关，士兵、军官和统帅已是血肉相连不可分割的一体。

恺撒的十三军团闪电般渡过卢比孔河，抢占了意大利境内第一座要点阿里米隆城。当年马略和辛纳就是攻陷了这座城市，才将罗马城给彻底围困起来的。

然后，恺撒尽情大胆地分兵略地，或以武力，或以恩惠，将通往罗马的各座城市一一收入囊中。乡村的民众拖儿带女，哭喊着拥入罗马城中，整个都城慌乱不已，但可笑的是没人知道恺撒的实际兵力是非常有限的，元老们只知道：“恺撒在带着一支极其庞大的军力朝这里挺进。”

但即便时局到了这个境地，两位当年执政官也是昏招迭出，他俩千方百计地排斥伟大的庞培，不让他上前线组织防御，而是派了阿赫诺巴乌斯带了四千名新兵，前往科菲尼乌姆城防御恺撒，结果反被包围。市民不愿意帮助阿赫诺巴乌斯守城，因为这座城市是马西人的城市，比起元老院，他们在政治立场上更亲近勇于革新旧秩序的恺撒，最终阿赫诺巴乌斯与所有军队投降。

恺撒没有对阿赫诺巴乌斯做任何惩处，虽然对方喊道：“如果今天我是胜利者而你是俘虏的话，我会拿剑毫不犹豫地杀死你。”恺撒还是释放了他。

科菲尼乌姆城失陷后，两位执政官又叫庞培去全意大利募兵，但还是不给他出阵的机会，这让庞培极为懊恼。有个元老直接在他面前嘲笑说：“现在到你兑现诺言的时候了——用脚跺跺地，唤出你应许的军团出来吧！”对此，庞培的回答是：“只要你们跟着我走，就能轻易拥有这些军团……必要时，连意大利都可以放弃……”

看来，庞培根本无心坚守罗马城，外面的局势完全能用一泻千里来形容，在意大利，没人能阻挡恺撒军队掀起的狂飙。整个罗马城又开始像当年苏拉攻进来前那样，充满各种不可思议、人心惶惶的凶兆了：神像在流汗，天空下起了血雨，雷电击坏了庙宇，骡子居然怀孕了——这可是个生物学上的奇迹。但罗马人天生不喜欢这种奇迹，因为他们并不是无神论者。

庞培最早逃跑，接着是两位执政官，其余的元老窝在议事会堂面面相觑地待了一个晚上，次日大部分人也追随庞培而去。

庞培继续奔逃，速度之快令人咋舌，先是跑到卡普阿，接着又是布林迪西，在此地庞培将先前恺撒送来的两个军团交给了两位执政官，叫他们带着渡过亚得里亚海，前去狄拉奇乌姆——一座由古代蛮族国王伊庇丹奴建造的海港城市，扼守着伊庇鲁斯的海岸线。

庞培本人也没闲着，他始终认为他的荣耀和权力在东方，当年是他征服了东方三百多个民族，不是吗？于是他在布林迪西给各个忠于自己的军团写信，也给东方各个小王国的国君写信，号召他们前来参加自己的武装，只要汇聚了这些力量，他便没有了惧怕恺撒的理由，此外也不用再受元老院那帮家伙的气了。

同时，恺撒进入了罗马城，他沿途虽然取得了许多胜利，也攻陷了不少城镇，俘虏了不少“敌人”，但他却表现出了大度与仁慈，并没有滥杀的行为。他希望罗马民众不要把他当成昔日的苏拉或马略当中的任何一个，而将他视为一个遭受极大冤屈的蒙难英雄。但为了解决军饷，他还是带着卫队来到了“圣库”前，要求将其打开。“圣库”本是公元前390年罗马人为了抵御高卢入侵设立的特别金库，只有遭遇了异族攻击才可以使用里面的款项，不然会被民众诅咒。但恺撒振振有词：“高卢已经被我彻底征服，我已替共和国解除诅咒，这个金库也没有存在的必要了。”当名叫梅特卢斯·埃提乌斯的护民官站在圣库门前阻拦恺撒时，恺撒毫不客气，威胁要杀死他。

最后，护民官让步了，而恺撒的士兵用斧头劈开了圣库的门闩，将其间的储存金席卷一空。

没过多久，在布林迪西港，庞培认为已布置妥当后，便留下自己最信任的部众守住城墙，并灌入海水将城市淹没，自己登上前来接应的舰队，扬帆去了狄拉奇乌姆。

至此，整个意大利落入了恺撒的手中。然而恺撒并未掉以轻心，他知道现在的胜利不过是暂时的，意大利这只“靴子”，谁的大腿粗就可以来穿一脚，他最终的目标是要击倒庞培，伟大而战无不胜的庞培，东方所有君主国王的共主庞培。

现在，双方的态势大致如下：对于恺撒来说，他的后院是整个高卢地区，外带濒海的伊利里亚，而新占地就是意大利，他的优势是拥有八个能征惯战的军团，劣势是他的军队数量捉襟见肘，并且在战略上处于被包围的境地；对于庞培来说，他的后院是西班牙，包括富饶的希腊、马其顿在内的整个东方，还有非洲也是他的势力范围，这些地区的无数邦国君主都是他的“食客”和“被庇护人”，按照昔日三巨头的协约，庞培拥有的军团数量和精锐程度也不亚于恺撒，其手中还拥有大部分元老和两位执政官，可供作为政治资本。但庞培的劣势是军队过于分散，无法短时间内形成合力。

在这样的态势下，恺撒决心主动出击，他看准了庞培战略布局的软肋：精锐军团分布在西班牙和马其顿两端，宛如一个哑铃，互不相靠，这就给了恺撒各个击破的机会。

计较已定后，恺撒通过不那么正常合法的程序，让一个法务官推选自己就任“狄克推多”（也就是我们所说的独裁官）来统揽罗马的大权（通常这个职务必须执政官联合推选方可就任，后来大约恺撒也觉得此举实在是有悖法理，十一天后就辞任了）。随后他让副手骑兵长官马尔库斯·埃米利乌斯·雷必达（老雷必达之子）留守罗马，护民官马可·安东尼镇抚全意大利；新任的代理法务官库里奥带着两个军团前去西西里，准备出征非洲；副将瓦提尼乌斯前去萨丁尼亚，控制海路运输和粮食产地（该岛盛产小麦）；接着，让马可·安东尼的弟弟盖约·安东尼带着新组建的二十四军团作为偏师在伊利里亚与亚得里亚海牵制庞培的主力。恺撒还准备在第勒尼安海与亚得里亚海各自组建一支舰队，这是他最为缺乏的军种。

萨丁尼亚和西西里的进展很顺利。在萨丁尼亚，当民众听说恺撒的副将前来后，就热情地行动起来，将原先该地的行政长官撵走，迎接瓦提尼乌斯进来；而西西里原本的总督是反恺撒的死硬小加图，他在得知内战爆发后，一面叫西西里各个城镇制造船只，一面派遣副将在意大利南部征募士兵，但很快罗马城陷落和庞培出逃消息传来，这位斗士慌了心神，大概他对自己的定位就是个后勤家，而不适合上阵对敌，于是便在集会上埋怨说："庞培根本什么东西都没准备好，就贸然发起一场不必要的战争。"不过当抱怨结束后，小加图也利索地乘船，逃往非洲，在那里，庞培的属下瓦鲁斯掌握两个军团和行省大权。

最有趣的是西塞罗，这位雄辩家在内战爆发前，担任的是小亚细亚奇乞里亚行省总督，任期内几乎无事可做，只是剿灭了一群山匪，结果也被士兵加上了"英佩拉托"的称呼。后来当罗马市政官卡里乌斯向他索要几头奇乞里亚特产花豹用于庆典展览时，西塞罗就回信吹嘘说："整个行省国泰民安，兵革不兴，所以人们只能捕杀这种花豹来发泄精力，它们因为愤怒，全部逃到卡利亚行省了。"卸任后，西塞罗特意要求船只在罗德岛和雅典停泊，在那里他故地重游，不由得想起年轻时求学，逍遥漫步林下，与同窗和老师探讨哲学问题的美好时光。

但"美好时光，只在昨日"，待到西塞罗回到罗马后，他的"半个同学"尤里乌斯·恺撒与他最崇拜的战争英雄格涅乌斯·庞培间的矛盾已无法调解，虽然西塞罗四处奔走，企图消弭争端，但而今血腥的内战还是爆发了。当庞培与大部分元老逃离后，西塞罗并未离开，他在私人信件里表现了自己摇摆不定的立场："我应该投入哪个阵营？庞培代表正义和公理，恺撒更善于保护友人，我现在苦恼的是只知避害，不知如何趋利。"但恺撒却一眼看穿了西塞罗就是个政治投机派，便让属下特雷邦尼阿斯对西塞罗说："如果你想过问政事的话，欢迎你加入我的阵营；如果你不想的话，就应该迁居希腊，安心研究学问。"

这话闹得西塞罗异常尴尬，他不明白这其实是恺撒对他的劝告——群雄角逐时你没有"泥鳅身"，最好不要摇来摆去，免得落得遭逢餐刀的凄惨命运——而单纯认为这是对他的轻蔑，当恺撒出征西班牙时，不甘寂寞的西塞罗"出墙"，还是投奔了庞培阵营。

西班牙是庞培经营多年的根据地，他在卢卡会议里所得的就是长期霸占此行省总督的职位，但其实早在镇压赛尔托里乌斯时，庞培就在此地以庇主的身份"广结善缘"，很多蛮族酋长和拉丁、希腊城市，都是他的"克里恩"即"被庇护人”。不过内战爆发后，庞培却选择了海路距离意大利最近的伊庇鲁斯作为反攻基地，故而当时在西班牙担任庞培党军队指挥职务的，是先于恺撒一年担任执政官的（公元前 60 年）卢基乌斯·阿弗拉尼乌斯（近西班牙），还有庞培的忠实部下佩特雷尤斯（远西班牙），以及卢西塔尼亚行省（葡萄牙）的总督马尔库斯·瓦罗，也就是著名的《农事三书》的著者。在兵力上，阿弗拉尼乌斯拥有三个军团，佩特雷尤斯有两个军团，而瓦罗也有两个军团，另外还有征募自西班牙土著，足足八十个大队的所谓“盾牌兵”和“皮盾兵”，即恺撒在著作里提及的 Cohortes Cetratae 与 Scutatae 两种辅助战斗兵，此外还有五千西班牙辅助骑兵为他们效劳。

而恺撒用来攻击西班牙地区的军队共有九个军团，其中三个原本在奈波行省、阿奎丹尼地区息冬，由副将费边带领。在得到命令后，这三个军团取消冬营，神速抢占了比利牛斯山的隘口，为恺撒扫清了陆路进攻西班牙的通道（当时恺撒手中的舰队很少，不足以支持他从海路进军）；接着，恺撒亲自带领另外六个军团从意大利出发。

但在经过马西利亚城（今法国的马赛城）时，这座城市因受庞培庇护，而且庞培事先就派人对当地的库里亚会（类似罗马元老院的自治组织）说：“不要因为恺撒新给的好处，就忘记了我庞培的旧恩。”于是马西利亚人就关闭了城门，

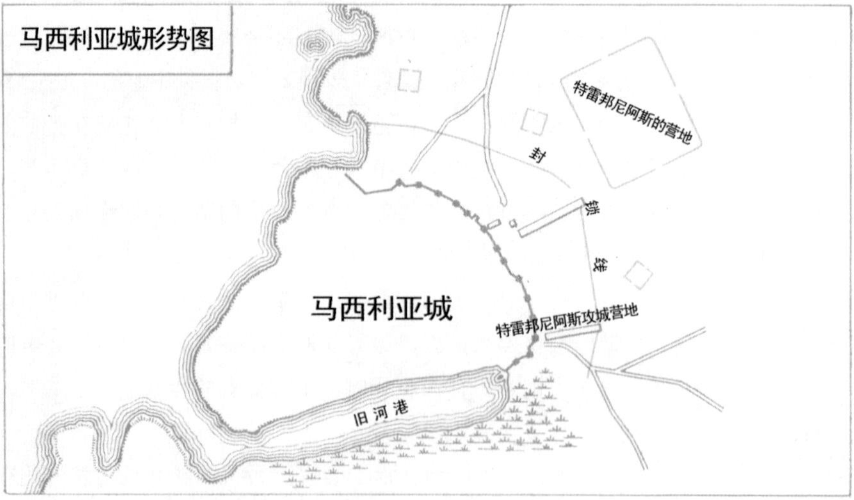

◇ 恺撒属下将军特雷邦尼阿斯对马西利亚城的围攻

并且将城市近郊的堡垒里的粮食和武器全都运回了城中，还招募了其同盟蛮族阿尔比西人，决心和恺撒对抗。其后，恺撒开始与马西利亚人谈判，由于他在高卢战争里也曾给予马西利亚这座城市恩惠，将萨吕斯这个地方划给了对方，增加了城市的收入，因此恺撒满心认为马西利亚城会降服于他。但没想到的是，马西利亚人一面与他和谈，一面却把庞培党徒的中坚阿赫诺巴乌斯（先前在科菲尼乌姆被俘，被恺撒放回的那位）和其带领的七艘划桨船放进城来，并奉其为全城的领袖。

被激怒的恺撒将三个军团托付给副将特雷邦尼阿斯统率，从陆路围攻马西利亚，并让年轻的狄基摩斯·布鲁图建造十二艘舰船，在海路加以配合。

安排完毕后，恺撒带着卫队与阿奎丹尼、外高卢地区赶来的仆从军，大约有五千名步兵和三千名骑兵，开赴西班牙指挥作战。在那里，费边与阿弗拉尼乌斯、佩特雷尤斯已在一座叫伊莱尔达的城市对峙。

伊莱尔达战役里，最初由于西克里斯河的泛滥，桥梁被冲毁，恺撒的辎重和部队遭到敌人袭击，颇是损失了不少，再加上作战时间恰好处于青黄不接时期，又让恺撒的军队受了饥饿之苦。但不屈不挠的恺撒汲取了不列颠蛮族的造船经验。他令士兵和工匠用轻木制造船只的龙骨，用树枝编造船身，再于外部蒙上皮革。当大批轻船造好后，全军使用骡车将它们从陆路运到河川里，接着让一些精兵乘坐这种船只，迅速渡河，抢占了河对岸庞培党占据的高地，成功修复了桥梁，恢复了给养运输。随后，西班牙行省的如奥斯卡人这般的大部落，又开始倒向恺撒，愿意就近为恺撒提供粮秣，形势渐渐朝对恺撒有利的方向转变。

决定趁热打铁的恺撒，又动员全军进行了一项很伟大的工程，那就是挖掘了好几条宽达三十尺的排水沟，居然将奔腾的西克里斯河水给泄走了相当一部分，露出了不少浅濑，这更加便于他的骑兵对庞培党的营地出击。对此畏惧的阿弗拉尼乌斯只能带着军队逃跑，恺撒的骑兵紧追不舍，每天都会就道路的通行权不断发生小规模激战。

因为先前恺撒对庞培党的俘虏十分仁慈，所以阿弗拉尼乌斯的军团里很快开始密谋哗变，不愿意再与恺撒作战。但他们却遭到了另外一位指挥官佩特雷尤斯的残酷镇压。不过这并不能逆转战局——庞培军遭到包围，士兵没有斗志，痛恨自己的指挥官，水源和采牧地也被恺撒骑兵给切断了。最终，无奈的阿弗拉尼乌斯与佩特雷尤斯只得和谈、投降。

恺撒依旧宽恕了所有的敌人，不管是指挥官还是普通士兵。他下令说庞培军团里有家室在西班牙的可以就地离开，而其余的人在他的军队渡过瓦鲁斯河后，也全部遣散，并没有受到虐待和伤害，甚至庞培党士兵在先前战斗里被缴获的东西，也都辨明后物归原主。

马西利亚城也在激烈的海战和攻城战里力不可支，被迫投降；至于卢西塔尼亚的瓦罗，更是没经过什么像样的作战便投降了恺撒。随即，恺撒在西班牙中部城市科尔杜巴召开了会议，稳定了当地秩序，并宣告西班牙战胜利结束，随后他带领大部分军团返回了意大利。

必须要指出的是，西班牙的战事可以说是庞培党其后惨败的重大前因。足足七个精锐军团，外带近十个军团的同盟辅助兵，在没有给予恺撒什么重创的情况下就投降了，这使得庞培先前在西班牙二十余年的苦心经营付诸东流，就等于庞培在接下来的决战前丧失了一只手臂。当然，这并非战之罪，恰如恺撒所指出的，在他渡过卢比孔河前许多年，庞培就只会待在罗马城里，眼睛只盯着七丘之城，对内战爆发后整个战略层面的变化考虑太少，才给了他阻断战区并各个击破的机会。这种失误，连小加图都看出来了，所以他才抨击庞培在完全没有准备的情况下就贸然投身到战争里，除去妄自尊大之外，还有什么原因可以解释呢？

不过，庞培与恺撒的较量，更加像是古罗马版的“田忌赛马”：在恺撒于西班牙取得大胜时，他的部将却在非洲和亚得里亚海各遭逢了两次败仗。一次是库里奥带着四个军团，自西西里鲁莽地出击非洲，在取得两次小胜后，轻军冒进，在缺乏水源的情况下，于乌提卡城附近被当地庞培党的指挥官瓦鲁斯联合努米底亚的国王尤巴给击败了，库里奥和部众悉数战死，年轻的将军头颅被割下，成了尤巴的战利品。另外，马可·安东尼的弟弟盖约·安东尼带着二十四军团，也在一次会战里败给了庞培的舰队，全员数千人被围困在一座叫库里科塔的小岛上，最后只能投降，一部分将士不愿屈服被屠杀，其余的被编入庞培的队伍，其中就包括前文里提及的高卢战争里的英雄百夫长提图斯·波罗。

不过，恺撒对这两次失败并未过分在意，他在罗马城里度过拉丁节后，卸任狄克推多，便即刻集合了十二个军团及大批骑兵准备自布林迪西渡海，前往伊庇鲁斯，和庞培决战。

而过去的一年里，庞培也终于在“不受干扰”的情况下，从希腊、小亚细亚各地集结了一支庞大的军队，共计有九个由公民组成的正规军团：五个是他从意大利带来的，一个是奇乞里亚的老兵军团（由两个军团合并组成，庞培叫它“双子军团”），一个是克里特、马其顿的老兵军团，还有两个是执政官连图卢斯在小亚细亚征集来的。庞培的辅助军队更为庞杂，色雷斯人、卡帕多西亚人、加拉太人、本都人、叙利亚人、克里特人，大多在队伍里担当骑兵、弓箭手和投石手。最后，庞培的岳父西庇阿也带着两个军团自叙利亚启程，准备赶赴狄拉奇乌姆与他会师。

为了阻截恺撒的军队，庞培还有个杀手锏，那就是一支庞大精锐的舰队，这是他当年征剿地中海海盗所留下的“红利”。而今，庞培将这支巨大而有实力的舰队（共有六百艘完好的战舰）交给了最恨恺撒的人——以前恺撒的同僚，那个以“双子星”自嘲的比布卢斯统率。比布卢斯战意炽热，他将舰队分散驻防在整个伊庇鲁斯的海岸处，疯狂拦截攻击恺撒的船只，对恺撒的行军造成严重威胁，其本人也不顾暴雨和伤寒，始终坚守在甲板上，指挥船只巡弋在亚得里亚海上，誓要杀死恺撒后方才心甘。

而五十八岁的庞培则在狄拉奇乌姆城亲自参加军队操练，他和机灵鬼比赛跑，和大力士比扔铅饼，所有的事情他都以身作则站在第一线，很快就赢得了官兵的爱戴，民众也成群结队去看“伟大的庞培”的军事训练，就像去参加节日庆典一般。

接着，庞培对元老和部下发表了热情洋溢的演说，他称为了反抗暴政，许多追求自由的人都会有短暂的牺牲，如雅典人曾在波斯人面前放弃过都城，罗马人也在高卢人入侵后丢失了七丘之城，但他们不久就光复了城市，并且让它们变得比以前更加荣耀，而此刻我方的目标崇高而正义，是在“保卫我们祖国的宪法”。我们是得道多助的，“所有东方和攸克兴海（黑海）周围的民族和国家，都是站在我们这边的”，身为统帅的我是无法战胜的，“我幸运得直到今天还没有被人打败过”（显然他忘记了年轻时在西班牙被赛尔托里乌斯教训过）。所以，庞培要求所有人，“应该用一种无负于祖国，无负于自己并无负于我的精神”，投身于即将到来的战争中。

但匪夷所思的是，当元老和士兵都为他的演说而大声喝彩、斗志昂扬时，庞培却说现在正是冬至，气候不佳，恺撒又忙于罗马城内部的事务（好像他和恺撒吃住在一起似的），加上缺少船只，所以不会立刻渡海前来交战。说完，庞培就叫大部分军团前去马其顿和帖萨利的冬令营里去休整息冬去了，只留下较少的卫戍部队在伊庇鲁斯沿海的城市里监视。

真不知道庞培是怎么想的，因为几乎同时恺撒就来到了布林迪西，在讲台上

◇ 标准的地中海古典战船模型，其主要武器是船首的撞角，以及弩炮和标枪，接舷战时双方还可互相使用划桨对撞

对七个军团的士兵进行了简短的动员。他一如既往，带着赌徒式的口吻，宣称“战争里最有效的行为就是出其不意”。接着他冒着风暴带着所有人上船，朝着对面的海岸奋勇进发，义无反顾。

公元前 49 年 12 月 28 日（恺撒的《内战记》记为 1 月 4 日，是拜古罗马混乱的历法所赐），恺撒的人马只用了一天就横渡了亚得里亚海，来到了帕莱斯特的僻静海湾，将人马和装备全部卸下。在恺撒渡海时，驻防在奥利库姆城的庞培军一支有十八艘舰船的分舰队不敢出击，但他们不知道恺撒只有十一艘战船，其中只有四艘有甲板。而拥有一百一十艘战船的比布卢斯则因信息滞后，逗留在基地科库拉岛上，到很晚才知道恺撒来袭。

不敢有片刻停留的恺撒组织几个支队，分头沿着陡峭难行的山路对奥利库姆城发起攻击。市民不愿意抵抗恺撒，因为他是罗马正牌执政官，所以把城门及仓库钥匙交给了他。随后，恺撒又迅速占领了阿波罗尼亚城，在此地的庞培党城防司令原本企图抵抗，但市民却坚决不答应，一致要和平迎接恺撒进城，于是那位叫斯塔布里乌斯的将领也只能灰溜溜地逃往狄拉奇乌姆了。

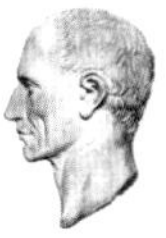

占据了两座沿海据点后，恺撒一面急令还留在意大利的其余军团火速渡海前来，一面找来了庞培的工程总监维布里乌斯·卢浮斯。这位总监被恺撒军队先后俘虏过两次，一次是在意大利的科菲尼乌姆，一次是在西班牙，算是最倒霉的，但也是最幸运的。被俘后，恺撒始终没有为难过他，这次又主动放他走，叫他充当信使向庞培传话："我希望能和庞培和谈，两个人都不应该继续固执下去，到此为止有太多的人在战争里丧失生命了，我俩都损失惨重"，"我俩可以在一次市民大会上公开宣誓，同时在三日后解散自己所有的武装军队，随后接受元老院和人民公正的裁决"。

带着恺撒的"盛情"，卢浮斯换乘了许多次马，在坎达维亚这个地方遇到了庞培，他正带着军团火速朝狄拉奇乌姆进发。

看完恺撒的信件后，庞培想必是嗤之以鼻的：这不过是狡猾的秃子（恺撒中年后严重谢顶）的烟幕弹，用假和谈来欺骗我，他现在一定在朝着我沿海最大的基地狄拉奇乌姆奔去。

庞培的料想没差错，恺撒正在星夜兼程，朝庞培最大的"军械库"狄拉奇乌姆前进，只要夺取了这座城市，他的数个军团就能获得丰富的补给，"庞培整个夏季辛勤聚集的一切就归我们所有了"，这场角力他就赢定了。

接下来，两支军队开展了"铁脚板"竞赛，都在马不停蹄朝狄拉奇乌姆推进。庞培军团的整个行军几乎像场溃败，从伊庇鲁斯等地区临时招来的新兵几乎全部逃亡，不少老兵也掉队，关键时刻还是从恺撒那边叛逃来的拉宾努斯率先宣誓要永远追随庞培，并要求所有的百夫长像自己那样宣誓效忠，所有人才得以统一进退。之后，庞培的军队就像竞赛的运动员般不做任何喘息，夜以继日地狂奔，终于比恺撒先一步抵达了狄拉奇乌姆。

战争里的竞跑，只有胜利者与失败者，没有冠军和亚军，功亏一篑的恺撒只能在狄拉奇乌姆外的阿普萨斯河扎营，被动等待庞培下一步的动作。其间，双方曾隔着阿普萨斯河进行过一次毫无共识的谈判。这场谈判被拉宾努斯打断，他不但派士兵袭击恺撒的和谈代表，还公开喊道："别再谈论和解了，我们不把恺撒的头颅带回去，就不会有真正的和平。"

随后，两军的骑兵围绕着阿普萨斯河交手，但都没有什么实质性的结果。这时恺撒的处境很不妙，没拿下狄拉奇乌姆，他在当地很难取得补给，只有几座城镇为他提供很有限的粮秣和军资，而庞培早已储备了大量的物资，这都是东方各个附庸输送来的。此外，意大利本土局势也异常不稳，少数平民党的激进分子，如一名叫卡里乌斯的侨民法务官，就公然在罗马城里要求废除债务，企图谋取权力，与恺撒的亲信、大法务官特雷邦尼阿斯爆发激烈冲突。元老院开除了野心家卡里乌斯，但他转瞬又跑到乡间，怂恿农民和奴隶起来暴动，并和先前因为杀害护民官克劳狄而被判处流放的米罗暗中联手，召唤米罗带着大批角斗士，准备杀回罗马夺权，颠覆恺撒的政府。不过当米罗围攻图里伊地区的科萨城时，时运不济的他被城头抛下的石块给砸死，而卡里乌斯也被恺撒下属的日耳曼骑兵给杀死——当时他正准备塞钱收买这些异族士兵。

虽然米罗和卡里乌斯的叛乱被迅速消弭了，但恺撒还是认为必须速战速决，不然横生的枝节越来越多，举把斧头都很难削除。

于是恺撒以严厉的措辞写信，要求舰队指挥官尽快从布林迪西将其余的军团都带来，如果舰队指挥官办不到，那就交给马可·安东尼去办，安东尼办不到，就交给卡勒努斯去办，如果两人还是办不到，那就告诉留在布林迪西的所有军队："所有愿意的人都可以上船，风吹到哪里，他们就可以到哪里，不要管船只如何，因为恺撒需要的只是人。"

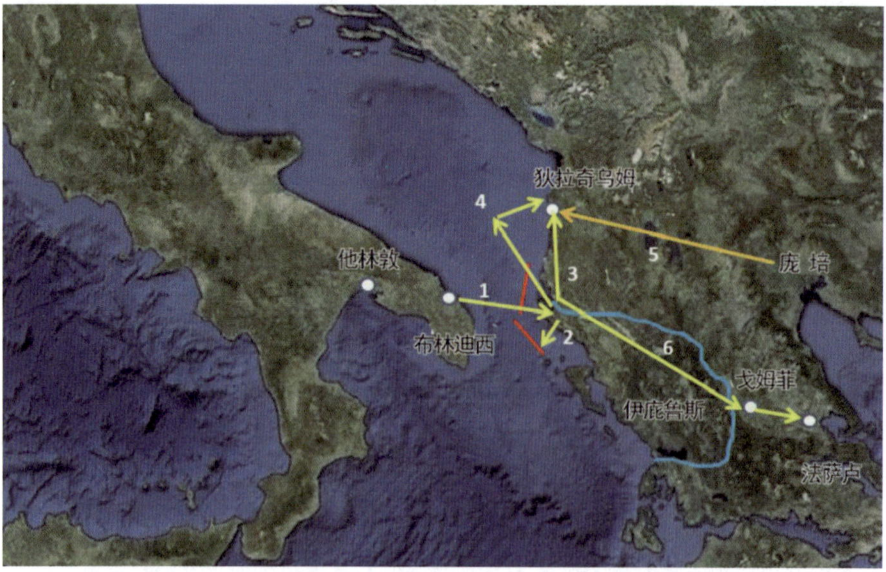

◇ 从狄拉奇乌姆到伊庇鲁斯，庞培与恺撒的角力局势图

这个时候，事态已箭在弦上，庞培不会过分消极地等待。有一次恺撒的亲兵杀死了两名渗透过来的庞培方尖兵，这两个人是来侦察阿普萨斯河的浅水区的。种种迹象表明庞培要发动总攻了，所以恺撒很焦急。而在其他战场，不利的消息接踵而来：恺撒的三千援兵，准备自伊利里亚陆上前来增援，结果遭到该地蛮族伏击而全军覆没；此外，庞培的舰队重新夺回了奥利库姆城，其属下名叫利波（他是庞培小儿子的岳父）的舰队指挥官也开始直接封锁布林迪西港，就是要切断恺撒和意大利本土的联系。庞培的岳父西庇阿也带着两个军团跋山涉水，逼近了希腊地区，要加入战局，恺撒派出一支偏师前去抵御，并未取得良性结果。

唯一幸运的是，庞培舰队的总指挥、“罗马好同僚”比布卢斯，因为长期在海上辛劳颠簸，染病死去了，他死后其余舰队指挥官各自为战，这给了恺撒方寻隙出击的时机。在勇敢的安东尼与卡勒努斯的统率下，布林迪西港四个军团的士兵及八百名骑兵坐上了高卢人用的“驳子船”和一些大帆船，趁着一次顺风的日子，毅然进发，横渡亚得里亚海。

结果航行到了一半时，风力忽然减弱，而庞培的分舰队也得到了警报，自狄拉奇乌姆港口杀出。在这种情况下，船只的速度依靠划桨，但恺撒方简陋的船只根本没有配备列桨，也没有什么自卫性武器，而庞培舰队指挥官科波尼乌斯属下配有最优秀的来自罗德岛的桨手，速度那是风驰电掣，眼看就要咬住恺撒舰队了。不难想象，一旦如此的话，安东尼就会葬身鱼腹，也就再没有后来的“后三巨头”之说了。

但幸运女神的翅膀罩在了安东尼的头上，猛烈的南风忽然再度刮起，他的大帆船顿时张满风帆，船如离弦之箭，冲入了利苏斯城的某处海湾。而科波尼乌斯却来不及叫部下升帆，船只被风刮得胡乱漂荡，纷纷撞到礁石上粉碎解体，十六艘战舰无一幸免，一部分桨手溺死，一部分爬上岸被安东尼俘虏，后来被和平遣送回家（恺撒方的宽仁与庞培方的残忍杀俘形成鲜明对比，这也是后来罗德岛倒向恺撒的重要原因）。登上利苏斯地界的安东尼很快成为整个战局的焦点，恺撒企图联合他，而庞培企图消灭他。

以此为契机，原本对峙的局面，随着安东尼这条“鲶鱼”的混入，变得骚动活络起来。因为前去利苏斯无须像恺撒那样绕路，所以庞培带着主力队伍顺着陆路急行军，企图趁安东尼立足不稳的时机前去消灭他。不过在夜间行动的庞培的动向还是暴露了，几个希腊人将消息告诉了安东尼，他便坚守树立好的营寨，并要求恺撒尽快来与自己会合，反手夹攻庞培。

庞培也不是吃素的，他缩得更快，及时停止了对安东尼营寨的攻击，跑到了一处叫阿斯帕拉吉乌姆的城镇扎营，并按兵不动。

第三日，恺撒的主力也来到了阿斯帕拉吉乌姆，并且列好阵势搦战，奈何庞培高悬“免战牌”，就是不出战，看来是希望恺撒的军队因饥饿自行崩解。于是恺撒决意将其调动起来，就在次日又带着所有人马，从一条道路上撤走了。

最初，庞培认为恺撒是因军粮不继而后退离去的，但直觉告诉他事情没这么简单，后来斥候告诉了他真相：恺撒离去后，又带着军队绕了一条小路，而那条小路最终直通狄拉奇乌姆！

原来如此，恺撒的计划真相大白了：如果庞培不来的话，他就直接攻取狄拉奇乌姆，获得庞培苦心积蓄于彼的物资，扳转态势；如果庞培尾随而来，他就转身，切断庞培和狄拉奇乌姆间的粮道，让两军在同等后勤条件下决战。

总之，主动权被恺撒抢回了！

果然，等到能以视距看到恺撒的军队时，庞培前往狄拉奇乌姆城的道路已被对方切断，无奈的庞培便命全军登上一处名叫佩特拉的滨海高地，与恺撒遥相对峙。

九

摧枯拉朽

我来，我见，我征服。

——尤里乌斯·恺撒

接下来，恺撒开始复制阿莱西亚辉煌胜利的经验，利用周边的高地丘陵构筑一道困死佩特拉高地的封锁工事，而庞培也不愿意放弃狄拉奇乌姆，他自己也绕着高地，构筑一道向外的防御工事，两道阵线以高地为核心，构成个同心圆的形状，每天围绕着要点，都会爆发残酷的争夺。

但比起刀刃来，更让人痛苦的是后勤给养，庞培方尚且好说，因为有舰队从各地朝高地输送补给，恺撒没法封死佩特拉对海的孔道。

而恺撒阵营的士兵开始吃一种叫 chara 的用植物根茎粉末做成的“面包”状食物。他们就着牛乳吃 chara，而通常罗马人是拒绝喝牛乳的，认为那不是健康的饮品。但恺撒麾下的所有将士都在坚持着，他们认为现在的状态与在高卢时的阿瓦里库姆城之战和阿莱西亚围城战比起来都不算什么，只要坚持一下，谷物就成熟了。但现在的状况是，整个高地周边都是贫瘠的山区，双方好几万人，营寨和工事犬牙交错、星罗棋布，劳作的人早已将该地能吃的东西一扫而空了。

庞培首先按捺不住，由于被封锁起来，再加上“缺德的秃子”恺撒将流向佩特拉高地的所有水渠都扒掉了，庞培军队里的人员和驮马大批死去，所以他曾集

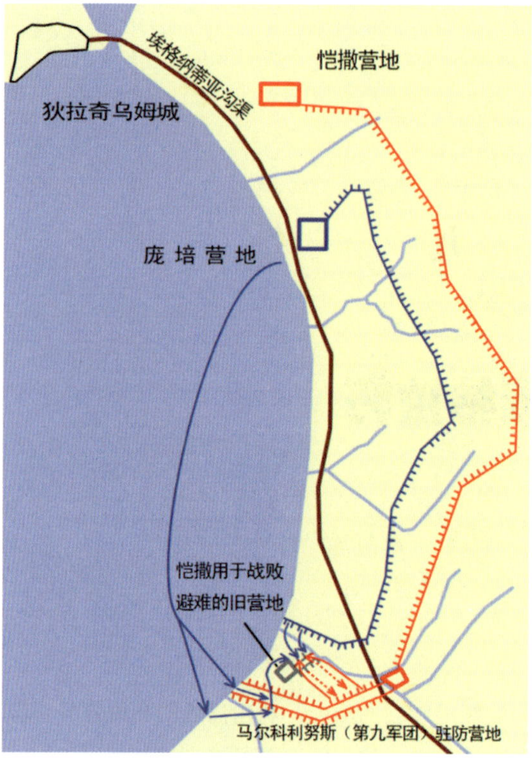

◇ 狄拉奇乌姆之战示意图，红色是恺撒的封锁线，蓝色是庞培的壁垒线

中军力，配合狄拉奇乌姆城的守军两面夹攻，进行了一次大胆的突围战斗。结果一日内爆发了六次激战，三次在城下，三次在封锁工事前，恺撒军队用较少的勇敢士兵挫败了庞培这次进攻，庞培的军队阵亡两千人，包括许多优秀的军官与百夫长。

而恺撒的军队伤亡也极为严重，某个大队有四位百夫长失去了眼睛，射在此大队据守堡垒里的箭矢居然有三万支，其中一位叫斯卡瓦的百夫长的盾牌上，被射穿一百二十个洞眼。

就在所有人都为成功守住阵线而欢欣鼓舞时，变故却发生了。恺撒属下的两位高卢籍的骑兵队长，一人叫劳基乌斯，一人叫厄古斯，这二位不但是贵族，还是亲兄弟俩，过去在高卢始终追随恺撒征战，立下莫大功劳，但功勋大了，胃口和贪欲也大起来，竟然做了件在军中最不可原谅的事，那就是克扣属下的军饷，结果被愤怒的官兵告到了恺撒那里。因为大敌当前，恺撒暂时把这事给按住了，只是私下警告训斥了这对兄弟，但恃宠而骄的兄弟俩却趁夜逃亡，去了庞培一方，并将恺撒的封锁工事所有的岗位和配置一股脑全告诉了庞培。

奸细着实可恨，他俩对庞培说，恺撒的封锁线是有弱点和缺口的，就在面向大海的那道堑壕处，此处由恺撒的第九军团驻防，本来的司令官是马尔科利努斯，但他当时正在生病，不太能有效指挥队伍。另外本来九军团是打算复制阿莱西亚的成功经验，也造个“双线封锁工事”，既能对内，也能对外，但因为疲累和人

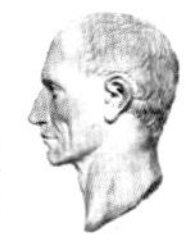

手有限，连接“双线”的横向壁垒直到现在也未完工。

得到这个消息的庞培将九军团的工事作为突破口，集中了整整六十个大队，配备了大量的骑兵、弓箭手和快艇，方便海陆一起突击。拂晓时刻，庞培六十个大队的士兵在帽盔上戴着柳条遮蔽，以防止反光暴露，或乘船，或步行，密密麻麻如潮水般拥向目标时，九军团只有两个大队在岗位上巡哨警戒。

船只上的庞培军士兵呐喊着向九军团的木栅后抛掷数不清的标枪，接着他们用泥土迅速填平沟壑，利用云梯攀爬进去，到处攻击九军团壁垒的“软肋”处，将力不能支的九军团逐出去，赶得满地乱跑。许多人慌不择路，坠入自己挖掘的深壕里摔死，来不及退守核心营寨的人则被庞培军到处围堵屠杀。

很快，庞培军逼近了九军团司令官马尔科利努斯的营地，这时候在另外一边戍守的马可·安东尼最先发觉了状况，他带着自己的十二个大队，勇敢地从高地上冲下阻挡庞培军。不久，恺撒也亲自带着人马赶到，但庞培方的生力军实在是源源不断，恺撒的补救行动最终宣告失败。他的九军团遭受重创，连鹰旗都差点丧失。在和庞培五个军团的预备队鏖战时，他的骑兵最早逃跑，右翼与左翼的通道被庞培切断，所有的人都溃退了，“甚至连自己队伍的旗标都丢弃了，没有一个人停下来”。

恺撒混在败兵队伍里一起跑，还有余裕谴责他们，厉声要求他们捡起丢弃的旗帜重新集合作战，但没人听他的，还有个失去理智极度恐惧的旗手，用自己手中旗标的尾端（旗标本质来说，就是带着旗子的长矛）刺向恺撒，被恺撒的卫队给砍杀。最后，他们，包括恺撒自己，找到个被废弃的临河营寨，所有人都“毫不知耻”地跑了进去，闭门自守，连岗哨都没设。

不过这种行为却让恺撒因祸得福，庞培害怕这是他的“空城计”，所以只是命令属下追逐在此营寨外到处奔逃的恺撒军队，大肆屠戮，夺取了整整三十二面军旗，胜利而归。

但躲在营寨里的恺撒和他的主力却保全了性命，所以此次战役庞培只是获得了“辉煌但是非决定性”的战术胜利而已——恺撒只要还活着就不会承认失败。事后，连恺撒也说，“如果他们有一个知道怎样利用胜利的总司令官的话，战争就会在今日以敌人的胜利而结束”，足见当时情势的凶险。

失利后，恺撒及时撤走了其余所有地方的包围军，将官兵们全都集中在一起。他发表演说，斥责了临阵脱逃的人，并且承认包围庞培的战略已经失败，但要求所有人都像先前那样继续效忠自己，来洗刷此战的耻辱。接着，恺撒又鼓舞了所有人：“在高卢时，最初在日珥戈维亚我们不也失败了吗？但后来却是在阿莱西亚取得决定性的胜利。好事和坏事，只要凭借勇气，是可以互相转换的。”听完这席话后，官兵上下都感到振奋无比，反倒燃起了比先前更加炽热的斗志。

然后，在设置了可靠的后卫队伍后，恺撒果决地放弃了所有阵地，让军团交替掩护，朝阿波罗尼亚方向撤去，很快又朝更深远的帖萨利地区跑去，而得胜的庞培也带着队伍尾随其后。

恺撒主力在塞萨利亚与马其顿的交界处和副将的先遣队会师，他原先派出这些人的目的是为了阻拦西庇阿的两个军团的。接着恺撒攻下了该处一座名叫戈姆菲的城镇，该城原本表态要效忠恺撒，但得知庞培在狄拉奇乌姆战役里取胜后，又背信弃义倒向了彼方，所以恺撒也不必客气，他的军队彻底洗劫了这座城镇，大吃大喝，缓解了前些日子因败战和行军带来的困乏饥楚，其中日耳曼骑兵们都喝到醉得爬不起来的地步。吃光了戈姆菲后，恺撒直接软硬兼施，将塞萨利亚地区成熟的谷物统统抢收，用来当作军粮。接着他做出要继续前进，进攻庞培岳父西庇阿的模样，诱使庞培的主力也钻了进来。

但庞培来到的时候，恺撒的部队又转到了别处，于是两军都来到了一个叫法萨卢的无名之地，军营相隔三十斯塔狄亚（约合现在的5.5公里）对峙。在绝大部分人的眼中，恺撒已是困兽犹斗了，他的军队战损严重，没有给养，没有立脚点，也缺乏器械和船队；而庞培与西庇阿会师后，军队的实力更加壮大了，又是挟着狄拉奇乌姆战役胜利的余威，简直不可一世。

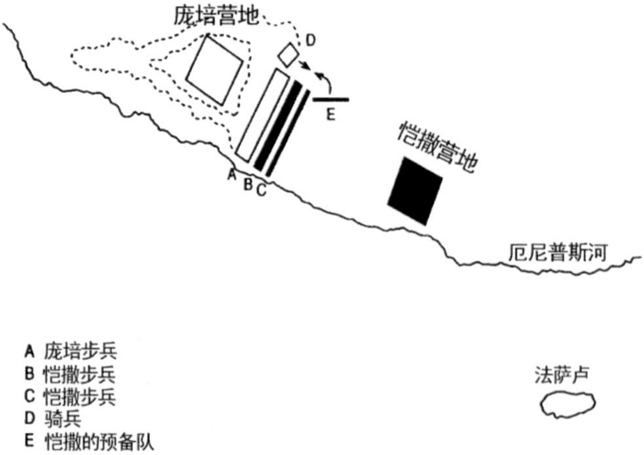

◇ 法萨卢战役示意图

不过可笑的是，庞培阵营却在胜利

前发生了内讧。从西班牙逃出来的阿弗拉尼乌斯建议，只留下一支部队牵制恺撒，不让他从容活动，而庞培本人和大部分追随他的元老立刻乘船返回意大利，控制整个共和国的政治局面，这样恺撒就彻底没有翻身的希望了。

庞培并不赞同阿弗拉尼乌斯的方案，他认为当务之急就是不断地追逐压迫恺撒残部，将他们围困起来，只要军粮断绝，恺撒必然全军覆没，恺撒一旦败亡，意大利根本就是成熟的果实，可以手到擒来。

其实不管是阿弗拉尼乌斯的方案，还是庞培自己的方案，在当时情况下都是可行而正确的。问题是，庞培拥有一大群让人羡慕不已的“猪队友”，就是在罗马城陷后和他一起跑出来的那群元老们。这群人对于两个方案都不满意，他们所希望的就是庞培尽快击败恺撒，然后叫他们享受胜利。本着这样的核心精神，他们开始了非常可笑而可耻的行为，恰好证明了在此刻的共和体制下，能催生的不是精英，而只是平庸无能目光短浅的害虫。第一个被瞄准的是恺撒的大祭司职务（大祭司是终身制，前文里已经说过，恺撒在公元前 63 年就任，并且此刻他还活着），连图卢斯、西庇阿和多米提安斯都要抢这个职务。连图卢斯说自己年高德劭，多米提安斯说自己在都城有人望威信，西庇阿就说我是伟大的庞培的岳父，他们先是争吵，接着就是公开互相辱骂、互相拆台。多米提安斯甚至还提出一个可笑而妄自尊大的想法，那就是：这次追随庞培的所有元老在胜利后都可以拥有三块牌子，用来对那些没有追随来的元老进行投票，一块用作罚款，一块用作褫夺官职，一块用于赦免。他们是如此迫不及待，只关心所谓的美好前程、金钱报酬和私人恩怨，根本不考虑如何打赢这场仗，就好像恺撒和他的十二个军团已全是死人一样，他们只是叫庞培“去赢”。

但庞培还是坚持“断粮战术”，他深知恺撒属下经历十年征战，个个都可以称得上以一敌十的精锐，并且已成“哀兵必胜”的态势，假如贸然强攻的话，可能失败的是己方，不如慢慢耗死他，兵不血刃取得胜利才是上策。

而那帮只知道争权夺利的元老不干了，他们不断威逼庞培出战，当庞培拒绝时，就不断闹腾侮辱他，说他有意不彻底击败恺撒，就是要养寇自重，继续独占军政大权，说他不想回罗马城去当公民，而是企图当东方的专制君主。这群人最后还给庞培起了个绰号，叫“国王的国王”（类似波斯的万王之王），公开喊他为“阿伽门农”（特洛伊战争里希腊联军的统帅）。

忍受不了的庞培最后还是决定放弃原先持久战的打算，采取速战速决的方案。

他将元老和指挥官都召集起来，举行了决战前的军事会议，在会上庞培的情绪是很乐观的，其实对他来说，持久战赢得毫无悬念，速战速决则赢得辉煌光彩，两者没有什么本质区分。在这种骄傲的心理作用下，庞培的发言狂妄得令人难以置信，他说开战后只要他的骑兵出动，就能轻松击溃恺撒的右翼，接着包围恺撒的其余部队，让他们“惊慌失措、奔逃不迭”，如此“我们的军团就不必再冒危险，几乎可以毫无伤亡地结束战斗”。

庞培话音刚落，从恺撒那里叛逃过来的拉宾努斯就起身说，他了解恺撒的军队，这支军队已经在彻底崩坏的边缘了。参加高卢战争的老兵，已经在历年战争和瘟疫里丧失了大部分，还有许多人因伤病留在意大利，现在恺撒的属下大部分是从内外高卢强征来的，都是些缺少经验的殖民地军，在先前的战斗里，其中勇敢的也已阵亡得差不多了。

平心而论，拉宾努斯所言有真实的成分，那就是恺撒的十二个军团伤病减员确实很大，按照马略时代留下的惯例，一个满编的罗马军团应该是六千人，但恺撒而今每个军团可能只有两千至两千五百人；不过拉宾努斯的发言也有虚妄的成分在里面，那就是这剩下的人员绝不是菜鸟炮灰，而都是身经百战的精锐老兵。

说完，拉宾努斯就带头宣誓，“如不战胜，决不归营”，他还请求每个人都像他这样发誓以鼓舞全军斗志。由于拉宾努斯长期担当恺撒的副手，所以不光是其他人，即便是庞培，也被他的豪言壮语给感动了，所有人都认为战胜恺撒并不是一件困难的事，就像给个濒临死亡的人补上一刀那么简单。

夜间，恺撒派出的三个军团准备出去劫掠粮食时，发觉原本布阵在对面山坡上的庞培军营主动朝前移动了一些，他们敏锐地感觉到：庞培要决战了。这三个军团便立即归营，将消息报告给了恺撒。

恺撒也在营地里对所有官兵发表了战前演说，他称“吃苦耐劳的老兵战胜新兵也是不难的……因为新兵就像儿童一样，不守纪律，不懂得服从指挥”，敌军主帅庞培的“时运已经过去了，他已经不是自己发号施令，而是服从别人的命令”。恺撒还要求士兵在战斗里“只需要注意庞培营中的意大利人”，只有那些人才是庞培的精华和根基，其余来自东方的同盟军不要去理睬，因为这群人“总是准备逃亡或做奴役的”。但值得一提的是，恺撒还提出了这样的要求：战胜后不要屠杀敌军里的意大利人，争取我方每个士兵都饶恕对方的一名士兵。

恺撒对庞培的揶揄不无道理，正如后世的军事评论家所言，恺撒相对于庞培最大的优势不在于别处，在于庞培势力内部争权夺利令出多门，而恺撒的军团始终“只有一个大脑”，这个“大脑”就是主帅恺撒一人。

公元前48年8月9日，法萨卢荒野决战时，果然双方都是将本军里的意大利人，即军团的本体，全部列在了前线，这是个巨大的讽刺。双方主帅都不愿意背负屠杀本国公民的罪名，阿庇安甚至还称在战前恺撒与庞培都流下了泪水，但双方主帅又都同时认为，战争的获胜只能靠各自一方意大利人的奋战。

庞培的前线兵力约莫是一百一十个大队，共四万五千人。庞培将军队分为三部，自己指挥左翼，处在此处的是第一军团和第三军团，这两个军团其实就是恺撒原本的高卢第六军团和十五军团，在内战爆发前被恺撒送来的，就是这两个军团；庞培的岳父西庇阿指挥从叙利亚带来的两个军团，处在战线中央；从奇乞里亚来的“孪生军团”和阿弗拉尼乌斯自西班牙带出来的一些大队，被安置在了右翼；此外，庞培将追随自己多年的两千名老兵分散安置在各翼，充当战斗骨干。他还留下了七个大队约四千人留守营地。总体来说，庞培的阵势右翼较弱，因为右翼所处的地带被一条两岸陡峭的河流掩护着，敌人难以攻过来，但己方也难以出击；庞培真正加强的是左翼，他几乎将所有的同盟轻骑兵、弓箭手、投石手都配备在左翼，在即将发生的战斗里，左翼也是他的主要突击方向。虽然整个东方，包括叙利亚、埃及、小亚细亚前来参加他的阵营的各王国仆从军数量极多，可庞培并不信任他们的战斗力，因为光是这些部队的语言互不相通就是个极为让人苦恼的难题，所以除去少量训练比较精良的希腊步兵外，庞培将他们绝大部分布阵在两军对垒线外的战场或者己方营地里，并对他们说，“待到战胜后，追逐敌人，并破坏洗劫恺撒那没有守备的营地即可”。

恺撒原本带到伊庇鲁斯的也有一百一十个大队，但有二十三个被派去驻屯阿波罗尼亚、阿卡亚，又有七个被安排留守营地，故而一线的大队只有八十个。原本这八十个大队也应有三万八千四百人（按照一个大队四百八十人满编计算），但恺撒在《内战记》里说得很清楚，他的前线人马加一起仅两万二千人，足见先前征战里损失之惨重。在布阵上，恺撒将其战斗力最强的十军团布置在右翼，由副将普布利乌斯·苏拉统率，正对着庞培最强的左翼；于狄拉奇乌姆战役里伤亡最大的九军团，恺撒把它和八军团并在一起交给马可·安东尼，负责己方的左翼攻防；中央战线，则由恺撒的另外一位叫格涅乌斯·多米提尼乌斯的副将指挥。

至于恺撒本人，则亲自坐镇己方右翼的后方。他深知庞培左翼骑兵的厉害，便下令将其他的军团列成了第二线和第三线，来加强纵深，防备庞培骑兵的侧击包抄。但即便如此恺撒还是不放心，他从三线的各个军团里各抽出一个大队，组成了拥有六个大队约三千人的“四线预备队”，将其埋伏在三线后侧的灌木丛里，每人都手持锋利的长矛待命。

双方所有的人马都在煎熬里等到了次日旭日的升起，这时庞培看到，恺撒的营地里除去留守的人员外，其余的官兵都默默地将营寨拆毁，填平了壕沟，按照先前主帅的指令开始列阵。

“这是恺撒准备在逃跑。”庞培身边的元老高兴地判断。

“不，这是野兽准备最后的搏击奋战了。”庞培则不安地说道，他接着喟叹起来，“而原本饥饿是驯服野兽的最有效的方法。”

庞培还没有感慨完，在对方的营帐前，升起了恺撒最喜欢穿戴的披风，这正是发起决战的讯号，恺撒全军都随着军号声发出了战斗的喧嚣，所有官兵都异常熟练地拿起武器，奔赴指定的战斗位置，轻快敏捷得就像进行一场舞蹈一般，他们的口令是“勇敢的维纳斯”。

而庞培军队那边的口令则是“不可战胜的赫拉克勒斯”。

两军统帅点阅完部队，高喊完口令后，恺撒麾下一位曾经担任过十军团首席百夫长的叫克拉斯提努斯的老兵，第一个拔出剑来，对着所有人喊道：“跟我来吧，曾与我同一队的兄弟们，把你们早已决心为统帅所出的力拿出来！只剩下这场战斗了，结束后统帅可以恢复尊严，而你我也可恢复自由了！”接着他回头对骑在马背上的恺撒喊道：“主帅，今日不管我最后是生是死，你都会感激我的作为。”

说完克拉斯提努斯就冲向了敌阵，跟在他身后的，是一百二十名以前与他同营的战友，恰如许多史学家所评价的那样，恺撒的队伍不单单只有上下级那么简单，它更像是个真正血肉相连休戚与共的铁血集团。

随着克拉斯提努斯的步伐，整个恺撒军队的右翼军号声飞扬，一气猛冲，而庞培则要求阵线上所有人都保持不动。庞培的打算是：既然两军间相隔一段距离，那么就让恺撒军士兵冲锋好了，这样由于跑动，他们投掷出的标枪力道会减弱，而当他们气喘吁吁地冲击己方的防御失败后，必然会陷于混乱，届时他再发起反击，可收全功。

庞培看来是真的相信了战前拉宾努斯的那段话，认为恺撒军队里老兵都损失完了，不过战场上的实景让他大跌眼镜。恺撒那边冲锋的都是鬼精鬼精的老兵，他们根本不像鲁莽的新兵那般单凭血气之勇胡乱冲锋，而是在对垒线间小跑了一半的距离，就大模大样地歇息起来，等待队形和体力调整好了，再集体上前抛出标枪。

◇ 能征惯战的恺撒老兵

呐喊声里，庞培的前线官兵也勇敢地手举盾牌，将朝他们扔来的标枪给格挡下来，而后两军的士兵都拔出剑来，缠斗在一起。这时庞培方号角响起，从左翼的后列拥出大批骑兵，夹带着轻装的射击兵，铺天盖地朝恺撒军右翼席卷包抄而来，一切恰如恺撒在战前预料的那般。

面对庞培占据绝对优势的骑兵，恺撒派出的阻滞骑兵明显不够，来自东方的骑兵坐骑速度风驰电掣，骑手个个娴于突阵，很快就击破了恺撒方的拦截，由原先的墙形突击队列，转变为追逐用的分散队列，像一团团雷电和火焰般，肆虐在恺撒军队侧边的荒野上。说时迟，那时快，恺撒预先埋伏的“四线预备队”，这时全都呐喊着，列着密集的队形，手持明晃晃的标枪（罗马人的标枪，关键时刻也可以当作长矛来使用）扑了上来。

按照阿庇安和普鲁塔克的记录，庞培的骑兵都是些面孔漂亮、正当青春的小伙子，他们看到恺撒的预备队都挺着矛尖逼过来，个个害怕脸被刺伤，就掉转马头逃逸，于是引起了全军的溃败。但这种说法可信度很低，当兵又不是去参加“罗马好男儿”海选，战场也从来不是个看脸的世界，古代将军若是颜面俊美的话，反倒会对士气不利，双方交战之时连生命都无法保护，还能有闲心去担忧“哎呀讨厌，人家的脸被刮花了！”这种级别的问题吗？

所以比较下来，还是恺撒自己编纂的《内战记》记录更为靠谱，那就是恺撒事先就要求他的三千名预备队放弃普通的步兵作战方式，即投掷标枪，再拔剑肉搏，而是模仿马其顿人组成能对抗骑兵的“移动矛林”，一往无前地碾碎敌人的骑兵。

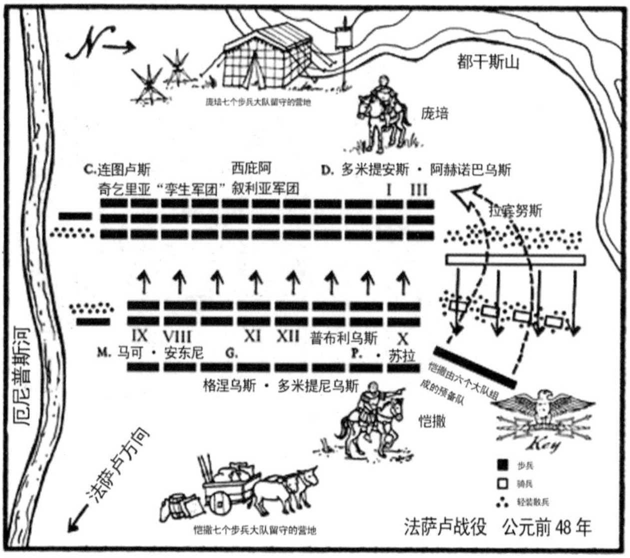

◇ 法萨卢战役两军对阵图，可以很清晰地看出，决定胜负的战斗发生在庞培的左翼（恺撒的右翼），黑色代表步兵大队，白色代表庞培的骑兵

这种战术收取奇效。庞培的骑兵当即被刺得人仰马翻，余下的不敢向前，而是可耻地四散奔逃，遁入战场外的密林高山去了。骑兵跑路后，原本伴随他们一起冲过来的轻装射击兵全部被抛弃在战场上，被恺撒军冲过来的预备队杀得一个不剩。在左翼的庞培眼见前方烟尘弥漫，他派去包抄恺撒侧翼的骑兵大败亏输。和许多经典战役相似，几万人相持的局面，往往会被一个“关键节点”所逆转，在法萨卢战役里就是恺撒下属的这六个大队的“预备队”。不一会儿，庞培自己的左翼反倒被侧击包围起来，这一结果说到底还是他先前的那个“坚守不动”的命令导致的，恺撒自己在战后的信札里严厉批评了庞培这种战术：“军队只有在跑动当中才有源源不断的勇气和打击力量，他们在某个位置固定不动就会丧失勇气，并成为敌人最好的攻击目标。”事实也确实如此，击败庞培的骑兵后，恺撒的预备队和其他部队反倒迂回到庞培的左翼，不间断地从侧面投出标枪，于是庞培的队列在这种猛烈打击下陷于混乱，不断有人员死伤倒下，于是他们开始有秩序地败退。

最初看到左翼失败的庞培军的其他军团也能保持同样的秩序，虽然往后败退，依旧能节节抵抗。但恺撒和狄拉奇乌姆战时的庞培不同，他不愿意再给宿敌卷土重来的机会。据说恺撒派出了许多传令官到各个大队对敌人喊话：“站着，不要动！”这句话乍听起来颇有些令人费解，阿庇安的解释是，恺撒顾惜与其正面厮杀的都是意大利人（当时意大利人都算是罗马共和国的公民了），所以他在战前就给了每个士兵拯救一个敌人的机会，这句话的意思也就是说，所有同是意大利人的士兵站在原地不要动，只要放下武器就不会受到伤害。这样，恺撒的军队就越过了失去抵抗意识的庞培军团前沿，冲到后面去，对敌人来自东方各个地区的同盟辅助军大肆砍杀。

不过阿庇安的叙述实在是过于戏剧化，在这里也许可以做个揣测，那便是庞培的左翼军队本身有很大的问题，在他的麾下其番号是第一军团和第三军团，但在前文里已经说清楚了，这两个军团实际上是原来恺撒在高卢地区的六军团和十五军团，两军都是在高卢地区征募的（虽然前者是以庞培的名义征募的），并且与恺撒有过两年的并肩战斗的情谊。《高卢战记》里也说恺撒在送走这两个军团时，依旧给予官兵很丰厚的犒赏，所以在此时这两个军团也许是真的“放水”了。

值得一提的是，于恺撒军中最先勇敢发起冲锋的那位名曰克拉斯提努斯的老兵，却在先前的激战里阵亡了。他奋战不休，做出了许多激励己方士气的英雄行为，最后被敌人的剑刃从嘴一直刺到了咽喉。

与克拉斯提努斯一同战死的，还有恺撒军中最优秀的三十名百夫长，其他的普通士兵倒没有什么太大损失。按照恺撒的描述，庞培军阵亡了一万五千人，投降了两万四千人，失去了九面鹰旗和一百八十面队标，但恺撒军中的一位亲身参战、名叫阿西尼乌斯•波利奥的军官却在后来撰文声称，庞培军阵亡了十名元老（包括小加图的姐夫多米提安斯，他在科菲尼乌姆和马西利亚都逃脱了，但这次却没那么好的运气），官兵的损失则是六千人。但双方都没说同盟辅助军的损失，因为这些人在共和国的战争里，不问是内战还是外战，都“不算人”的，没人将他们统计在册。

从此数据推断，恺撒大概将杀死庞培营地里的军奴数目也统计进去了，所以得出了比波利奥大得多的战绩。

据说庞培是丧魂落魄地骑着马冲入自己营地的，进门时他还对执勤百夫长说了一句：“你们管好这里，免得出什么乱子，我再去其他几道门前巡查，好鼓励人们守卫好这座营寨。”但“巡查”并未进行，庞培只是呆呆地坐在自己营帐里，“如特洛伊战争里的阿查克斯般失去了知觉”，这种状态最终导致了总崩溃。庞培的同盟军队彻底“洗劫”了营地，不过不是恺撒的，而是他自己的，这群人把所有值点钱的东西都带走逃逸了，带不走的就烧毁打碎，没什么人关心守卫营地的工作。

而那边的恺撒也是“宜将剩勇追穷寇”，他不管那些逃走的敌人，而是围住了庞培营地猛烈攻击，唯一起来奋勇抵抗的倒是庞培雇佣的色雷斯战士。战斗持续到了午后，恺撒军队的所有人克服了疲累和炎热，顺利攻入庞培营地。庞培从先前奇怪的静默里回过神来，神经质地跳起来喊道："怎么，已经到我们自己的军营里来了吗？"接着他就在四个朋友的护卫下骑马逃走了。

到了夜晚，恺撒进入了庞培的营帐，那里搭建着凉棚，还排列着许多名贵的银器皿，屋顶覆盖着新鲜的草皮，门楣上挂着常春藤和桃金娘，还有数不清的佳肴，这原本是为庞培和元老们举办战胜宴会所准备的，但现在是恺撒和他麾下军官坐下来享受了这一切。

第二天，庞培继续逃跑，一直跑到了海边，这时他身边还剩余三十名骑兵。接着庞培登上了一艘运粮船。回首往事，庞培如在梦中，三十四年戎马生涯，虽然在年轻时曾在西班牙遭受过挫折，但何曾如此日般不可收拾？他茫然航行到了密提林港，在那里他和妻子科尔涅利娅（与恺撒的第一任妻子同名，因为她们都出身于科尔涅利乌斯家族，她原本是小克拉苏的妻子，丈夫在卡莱阵亡后再嫁给庞培）会合，得到了六百名小亚细亚同盟骑兵和四艘罗德岛划桨船的协助，而后就去向问题展开了讨论。

当时，庞培的陆军虽然在法萨卢遭遇惨败，但海上力量犹存，在小加图的努力下，庞培党的许多物资、人员和器械，都从海路安全运到了非洲。更可贵的是，非洲还有庞培几个建制完整的军团，可以说颇有实力。换言之，只要庞培与妻子愿意，就能从海路前往非洲，恺撒也只能干瞪眼，因为他留在意大利和西西里的舰队刚刚惨败在庞培党的舰队指挥官卡西乌斯手里。

但庞培也许是输不起，也许是老来糊涂，也许是想法实在过于天真，他不去依仗意大利本土人组成的军队，居然异想天开，要前往东方，去帕提亚说服对方来帮助自己。要知道不久前，帕提亚军队才在卡莱战役里背信弃义地杀害了三巨头之一的克拉苏，可以说是共和国不共戴天的仇敌。可见庞培始终认为自己的权力基盘在东方，当年他征服了海盗、本都帝国、朱迪亚等许多地区，那儿的君主都对他极为忠诚，那么即便将来要去非洲与恺撒继续作战，庞培也要榨干这一圈的"克里恩"再走。许多传记史料也能证明这一点，那就是庞培并非是真的想去帕提亚，他也去不了，在塞浦路斯岛上停泊时，他就得到了"叙利亚的罗马殖民团已经武装自卫，不允许靠岸"的消息，所以他就到处绕着海岸，向各地的包税人与国王索取钱粮，不久他手下有个幕僚建议他前去托勒密埃及，大意也是"捞一笔就走”。

庞培和托勒密埃及有比较密切的关系。原来统治埃及的托勒密十一，在公元前 80 年于亚历山卓市民的暴动里被杀，没有留下子嗣，宫廷便找到了一个先前托勒密九世和一名小妾的私生子，将他拥戴上王座，即为“托勒密十二”，这个十二的正式名讳很长，为“托勒密·尼奥斯·戴奥索尼斯·忒奥斯·斐洛帕托·忒奥斯·费拉德尔甫斯”，即“托勒密·新酒神·父控之神·姐控和妹控之神”的意思，不过因为他爹早死了，“父控”难免名不符实。但托勒密王室虽出身马其顿贵族，但早已入乡随俗，历任国君法老都和姐姐、妹妹或继母结婚，这倒是不争的事实。此外“酒神”也名副其实。这位托勒密十二，整天只会酗酒，人们就懒得称呼他那么长的名讳了，直接叫他“托勒密·奥勒特斯”，“奥勒特斯”是希腊语“吹长笛者”之意，大概这位法老喜欢边喝酒边用乐器做即兴表演，总之整天就是“我就是爱音乐别叫我停下来，我就是爱唱歌呼吸打着节拍”的类型，其统治之糟糕可想而知。十二早就想找罗马共和国的头面人物来保障他的位子，但元老院始终对他很冷淡。到庞培进剿海盗时，十二认为庞培将来肯定是罗马的一流枭雄，便邀请他来亚历山大里亚城做客，准备贿赂讨好他，但庞培钱收了人却没来，十二虽然得到个“罗马盟友”的头衔，但实在是远水解不了近渴。

◇ 伊丽莎白·泰勒饰演克娄巴特拉的史诗巨片《埃及艳后》（1963），这部历史上耗资最大的电影，是而后福克斯公司破产的重要原因，它的失败也宣告了好莱坞史诗电影黄金时期的终结

公元前 58 年，罗马共和国吞并了塞浦路斯，此处原本是托勒密埃及的属国。起因很简单，就是那位克劳狄在小亚细亚作战时曾被海盗俘虏过，曾

央求塞浦路斯的托勒密（与十二是表兄弟）拿出两个塔伦特来赎他，但对方连这点钱都不肯拿，导致克劳狄的“童贞”被海盗尽情糟践，后来就任护民官权势熏天的他，为了复仇“一箭双雕”：一面宣布吞并塞浦路斯，一面流放仇敌小加图去办这件事（前文有提及）。结果十二的表兄弟畏罪服毒，塞浦路斯也沦丧，再加上十二的重税，终于再度激起了民众的愤怒反抗，十二就只能带着小女儿克娄巴特拉（后来的埃及艳后）逃亡罗马，而留在埃及的大女儿贝奈尼基则被起义民众拥戴为女法老。

流寓罗马的十二只能找老朋友庞培了，庞培也认为十二原本算是他“罩着”的，沦丧如斯自己面子上也挂不住，就请求元老院出兵帮他复位。元老院最初不同意，后来迫于十二债权人的压力（这群债权人借给十二的钱财有近万塔伦特，要是十二真的倒台的话，他们可就血本无归了），就让庞培的亲信加比尼乌斯统军去征服埃及（恺撒的亲信马可·安东尼年轻时就随军出征过），并在公元前 55 年取得了成功。复位的十二残酷地将大女儿及其追随者全部处死，同时加比尼乌斯麾下（也等于是庞培的部属）两千名罗马老兵也就留在了埃及，负责帮十二镇抚国家，他们被称作“加比尼亚战士”，在法萨卢战役里这群人也漂洋过海来参战过。

十二在公元前 51 年死去后，遗命儿子十三和克娄巴特拉这对姐弟结为夫妇，共治埃及，并请求罗马共和国与庞培为监护人。法萨卢战役时，摄政的克娄巴特拉确实派遣过六十艘战舰来为庞培助战，但不久因为克娄巴特拉野心太大，结果被弟弟联合将军阿基拉斯与宦官波提纳斯驱逐到了叙利亚，随后克娄巴特拉于边境地带纠集了一批队伍，企图杀回埃及，这便是庞培来到埃及前的大致情景。

埃及是个很富饶的地方，在先前就被庞培看成是“奶牛”。庞培是法老姐弟的监护人，也是这个王国的庇主，按理说可以索取到重量级的财产充为军资，故而庞培欣然前往，在航程中他听说托勒密十三为讨伐姐姐，已经带着大军进抵佩卢西姆要塞（尼罗河最东的堡垒，也是埃及的锁钥），便派出了信差，请求让他靠岸登陆。

其实十三早已是大宦官波提纳斯的傀儡，信件递交到他手上时，这阉人便召集了宫廷头头脑脑们商议，在会上，十三的修辞教师、来自萨摩斯岛的希腊人狄奥多图提出个“臭屁建议”，即设圈套杀掉庞培来讨好恺撒，当其他人忧虑时，狄奥多图还开玩笑说：“死者才不会对我们有威胁。”

这样，伟大的庞培的命运，就如此被宦官和宫廷教师决定了。这群人派出了两位“加比尼亚战士”，名叫塞普提米乌斯和萨维乌斯，他们都在庞培军队里服过役，为百夫长。此二人划着小船去接庞培，借口是“海滩水太浅”。

庞培看到岸边有托勒密十三的军队，海上也有几艘埃及人的大船，此时后悔也来不及，只能跳上了对方的小船。跟在庞培身后的是他的一位自由奴（被释放的奴隶）菲利普，还有一个叫西瑟斯的门户奴隶，庞培的妻儿都被留在甲板上。据说庞培在和妻子道别时吟诵了古希腊诗人索福克利的诗句：“任何一个人去暴君那里都会沦为对方的奴隶，纵使他去前是自由的。”在小船甲板上的庞培，看到了站立在面前的塞普提米乌斯，想起了罗马的军法规定，下级在面对上级时，在未经许可的情况下，是不能坐下的，于是就询问塞普提米乌斯先前是否认得自己，是否曾在自己军队里服役过。

塞普提米乌斯点点头，庞培就放下心来，结果刚一登岸，忽然被对方在后背刺了一剑。庞培用袖子捂住脸，呻吟着歪倒下来，其余人挨个将剑刺入这位伟大将军的躯体，直到他毙命为止。随后凶手将庞培的头颅砍下，尸体就遗留在沙滩之上。

目睹这一切，科尔涅利娅在船上尖叫起来。托勒密十三明显还想赶尽杀绝，

◇ 惨遭杀害的庞培

他的战船急速扑来，好在这会儿一阵强风从岸边吹来，再加上早有警惕的船员一直没有下帆，故而船只很快驶离了入海口，庞培的妻子科尔涅利娅才幸免于难。从普鲁塔克的传记描述来看，她后来应该是在庞培生前所建的郊区庄园里守着夫君的骨灰度过了余生。数日后，随庞培而来的连图卢斯在不知情的状况下靠岸，也遭到埃及人的囚禁与杀害。

伟大的庞培就这样死了，他的残躯被身边的奴隶菲利普焚化。后来在火葬堆边有人竖起个墓碑："这是多么可怜的一个坟墓！"他的头颅与连图卢斯的一起，被托勒密十三送给了恺撒，以示讨好。

庞培的惨败，在于他的优柔寡断，这个性格缺点不单单表现在战场上，更在其政治立场上。史学家曾评价，庞培的渴求与恺撒并无二致，都想要行使"君王般的权力"，但庞培还需要那层"民主共和"的遮羞布，这种无用的中庸行为反倒给他增加了莫大的负担，他更像是古希腊神话里光鲜虚荣而充满弱点的战士，而绝非铁血手腕的帝国建立者，他输给恺撒是不冤枉的。坐拥强大军队的他，根本没有做好认真守御意大利的准备，在法萨卢战败后没能及时前往非洲立足，甚

◇ 对庞培之死感到愤怒的恺撒，最终还是在亚历山大里亚城对埃及人开战

至到了决战时刻，他连完整的指挥权都拥有不了，“五行不定，输得干净”。或者说，从他决定投靠元老院的那一刻起，就注定了会覆亡。

但看到庞培的头颅时，恺撒却愤怒了，他流泪了，背过脸去，咒骂埃及人的残忍和懦弱，他决意要带着仅有的四千名（《内战记》里说是三千二百名）士兵前往亚历山大里亚，一方面要为庞培复仇（这更像是个入侵埃及的借口），一方面要以仲裁者的身份调解托勒密十三与姐姐克娄巴特拉间的冲突。

托勒密十三派来使者告诉恺撒，他自己的行辕正在卡辛这个地方，不能在第一时间与恺撒相会，但承认恺撒有进入亚历山大里亚，并仲裁托勒密王室内讧的权力。于是恺撒就大摇大摆地进去了，还顺便在这座城市的学者和显贵的陪同下游览了周边的风光，并发表了“两国友谊万古长青”的演说。但当埃及人看到恺撒的扈从公然举着带有斧头的“法西斯束棒”走在街头时，他们还是被激怒了。因为束棒是用红色皮带将榆木捆起来的，但斧头却不是随心所欲安上去的，那样就代表着束棒所有者对公民有生杀予夺的大权，所以罗马法律规定，在罗马城内，只有独裁官才有权力在束棒上安上斧头，而其他的行政官员（独裁官拥有二十四个束棒扈从，执政官拥有十二个，其余官员如法务官或行政长官是六个）只有在地方行省上才能如此做。但是，埃及不是罗马的地方行省，虽然其法老的践祚必须要看共和国的眼色，可在名义上它还是个独立的国家，拥有自己荣耀的王室、不朽的神灵，还有对应的政治组织，即便他们的法老“在共和国面前就像个卑微的乞丐”。

于是市民很快被煽动组织起来，幕后操控者是那个指使人杀害庞培的大宦官波提纳斯及拱卫都城的埃及将军阿基拉斯。波提纳斯给还出征在外的托勒密十三写信，鼓动他回军来杀死恺撒；而阿基拉斯则以逃奔而来的托勒密十二最小的女儿阿尔西诺（十三与克娄巴特拉的妹妹）为号召，集合了庞培老兵“加比尼亚战士”、亚历山大里亚流民和部分埃及军队共两万人对恺撒虎视眈眈。

恺撒发觉了波提纳斯的阴谋，即刻将其处死，接着又驱逐了那个在事先出馊主意的宫廷教师狄奥多图。不过他的军队很快遭到了亚历山大里亚市民和阿基拉斯军队的围攻，许多士兵在夜巡或站岗时被杀，恺撒本人的军队也被分割在罗基亚斯海岬和法罗斯岛两个互不相靠的地区，他的主力部队还在小亚细亚，被逆向的海风所隔。这也是埃及人自信的根源，他们要在恺撒主力到来前杀死这位来自罗马的粗暴干政者。

◇ 在亚历山大里亚长堤上爆发的水陆激战

血腥的海陆战斗自此在街区、堤坝和港湾各处爆发，埃及人疯狂进攻，恺撒则艰苦抵御，双方各有胜负。不久恺撒手下的三十七军团（由庞培军的降兵改编）作为第一批援军到来，总算是让战局有了起色。但罗马人的战区依旧互不相靠，为此恺撒乘坐着小艇亲自前去联络，结果被埃及海军舰队阻拦，船被打沉。恺撒嘴里叼着文书，独自游了好远距离才脱离险境，被己方士兵救了上来。

埃及此时的政局也如走马灯般，先是托勒密的小女儿阿尔西诺和将军阿基拉斯闹翻，阿尔西诺在保育宦官（埃及宦官就是牛！）加尼墨德斯的帮助下，杀死了阿基拉斯，夺取了他的军队，继续围攻恺撒。而另外一边，恺撒扣押了托勒密十三，不久又在当地市民的请愿下释放了他，但其实更为重要的原因想必大家已耳熟能详，虽然大部分史学家在史料里绝口不提，为尊者讳，但这次恐怕野史说的是真的。那就是：同为王位竞争者的克娄巴特拉——当时正是个二十一岁的妙龄女郎——此时和恺撒产生了暧昧关系，即便在现在出土的刻着"埃及艳后"真实容貌的钱币显示，她并不是沉鱼落雁的美女。如果恺撒只有三四个情人的话，那他也许会看重美貌，但西塞罗说恺撒是一个"与元老院一半元老的妻子都有染"的奇男子，什么样的口味没有尝试过？所以对这位年已五十有二的老浪子来说，某种难以名状的，我们现代称之为"来电"的神秘感觉更为重要。

克娄巴特拉明显符合恺撒的要求，据逸话记载，她的出场充满了"惊艳"的色彩。她的侍卫扛着一卷毯子，在深夜出现在恺撒的居所，随后将毯子抖开，最后在毯子尽头处，在恺撒诧异的目光下，克娄巴特拉婷婷地从藏身的毯子里站起来，向恺撒施礼。克娄巴特拉精通多国语言，马其顿贵族出身，谈吐幽默风趣，处事冷静睿智，这一切都迅速捕获了恺撒的"芳心"。

◇ 克娄巴特拉与恺撒的邂逅

但恺撒和克娄巴特拉间不光光是情欲关系，也有复杂的实际利益。对于恺撒来说，现在埃及统治者托勒密十三是他父亲十二与庞培联合指认的继承人，和自己并没有什么交集，如果自己扶植了克娄巴特拉，那就能将埃及牢牢控制在自己手中；而对于克娄巴特拉而言，如果能取悦恺撒这位共和国现在的“王者”，便能成功击败哥哥和妹妹，成为这场狗血剧般的王室内讧里最后的胜出者。

不过罗马军团和埃及军队在亚历山大里亚城的巷战，并未随着托勒密十三的获释而缓解，却随着恺撒和克娄巴特拉的恋情而逐渐升温。加尼墨德斯居然使用了机械水轮，将城市外围的海水给抽出来，倒灌入罗马人的营地里，军团的士兵饮用了迅速变咸的水后十分恐慌。但恺撒只能下令深挖地下掘出淡水来。双方就这样打打停停，到公元前 47 年 2 月下旬，恺撒的主力援军到来时，亚历山大里亚的城市战已经持续了整整四个月。

统率援军的并不是罗马的将军，而是恺撒的好友帕加马贵族米特拉达梯，他出身加拉太（又名高卢希腊，是安纳托利亚的一处凯尔特人聚居的高地），在先前曾被本都帝王米特拉达梯六世收为养子，就得到了与养父相同的名讳。米特拉达梯将军并未走海路，而是从奇乞里亚和叙利亚的陆路挺进，沿途招募了大批士兵，出其不意地袭击了埃及的陆地锁钥佩卢西姆要塞，并奋勇攻陷了它，然后逼近亚历山大里亚东部的尼罗河三角洲。

托勒密十三只能和妹妹及宦官加尼墨德斯一起，放弃了对城中恺撒的围攻，准备集中兵力，先击破河洲上的米特拉达梯的军队，再回头来解决恺撒。托勒密十三对自己如此有信心的原因是他拥有一支轻便的船队，可以运输陆军快速来回作战。

可是恺撒的行动更快，他带着部队穿过了一道狭窄的水道滩涂（这是原先双方舰队战斗时被罗马人发现的），星夜兼程，与米特拉达梯会合，居然比托勒密十三早抵达尼罗河河洲，让姗姗来迟的埃及人大吃一惊。

不久，隔着一道小河，两军爆发了血腥的战斗，埃及人最终失败，托勒密十三不知所终，宦官加尼墨德斯被杀，小妹妹阿尔西诺被俘后被恺撒流放（后来又被恺撒带回罗马，准备在举办凯旋式后处死，但最终被赦免，和姐姐克娄巴特拉共治埃及，成为塞浦路斯的女法老。恺撒死后，被姐姐和安东尼勾结起来谋害），就这样克娄巴特拉笑到了最后。

安顿了埃及后，恺撒得到了小亚细亚方面传来的消息：博斯普鲁斯的国王法尔那西斯，正趁着共和国内战，疯狂侵攻卡帕多西亚、加拉太和小亚美尼亚等地。

这个法尔那西斯也是米特拉达梯六世的儿子，不过是亲的。本都的王室向来都喜欢上演骨肉相残的戏码，米特拉达梯六世被庞培击败后，逃到了博斯普鲁斯（并非是博斯普鲁斯海峡，而是古代一个位于黑海北岸，今克里米亚的古王国），并准备招募当地蛮族，甚至制订了从黑海绕到日耳曼，再翻越阿尔卑斯山攻击罗马本土的“二百五”计划，但他的属下和儿子都不愿意陪这老头疯下去，军队和城市都在法尔那西斯的唆使下叛乱，把这个与罗马人战斗了三十年的老人家给逼死了。随后，法尔那西斯就将父亲的尸体送给庞培邀功，得到了博斯普鲁斯一国的封赏，而今他又要继承亡父的理想，即“重建大本都帝国”。

最初，法尔那西斯击败了恺撒留驻小亚细亚的副将的军队（三十六军团），并歼灭了充当罗马人仆从军的加拉太军团和本都军团，一度势力横跨小亚细亚，实现了久远的家族梦想。就连法尔那西斯自己也认为：“我和父亲的功业相当，只不过结局不同——我的命运显然更好。”

但击碎法尔那西斯梦想的人物很快出现，那就是恺撒。他只从埃及带来了一个第六军团（此军团经过长期颠簸和战斗，兵员只剩下一千人），火速通过叙利亚，再从海路抵达奇乞里亚的首府塔苏斯城。这时能充当他羽翼的，只有加拉太国王戴奥塔鲁斯的一个军团，及副将多米提尼乌斯的两个军团，且都是不久前法尔那西斯的手下败将。

战斗迅速在一个叫泽拉的城镇打响，怀有轻敌之心的法尔那西斯，居然鲁莽地命令全军爬上陡峭的山崖，进攻布阵于高处的恺撒。说实话，连恺撒都不敢相信眼前的这位敌人的智商居然如此感人。

接下来的战斗毫无悬念，本还在修筑工事的罗马士兵纷纷拿起武器，他们先投掷了密集的矢矛，将法尔那西斯冲过来的镰刀战车队给驱逐击垮，接着在短兵相接中，六军团负责的右翼率先取得胜利，接着中央和左翼也有如神助般击溃了敌人。法尔那西斯企图复兴本都帝国的梦想和无数士兵一起摔下山崖而“粉身碎骨”。他的营地随后也被攻陷，遭到彻底洗劫，他本人骑马逃跑，不久被部将弑杀。

恺撒预期的苦战并未发生，所以他自己说，这个胜利是他无数次胜利里最让人欢欣鼓舞的一次，代价是如此之小，而成果又是如此辉煌。整个小亚细亚就此安定下来，他可随意安排行省总督、附庸国王以巩固已得到的胜利果实。传说，恺撒在战后给元老院的报捷信里，只有一句短短的话：“veni，vedi，vici”，即“我来，我见，我征服”。

◇ 曾经纵横欧亚战场的波斯战车，本都军队对此种武器很着迷，以至于泽拉战役中，法尔那西斯使用了这种“夕阳武器”。没人能证明它起到了多大的作用，不过很快它只会在竞技场上登场

前线取得的荣耀很快消逝，新的问题接踵而至，迫使恺撒不得不急速返回罗马城。

罗马城发生了暴动，庞培余党也在非洲猬集起巨大的势力，挑战依旧存在。

十 三月十五日

这是暴力!

——恺撒遇刺时所言

在恺撒领军出征远方的时候，他安排他的副手，即骑兵长官马可·安东尼留守罗马城。

法萨卢战役结束后，恺撒再度就任狄克推多独裁官，而骑兵长官安东尼身为独裁官的副手，在恺撒不在罗马城期间，实际是邦国里最高级别、也是唯一的行政长官。因为按照法律规定，在国家推选出独裁官后，除了平民护民官（其本身也不负责行政事务）外，其余官员的职能将自动停止。

马可·安东尼很快显示了政治上的无能，并间接给远征在外的恺撒带来了一系列棘手的麻烦。

安东尼是在马略、秦那独裁时期被杀的“演说家安东尼”的孙子，是尤里乌斯家族第一位执政官卢基乌斯·恺撒（公元前90年）的外孙，也是与西塞罗同年就任执政官的“野人”叙布里达的侄儿兼女婿，他的母亲和舅舅是恺撒的表亲。他的家族出身平民，但在苏拉与马略的内战里却站在了贵族党一边。到了安东尼这一代，又重新攀附了平民党领袖恺撒。

安东尼最早就是作为军人登上历史舞台的，当庞培亲信加比尼乌斯就任叙利

◇ 野心勃勃但又行为放荡的马可·安东尼

亚总督时，他以骑兵队长的身份开始在其军队里服役，并在朱迪亚和埃及参战并立功，显示了不俗的指挥能力。恺撒就任高卢总督后，急需安东尼这样的中层指挥员，故而他很快加入了恺撒的帐下效力，担任两个军团的指挥。阿莱西亚战役结束后，安东尼被恺撒送入罗马城，担当了鸟卜官，随后又转为公元前49年的护民官，并在其后的内战里继续飞黄腾达，特别是在法萨卢战役里独立指挥一翼军马，此战结束后，深受信任的安东尼被恺撒委任为副手，返回罗马主持政务。

当时安东尼面临的问题，主要有三个。

一个是平民要求废除债务的暴动，一个是正在意大利休整的军团索取报酬的哗变，还有一个是伟大的雄辩家西塞罗在外漂泊游荡。

但安东尼一个都没处理好，普鲁塔克在其传记里不吝笔墨地抨击安东尼生活的无耻放荡，称他“白天只是到处无目的地闲逛，晚上则消磨在无休止的宴会里”，第二天对着公众演说时居然呕吐不止，以至于他身边的朋友要举高他的长袍来替他遮丑。他在郊游时坐着狮子拉的车子，并到处强占别人的宅邸来安置自己宠信的优伶和妓女。

不过这些说法全部来自西塞罗后来攻击安东尼的演说词《论腓力》（腓力就是菲利普，即亚历山大大帝的父亲，西塞罗这篇文辞明显是在模仿古希腊民主派雄辩家狄摩西尼），可信度是要大打折扣的。谁都知道西塞罗是个言辞夸张而尖酸的人，他在投向庞培后，因没有受到重用心生怨恨，就对同阵营里的各位大开“群嘲术”，甚至在法萨卢决战前，拉宾努斯以占卜内容鼓舞士气，西塞罗还抱病前来嘲笑说：“你说得没错，我们会按照预言，在开战之初就丧失自己的营地。”总之闹得神憎鬼厌。法萨卢一战失败后庞培党推举他担任己方统帅（因西塞罗先前就任过执政官，名望较高），结果西塞罗不但极力推脱，还出言不逊，差点被庞培的儿子给拔剑杀死，多亏小加图出手相救才免遭横祸。而后西塞罗就离开了庞培阵营，又不敢去投靠恺撒，就这样游荡在布林迪西。

傲娇的西塞罗本意是希望恺撒来接他的，那样“即便我在你凯旋式后列担当个小角色，也心满意足”，哪怕恺撒不亲自来，骑兵长官安东尼来也好呀！

不过安东尼对西塞罗却没如此大的兴趣，没别的原因，因为他向来是个将“个人情怀”安置在“政治利益”之上的人物，他在战场上有多豪勇，在政治上就有多鲁莽。因为他的继父科尔涅利乌斯·连图卢斯（绰号叙拉，是个臭名昭著的激进分子）曾因“喀提林阴谋”被西塞罗绞死，自此他深恨西塞罗。现在他在城内独掌大权，怎么会去迎接这位杀父仇人呢？

非但如此，安东尼在前两件事情的处理上，也是完全按照个人意愿胡作非为。当年轻的护民官多拉贝拉提出要废除平民债务时，他最初极力附和，但得知多拉贝拉与他妻子安东妮娅（也是他的表妹）有通奸嫌疑后，他又大为光火，不但废弃了这个提案，休弃了妻子，还出动军队血腥镇压平民，在罗马城里大打巷战。

同时，在法萨卢战役后返回意大利休养的恺撒老兵军团，因统帅的赏赐迟迟不能兑现，正在酝酿着一次巨大的叛乱。其实这不是恺撒部下第一次哗变，虽然他们在战争关键时刻都是坚决拥护统帅的，但这不代表这群老兵不会和其他的罗马军团一样，因对待遇和奖金不满而起来闹事。早在恺撒结束对西班牙庞培党的征战返回罗马途中，老兵们就在普来森奇亚哗变（对此恺撒的战记里都避而不谈）。老兵们的理由是“拖欠军饷”“伤病得不到抚恤”“服役超限而产生厌战心理”，但普来森奇亚的兵变很快被恺撒以铁腕手段镇压了（采取抽签方式，处决了十二人）。随后恺撒在渡海与庞培决战前，留下了七个大队数量的伤患在意大利休养。法萨卢战役后，恺撒带了六军团和二十七军团去亚历山大里亚，让安东尼带着九个减员严重的老兵军团（五、七、八、九、十、十一、十二、十三和十四军团）返回意大利，将所有的老兵集中安置在坎佩尼亚休整。

这次所有的老兵再度蜂起闹事，理由和普来森奇亚那次毫无二致，但安东尼没有足够的金钱去安抚他们，只能将报告打到了当时还在小亚细亚的恺撒，让他来定夺。恺撒最初并没有认识到这次兵变的严重性，只是连续派了三位副将，携带文件和少量金钱，前往坎佩尼亚去处理这件事。但根本没有任何成效，士兵的情绪越来越糟糕，他们开始进军罗马，并劫掠周边的城镇。

当时恺撒所面临的局面再度严峻起来，庞培的余党鼓动起来的军队在非洲和西班牙威胁着意大利，坊间传说恺撒已在战场上殒命，人心惶惶，而在意大利的九个老兵军团是恺撒继续征战的依仗，万不可就此失去。在这样的背景下，恺撒迅速回到了都城，派遣了亲信法务官塞卢斯提乌斯（即《喀提林阴谋》和《朱古达战争》的著者）再度前往坎佩尼亚，结果塞卢斯提乌斯“只是捡了条命回来”。激愤的老兵开始成群结队进军罗马，中途派去“截访”的两位法务官柯斯科利努斯和盖尔巴直接被老兵杀死，尸体挂在营地的木栅上。

最后，恺撒孤身在罗马城角的战神大竞技场和久违的部下们见面了，史学家都传说恺撒只是登上讲台宣布所有参与这场兵变的老兵退役，接着就骑马离开了。当老兵们感到后悔并呼唤他时，他回头称呼所有人为“奎林都斯”。“奎林都斯”即是拉丁语里“公民”的意思，显然恺撒已经不再把这些人当作战友来看待了。

接着，按照许多史学家的描述，士兵们都捶胸顿足、追悔莫及，他们痛哭流涕地恳求恺撒继续将所有人“保留”在军队里，恺撒最信任的十军团还主动要求统帅对他们实行“十抽一”的惩罚，一场兵变就此被彻底消弭。

不过这在历史里显然是不可能的，阿庇安的《罗马史》里说，恺撒答应所有士兵，“等到非洲战争结束后，我定会把我所许诺的一切都给你们；当所有的战争都结束后，我也定会将土地分配给你们”。并保证土地分配的方案和过去的苏拉不同，“不用抢占原有者的田产，而是从国有土地和我个人私有土地里支取”。

由此来看，很可能是失去大部分老兵支持的恺撒不得不通过与士兵妥协来下台，不然他既然已平息了兵变，为何又要立下誓约呢？只一个“公民”的称谓，就能让大头兵们俯首帖耳，怕也仅仅是个段子而已，不然在恺撒自己或幕僚所写的传记里，何必对这场兵变讳莫如深？另外，从诸多史料里，我们也能看出，在接下来的战役里，恺撒还是大规模地遣散了大部分老兵，还借故惩罚了兵变的带头者（《阿非利加战记》里，就记述了他以莫须有的罪过，褫夺了两位军事护民官的军衔，而这两人恰好就是先前兵变的骨干分子），这怕是也代表了在利益面前，恺撒和自己的军队最后也只能走向了“分裂”，当真是让人唏嘘。

随后，恺撒第二次被推选为狄克推多独裁官，并被选举为来年的执政官，反正就在独裁官和执政官的角色互换里继续独掌国家权力，不过这次就任后，恺撒一脚将安东尼给踢开，因为安东尼的政治才能之弱在之前的市民暴动和士兵哗变里暴露无遗，实在让恺撒失望透顶，接替安东尼出任骑兵长官的是性格相对温和的马尔库斯·雷必达。

对这种安排，安东尼当然内心不可能没有怨恨，这种心理，在而后恺撒被刺杀时大约产生了微妙而重要的作用。

接着，恺撒就带领六个军团及两千名骑兵在非洲海岸登陆（恺撒的老兵共十个军团，这也就是说，七、八、十一和十二这四个军团，已被恺撒遣散），在很长一段时间里，他和庞培党统帅西庇阿（庞培岳父）及尤巴王间互有胜负。相传恺撒还想起了一个流传很广的谚语，那就是“名叫西庇阿的人，永远不会在非洲遭到失败”，为了抵消这种不好的心理感觉，恺撒恶作剧般地提拔了一个名叫西庇阿·萨鲁提奥的人当统帅，对方本是个很卑微的行伍之人。“就让西庇阿这个名字，引导我方走向胜利好了。”恺撒以此来表达对谚语的嘲讽。

公元前 46 年 4 月 6 日，决战在塔普苏斯（位于突尼斯海湾的东部）打响。这座城市是庞培党最重要的囤积物资之地，被一片盐湖分割为互不相靠的两块。恺撒再次攻敌，他先一步来到塔普苏斯城下，而西庇阿和尤巴王面对那片盐湖，只能兵分两路，准备钳击恺撒，却被恺撒巧妙地各个击破。西庇阿在战斗里将尤巴王赠送的许多战象布置在了阵势和壁垒的前方，而恺撒则将从高卢地区征募来的“云雀军团”（军团的士兵都是非公民的高卢土著，他们戴着凯尔特头盔，上面

◇ 塔普苏斯激战

插着高高的羽翎，由此得名）拆成两部分，即在左右翼各布置了五个大队，专门用于对付西庇阿的战象。战斗开始后，“云雀军团”里的轻装投射手吹响尖锐的喇叭，投掷密集的箭矢飞石，吓得所有的战象扭头就跑，紧随其后的雇佣来的毛里塔尼亚骑兵也开始溃退，反倒冲乱了西庇阿军后方的步兵和壁垒。恺撒抓准时机，令所有老兵和其余部队全线冲锋，瞬间攻陷了敌人三座营地，杀死了足足一万人，取得了完全的胜利。接着，恺撒将俘虏来的六十四头战象放在了塔普苏斯城下，逼迫这座城市主动投降。

战后，为了表彰“云雀军团”在此战里的卓越表现，恺撒允许他们在盾牌和旗帜上绘上大象的图腾。对于庞培党来说，塔普苏斯之战及战后无疑是场灾难，传说当时恺撒的癫痫病发作，无法控制军队（如果他能控制，也许不会出现后面的屠杀；但反过来说，他的病情可能就是屠杀的借口），只能进入己方一所壁垒里静养，失去节制的恺撒军团开始追击并屠杀所有人。西庇阿在乌提卡城自海路逃跑，企图前往西班牙，结果在努米底亚的希波港外海面上被恺撒党羽希提乌斯（此人本为马略的党徒，平民党失势后始终漂泊于非洲，充当各个王国的雇佣者）的舰队拦截，所有人都葬身鱼腹；努米底亚国王尤巴的国土，全被希提乌斯自背后袭占，走投无路的他先杀死了庞培党的佩特雷尤斯，接着举剑自裁；庞培党的阿弗拉尼乌斯和福斯都斯·苏拉（独裁者苏拉的儿子）被希提乌斯的军队俘获，不久双双被杀；而随后困守乌提卡城，被视为贵族门阀里最顽强分子的小加图，也在四面楚歌里，像野兽般用剑割开了肚子，壮烈自杀。

最后，成功逃到西班牙的庞培党人（或者说贵族党人），只有拉宾努斯、两位少庞培（庞培之子尼阿斯和赛克图斯）及瓦鲁斯等寥寥数人。

现在恺撒的声誉已经达到了巅峰，明眼人都看到，西庇阿和尤巴王组织起来的军队足足有八万人，配备有强大的战象、骑兵和投射手，训练有素且给养充足，在先前对峙时也多次击败恺撒，但却在瞬间于塔普苏斯城下土崩瓦解，被恺撒的劣势兵力彻底摧毁。再联想到前面的法萨卢战役，或者阿莱西亚战役，也是相似的情景和结果，所以所有人得出了结论：在恺撒面前失败的人并非没有勇气和才能，而是恺撒“太幸运”了。人总不能和命运对抗，而恺撒就是神的后裔，是天命所归。

非洲战事结束后，恺撒向一大批原先依附庞培党的城市索取了巨额的罚款，并将死去的尤巴王留下的巨额王室财产统统拍卖。他在出发前对士兵发的誓约兑现了，跟随恺撒出征非洲的老兵都发了财。另外，很明显，埃及艳后克娄巴特拉

◇ 剖开肚子自杀的小加图

绝非老浪子恺撒“异国恋情”的最后一站，征服努米底亚后，他和毛里塔尼亚王后——一位美丽妖艳的摩尔女人尤诺娅——鬼混了很长时间，并赠送了她数不清的财物。

非洲的战争结束后，也就是公元前46年7月，恺撒于罗马城举办了规模惊人的大凯旋式，或者说得直接些，它不是一场，而是四场凯旋式合而为一：对高卢的胜利，对本都的胜利，对阿非利加的胜利（即便敌人主帅西庇阿是标准的罗马人，但恺撒依旧可以用尤巴王来强化这场战争的“对抗异族色彩”），还有对埃及的胜利。

也就是说，当时罗马人已知的世界里，高卢凯尔特人、亚细亚人、非洲人，还有埃及人（罗马通常会将它和非洲区分开）；现在都拜伏在恺撒的铁腕下，再加上其本人在《高卢战记》《内战记》和《亚历山大里亚战记》里的“精心塑造”，恺撒的英雄形象已深深植根在所有人的心里。庞大的游行队伍自马尔斯大校场开始移动，士兵们唱着揶揄主帅的黄色小调，在飞舞的薄荷花中踏上街道，后面是缴获来的战利品——雕像、丰碑、权杖、旗标，还有用骡子拉着的装满整罐整罐银币的车辆，以及两千八百二十二顶金冠，走在队伍后面的是各个国家的战俘，据史可查的最出名的战俘有三个：高卢的维钦托利、非洲的尤巴王之子（小尤巴，当时还是个婴儿）及埃及托勒密十二最小的女儿阿尔西诺。理论上说，当队列走到维利亚山脊上时，刽子手要将这些战俘全部处决，但事实上死掉的只有维钦托利，因为他是个真正成年的英雄，会对罗马共和国造成实质性的威胁，而比如小尤巴却留在了罗马城，接受了拉丁化的教育，由此来让努米底亚的附庸地位更根深蒂固。

最终，军队在广场上的“圣道”前停下脚步，其后恺撒和亲信脱下戎装，穿上祭祀用的长袍，将脸面涂成赭红色，登上圣山卡庇托尔山，向朱庇特神殿献上隆重的祭礼——牛羊以及从敌人那里虏获的战利品。

接着，就是给军团官兵的赏赐，也有对平民的馈赠（通常是一枚银币），还有满布全城的免费餐会和盛大的庆典——勒令战俘在角斗场里进行血腥壮观的斗剑比赛，据说在非洲战场俘获的战象、在埃及尼罗河缴获的战船都加入了进去，水陆齐备，灯火辉煌。而先前被恺撒赦免归来的西塞罗坐在角斗场的席位上，看到大象流着泪轰然倒在沙地上流尽鲜血死去时，他的眼睛里满含泪水，赞颂这种高贵的死亡。他联想到了大象的故乡非洲，还有在那座乌提卡城里，同样奋战至死的小加图。

小加图死了，庞培死了，那么还有谁能充当共和国的中坚，对恺撒的独裁说不？指望民众吗？当凯旋式上，恺撒有意将小加图自杀后肠子流出、西庇阿被刺伤胸部坠入海中的景象绘在巨大的画板上，在街道上招摇而过时，民众看到了这场战争居然是同胞的自相残杀，不由得呻吟和悲泣，但是当他们看到后面的画板上描绘的本都的法尔那西斯是如何在恺撒打击下落荒而逃、埃及的宦官波提纳斯是怎么样被束棒斧头卸下脑袋时，民众们又开始哈哈大笑起来。

这就是群氓本色，“贵族滥用地位，而民众滥用自由”，共和国就是这样日益败坏下去的。陷于苦痛的西塞罗在信件里写道：“我们是他的奴隶，而他是时代的奴隶”，以此来宽慰自己。

然而，这个国家残留的共和派，或者说贵族党，还没有放弃手中的剑。在西班牙，庞培的两个儿子，还有内战爆发后从恺撒阵营里叛逃过去的拉宾努斯，利用伟大的庞培生前在这个行省留下的人脉，在彼处迅速召集了一支规模庞大的叛军，其中有忠于庞培家族的酋长，有庞培的老兵部下，也有被解放后企图在战乱里扬名立万的奴隶。

于是，在大凯旋式结束后，连任三次独裁官和四次执政官的尤里乌斯·恺撒率领军队离开了罗马城，经过二十七天的跋涉，赶赴西班牙平叛。

这时，依旧跟随恺撒的高卢老兵军团只剩下五军团（云雀军团）和十军团（恺撒最宠爱的军团），其余的都在去年那场哗变后被恺撒陆续遣散、安置，剩下的是新编组的新兵，这些人听说要出征西班牙，都“感到了前所未有的恐惧”（阿庇安语）。

但凭借“恺撒的幸运”，他还是获得了胜利。公元前 45 年 3 月 17 日，也就是罗马的“酒神节”，在西班牙腹地蒙达平原的惨烈会战里，大量庞培军的士兵被轻标枪掷中，成堆地死去，流出的鲜血就像酒神节上人们痛饮的葡萄酒般鲜艳。据说恺撒在战前为了鼓舞士气，也亲自举着盾冲向了敌人，被二百根标枪当成了射击的目标。混战到了黄昏，在恺撒的十军团终于在右翼战线上取得胜利后，恺撒适时地派出了骑兵，冲往敌人的后备阵线大肆砍杀。最后，三万庞培军丧命，拉宾努斯和瓦鲁斯也奋战阵亡了，头颅被送到了恺撒面前。恺撒面对两颗血淋淋的人头只说了一句话：“以前我为了争取胜利而战，而今天我是为了生存而战。”

蒙达会战里，恺撒并未像以前那般主张宽恕，从庞培军死亡的巨大数目就能

◇ 蒙达会战里，亲自举着盾牌冲向敌军的恺撒

看出，战败的庞培党官兵毫无疑问遭到了残酷的灭绝性的屠杀，但恺撒还不罢休，他包围了叛乱者的核心城市科尔杜巴，围城的恺撒军队用先前蒙达会战的战死者尸体垒成了防御工事，而后就在后面宿营，次日就把它给攻陷了。庞培的长子尼阿斯在逃亡途中脚部被割伤，失去了力气，倒在一棵大树下，恺撒的人马追上了他，毫不犹豫地砍下了他的首级，送到了恺撒面前。倒是庞培的小儿子跑掉了，后来于后三巨头之战里给奥古斯都制造了不小的麻烦。

针对这种现象，有日本女作家称，因为这次战争叛乱者的主力是西班牙土著而非罗马公民，所以恺撒才没有手下留情，但这只是臆想而已。汤姆·霍兰说得很直接，“恺撒不再仁慈，根本不把叛乱者当作公民”，他已“变得嗜血”；而阿庇安解释得更清楚，恺撒所做的一切，是“为了防止逃亡者准备另外一场战役”。当恺撒还小的时候，看到两位被视为公敌的伯父的头颅被堆在广场上，他厌恶了杀戮，但不幸的是，人总是会长大的，当他发觉在战场上使用武器会更快捷地消灭敌人时，他无疑喜欢上了血的味道，从厌恶到依赖，这种转变在权力的角逐中成为常念。恺撒不是第一个，也不会是最后一个。

在这件事上起到推波助澜作用的是留在罗马城的西塞罗，还有一个叫布鲁图的年轻人。

马尔库斯·尤尼乌斯·布鲁图（恺撒属下还有一位狄基摩斯·布鲁图·阿尔比努斯，和这位算是同族亲戚）的父亲是位平民党，死于庞培之手（见本书第二章）。布鲁图在极其复杂的家庭环境里成长，他的继父叫西拉努斯，是公元前 62 年的执政官，也是在罗马政坛上极有影响的人物（西拉努斯最为出名的是有三个有名的女婿：雷必达、公元前 48 年的执政官塞尔维利乌斯，还有朗基努斯·卡西乌斯。卡西乌斯和西拉努斯的继子布鲁图同是刺杀恺撒的首谋）。布鲁图的母亲塞维莉亚，则是小加图同父异母的姐姐，同时也是恺撒最爱的情妇，恺撒曾将一顶价值六百万塞斯退斯的冠冕送给她，眼都不眨一下。

罗马城里风传这位布鲁图其实是恺撒的私生子，不过这显然是无稽之谈，因为布鲁图出生的时候恺撒才十五岁，不过布鲁图与恺撒的关系异常密切倒是不假，那时候的罗马人好像也不避讳这种别扭的关系。但是从政治立场上来说，布鲁图简直就在漩涡当中，他的继父西拉努斯和舅父小加图都是响当当的贵族党（西拉努斯在喀提林阴谋里也是极力主张死刑判决的），但他的生父和“隔壁的恺撒叔叔”却是平民党的领袖，时间长了，布鲁图难免会精神分裂。

最后，布鲁图还是得从家族先祖那里获得精神标杆。最早的老布鲁图是罗马共和体制的创建者，是他领导贵族们驱逐了最后一位国王，后来他的雕像和七位国王的雕像一起摆在朱庇特神庙里。

这种家族传承给了布鲁图最终的选择：和舅父小加图一起，誓死捍卫贵族统治的共和国。

这种人，性格肯定是偏执加分裂。

内战里布鲁图参加了庞培一方，即使对方是他的杀父仇人。法萨卢战役后，布鲁图避开败军，从营地暗门里溜走，在芦苇荡里艰苦跋涉一番才到达了危险战场外的地区，随后他写了封信给恺撒。结果得知布鲁图安然无恙的恺撒十分高兴，而布鲁图这时似乎又被恺撒的深情给打动了，居然在一次散步时，又为恺撒献计献策，说庞培一定会往埃及逃跑，大喜的恺撒立刻率军前往彼方追击，逼得庞培命丧黄泉。

◇ 刺杀恺撒的主要凶手马尔库斯·尤尼乌斯·布鲁图

布鲁图这种怪异的性格，其实恺撒也看得清楚：“我不知道这个年轻人想要什么，但我知道，他想要做的每一件事都势在必得。”

非洲战役爆发后，布鲁图被恺撒委派到了山南高卢担任总督，他在任期里风评很好，清廉、宽政、爱民，比恺撒亲任的安东尼等人要强很多，所以后来恺撒又直接将他拔擢为大法务官。

但让恺撒大跌眼镜的是，布鲁图回到罗马城后，央求西塞罗为死去的舅父写一篇文章，而向来缺乏政治敏感性的西塞罗也就答应了，当《加图颂》这篇大肆鼓吹共和与缅怀小加图的文章面世时，恺撒正在西班牙艰苦远征（公元前46—公元前45），不难想象他看到这篇文章是什么样的反应。恺撒一反先前的谦逊和宽厚（这似乎也是他在战场上的表现），专门写了一篇《反加图》，对共和派大肆鞭挞和辱骂，甚至骂小加图是醉鬼，是个偏执狂，他的自杀是违背正确人生观的。

但《加图颂》的面世给了恺撒一个信号：守旧共和的势力依旧强大，它植根在每个共和国公民的心中已经有好几百年了。

西塞罗被吓得缩起来，但布鲁图却不在乎，他很快又做了一件惊世骇俗的事，那就是离婚另娶了小加图的女儿波西娅（波西娅并非少女，她先前嫁给了恺撒的“好同僚”比布卢斯，且已生子）为妻。恺撒肯定对这门亲事不满意，但他还是爱着布鲁图，就像爱他母亲塞维莉亚那样。

结束了在西班牙的远征后，恺撒在罗马城里的权势已经达到了无可比拟的程度，他也开始以自己的意愿来改造这个古老的共和国。他汲取了埃及先进的历法知识，颁布了“尤里乌斯历”（也叫“儒略历”），沉重打击了传统的祭司集团，因为这些历法“奥秘”原本掌握在祭司手里，这是他们掌控国家的特权，而这些不学无术的祭司胡乱编排，乃至于旧历法居然出现了葡萄在“冬季”收获的笑话，出身平民党的恺撒自然不会容忍。现在更为精确的历法让任何有需要的人都能看到，并以此来安排自己的生活。

恺撒还大规模地清点邦国人口，发觉经过内战摧残，正牌的罗马公民由战前的三十二万（按照史料写法，是“领取配给粮的人”）减少到了区区十五万，其余的十七万不是死亡了，就是逃跑了。恺撒雷厉风行，将逃跑的人直接划进了“死亡名单”，即剥夺了他们的公民权，而同时将被征服地区如高卢、西班牙等地的异族贵族或首富引入元老院和骑士阶层；同时恺撒还准备将八万公民移民到海外殖民地去，以推行“大罗马主义”。在官职体系上，恺撒增设了法务官、营造官和财务官，让更多的人能获得上升的机会，当然这点最为贵族门阀所嫉恨，因为恺撒提拔了许多出身寒微的人，挡住了他们的路。

他们再也不能如以前那样，在百人团选举里与恺撒打擂，扶植代理人摄取权力了。恺撒不但获得了“终身独裁官”和“连任十年执政官”（讽刺的是，这都是元老院给予他的），还获得了“国父”的称号，他的身体被宣布为神圣不可侵犯，元老院还通过法案，将他出生的五月用“July”（现在公历的七月）来书写，而 July 恰好是他氏名的变化。罗马城以及全国各地都争先恐后树立起他的雕塑。他取得胜利的日期，被规定为共和国的节日。每五年朱庇特祭司和维斯塔女祭司都要为他的健康公开祈祷。

总之，恺撒现在想做什么就做什么。而恺撒觉得，他要改造的是国家和整个世界，而原先罗马的选举能做什么？两位执政官只有一年的任期，连修个厕所这种小事都难以完成。罗马城市规划毫无章法，对内对外的政策也是朝令夕改。难

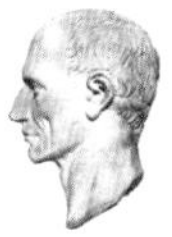

道恺撒会认为把自己的精力投入到这种游戏里是件愉悦的事？

所以，恺撒现在正朝着“希腊式君主”模式靠拢，他保留了元老院和执政官，却规定将一半公职交给民众去选举，一半由自己直接认定，手续就是他会在任命前给各个特里布斯部落发去短信，上面写着“独裁官恺撒致贵部落：我向你们推荐某某，以便在选举里他能就任某某公职”。

这种行为尤其让贵族忍受不了，不，甚至是被“共和”洗了几百年脑的普通人都难以忍受，这样的做法和古代的君主国王有何区别？要知道，共和国里的罗马人是最忌讳提到“国王”的，这个词就像魔咒般，所有政治家避之唯恐不及。事实上，恺撒身亡后，刺杀他的凶手也多次义正词严地指责他的独裁“剥夺了人民选举公职官吏的自由”，虽然原本这种选举就是门阀游戏。

现在不光是暗处的仇敌开始用“国王”来称呼他，他的某些奇奇怪怪的“心腹”也用这个词把他架到火上烤。

公元前 44 年 2 月 15 日“逐狼节”时，暗流汹涌达到了极点。逐狼节，本是纪念那只用奶水哺育建城者罗慕路斯和雷穆斯兄弟的母狼的，后来也成了妇人祈求多子多福的节日。是日，大群的妇人都会聚集在广场上，观看披着羊皮的、手里挥舞着羊皮条的祭司绕着广场跑步，并以被羊皮条抽打到为荣，因为她们相信这样会很快让自己达成受孕的愿望。

恺撒和妻子科尔普尼娅也参加了这个庆典，相传他希望自己的妻子能借此庆典成功怀孕诞下子嗣。虽然远在埃及的克娄巴特拉已为他生下了一名叫“恺撒利昂”的男孩，但这却是不为罗马法律所承认的（先前，克娄巴特拉曾来过罗马，希望孩子得到应有的地位，恺撒虽在其他人面前并不避讳恺撒利昂的存在，但也没有满足艳后的心愿，因为他不想惹怒罗马的民众，须知后者对领袖级人物的闺房秘事是极度关注的）。

罗马城里最尊贵的夫妇坐在黄金和象牙镶嵌的高高的宝座之上，向人群挥手致意。突然，混在逐狼节祭司队伍里的马可·安东尼拜倒在恺撒的脚下，向他献上了一顶王冠，请求恺撒戴上它，暗含的意思也就是“希望您能以国王的身份带领我们和这个国家”。

围观的所有民众当即就爆发了巨大的不满的嗡声，说来可能连恺撒自己都觉得罗马人是个古怪的民族，他们时而极度务实，时而又非常务虚。就拿“国王”来说，他们在平日里说起或听到这个字眼，都好像嘴巴和耳朵遭到了强奸一般，

◇ 逐狼节上拒绝安东尼手里王冠的恺撒

但他们看到坐在宝座上，权力比普通国王大得多的“终身独裁官”时，却依旧向他欢呼，把他当作最杰出的英雄。民众能容忍恺撒有帝王之实，但就是不能容忍恺撒拥帝王之名，连阿庇安都说“很明显在事实上终身独裁官和国王其实是一样的”，不过这就是罗马的观念，这种观念的化身就是如同马尔库斯·尤尼乌斯·布鲁图这样的激进分子！

于是，恺撒拒绝了安东尼，但这位披着紫色袍子，穿着红色靴子，戴着黄金打造的花冠的独裁官拒绝得有些做作，似乎带些“欲拒还迎”的意思。安东尼便第二次献上了王冠，这次民众的嗡声更大了，“试探完毕”的恺撒便措辞严厉地再次拒绝，民众开始欢呼了。事后，恺撒还专门下令，在广场的柱子上刻下了“今日今时，恺撒拒绝戴上国王的冠冕”字样，随后他就叫人将那个王冠送入了朱庇特神庙，这出闹剧就此收场，不过罗马城很明显有人对此认真起来。

不久，小加图的忠实支持者法弗尼乌斯公开对其他元老摆出了选择题：“你们是要一场内战，还是一个非法的专制统治者？”

为了对这种说法进行反击，或者仅仅是为了效仿曾经的苏拉，恺撒解散了以前一直忠心侍卫在自己身边的由西班牙武士组成的卫队，他常和三两朋友一起便服出现在集会场所，和民众或元老随意交谈。

这种行为相当危险，当年苏拉实施独裁，以贵族为后盾，取消的是平民的权益，因为罗马的民众已分不清什么是真实什么是虚假了，可贵族始终是嗜血而有獠牙的，他们当年如何杀害格拉古兄弟，现在就能如何来对付恺撒，不过手段隐秘些而已。

而恺撒又出台了下一步的构想：我要远征帕提亚，还有盖塔。

帕提亚不再赘述，盖塔即是后来的达契亚人，其王国位于而今的罗马尼亚一带。

布鲁图们惊慌了，他们到处秘密聚会，传递着一个共同的讯息，那就是：恺撒会借着这两场远征，成为“无可争辩”的国王。要知道，恺撒现在就是神，他要排干罗马城外的昆塔大沼泽，建立一个类似雅典那样的新的大广场，禁止小商小贩进去卖臭气熏天的鱼和牲口，那里只能有喷泉、大理石和典雅的厅堂，人们在里面宛如希腊哲学家般交谈。恺撒还要全部清除台伯河里的暗礁，让更大更多的船只能进入城市的河港，带来更多来自远方的新奇玩意儿。恺撒甚至还要凿通科林斯地峡，缩短意大利和东方世界的海运里程。

恺撒要……

总之他已经成为神了，只有神才能动动嘴皮和手指就足以改变自然山川的风貌，而他手中法力无边的“神杖”，就是共和国的权力。

而这种权力，本是许多个门阀家族联席占有的，它的名字叫“共和”，是驱逐了国王后才呱呱坠地的。

可恺撒确实要当国王吗？也许他想，也许他根本对此嗤之以鼻，更可能他渴望走的是一条“折中主义”道路，那就是永远保持独裁官的权力，但绝对不戴上那顶长满“棘刺”的王冠。不过，布鲁图们已不愿意站在恺撒的立场上去考虑问题了，最现实的情况就是，如果恺撒征服了帕提亚和盖塔等民族，共和国、元老院和民众还可以用什么再来奖赏他？只能是自己及整个国家卖身为奴，挂上“尤里乌斯所有”这个铭牌，匍匐在恺撒脚下。

“罗马人永远不自甘为奴。”这是马尔库斯•尤尼乌斯•布鲁图振聋发聩的名言，这也是持共和理念者垂死反扑的战斗号角。

下面就是著名的无须多言的3月15日，虽然在史卷里充斥着种种对恺撒之死戏剧化的预言，如他的妻子科尔普尼娅血腥的梦境，如恺撒自己所做的强奸生母的梦，如先前大彗星扫过罗马城，如该日尤里乌斯家族献祭的牛居然没有心脏，等等，但这统统只是增添传奇色彩的“注脚”而已，甚至连恺撒见到自己视如己出的布鲁图也在刺杀他的人群里时所说的那句非常非常心酸的“也有你吗，我的孩子”，都是后来史学家的虚拟之语。

身中二十三刀的恺撒倒在了庞培生前营建的大剧场的回廊当中，满身是血。这一天距庞培在埃及丧命，也就过去了不过短短三年半的光阴，而伟大的庞培的雕像似乎在上方对着尸体微笑。

◇ 恺撒遇刺，正上方恰好是庞培的塑像

这一天距离他准备远征东方仅剩四天时间，也正是这一点，促使刺杀者动手，因为他们再不采取行动的话就来不及了。

参与刺杀阴谋的有恺撒在军队里的亲信，如狄基摩斯·布鲁图、朗基努斯·卡西乌斯、佩狄阿斯·阿奎拉。也有恺撒亲任的幕僚，如马尔库斯·尤尼乌斯·布鲁图、盖约·卡斯卡、特雷邦尼阿斯、提利阿斯·辛柏等，大部分都是他的朋友。

甚至马可·安东尼，人们后来也认为他对恺撒的忠诚是可疑的，他还记恨着三年前恺撒用雷必达替代他的事。后来恺撒出征西班牙，一度谣传其战死，安东尼得到假消息后，便立刻化装为奴隶逃回了新妻子身边（他的妻子叫富尔维娅，第一任丈夫是克劳狄，后是库里奥，再是安东尼）躲藏起来。而原先布鲁图和内弟卡西乌斯密谋时，曾想过要拉拢安东尼参加，所以在出征西班牙时，同在密谋集团里的特雷邦尼阿斯曾和安东尼宿于一个营帐内，他以非常隐晦审慎的口吻刺探过安东尼的态度，安东尼没回答“好”，也没回答“不好”，后来似乎也没将阴谋透露给恺撒。在 3 月 15 日当天，恺撒走入元老院聚会的地点后，原本随同的安东尼被假装有要事商谈的狄基摩斯·布鲁图（一说是特雷邦尼阿斯）留在了门外，明知里面会发生何事的他，也就装傻充愣待了下来，直到恺撒被刺杀后，才又披上一件奴隶的衣服，藏匿了起来。

恺撒死得十分孤独。他断气后，布鲁图和卡西乌斯兴奋地提着还冒着热乎气的带血匕首跑来跑去，并用木杆挑起了一顶小帽作为旗帜。这种帽子一般是被释放的战俘或奴隶戴的，布鲁图声称自己“诛杀了暴君，将自由还给了罗马人民”。

恺撒的死，昭示着共和国最后一块基石垮掉，整个大厦随之哗啦啦坍塌下来。

因为他是独裁官，是执政官，是大祭司，人身神圣不可侵犯，所以很快有人借着复仇的名义，名正言顺地摧毁了共和国，用血缔造了帝国新的基台。复仇者是安东尼、雷必达和屋大维，前两者是恺撒的副手，最后一位是他年轻的遗产继承人，此三人就是所谓的“后三巨头”。

他们各自通过明争暗斗，拉拢了一批恺撒的老兵作为武装后盾，接下来的斗争连“共和”与“体制”最后一层遮羞布都不需要了，完全进入了“谁的武装强谁就有话语权”的阶段。为了豢养军团，他们在罗马城展开可媲美苏拉的“大清洗”，以接近于勒索的方式在全意大利征收重税，后来又对希腊和小亚细亚的诸多城市提前征收了九年的税金！

公元前 42 年 10 月，巨大的彗星再度出现，在马其顿肥沃而美丽的腓力比平原上，拥有十九个军团的安东尼、屋大维联军，与拥有十七个军团的布鲁图、卡西乌斯联军展开规模骇人的决战。前者代表着“颠

◇ 恺撒的火葬仪式，原本民众对他的死持冷淡的态度，直到安东尼宣读遗嘱，里面有恺撒给民众馈赠钱财和园林的内容后，民众才要求惩戒“凶手”。这也是后恺撒时代罗马内战的导火索

覆共和”，后者的旗帜则是“维护共和”，但在决战前双方对部下士兵的演说许诺并没有任何不同。布鲁图承诺一千德拉克马希腊银币，而安东尼与屋大维的许诺则是两千，没有人为意大利或罗马公民的自相残杀而流泪了，更没有人为在横征暴敛下呻吟挣扎的所有公民和非公民而羞愧，大家已习以为常。

最后，以“维护共和”为旗帜的联军惨败，卡西乌斯因一次可笑的误会而自杀，原本取得胜利的他站在一座小山上，居然误认为因失陷冒出火焰的屋大维营地是自己的。卡西乌斯自杀用的短剑恰好是他在两年前杀害恺撒时所用之物，配合着战前出现的彗星，人们相信这是“天谴”。

相传在战前，布鲁图单独在营帐里，两次见到了一个巨大的幽灵，这个幽灵无声地出现，又不发一语地消失。在腓力比战败后，布鲁图的朋友都劝他自战场上逃走，以图东山再起，布鲁图的回答是：“逃跑？是的，但我这次要用手而不是用脚。”说完，他恳请最亲密的朋友斯特拉图将利剑刺入了自己的胸膛。

◇ 看见恺撒幽灵的布鲁图（于腓力比战役前）

布鲁图的骨灰被安东尼送回了罗马，交到他母亲塞维莉亚的手中。波西娅在听到丈夫亡故的消息后，趁着旁边人不注意，跳起来从火炉边拿起一块燃烧的木炭，吞食而死。

接下来的结局就如同阿庇安所述的那样：“当安东尼和屋大维进入战斗时，他们所预言的结果就实现了，他们的政府形式主要是那一天的战事决定的，但是他们没有恢复民主政治。”简言之，从恺撒之死，到腓力比战役，共和国在短短两年内就灰飞烟灭了。

布鲁图刺杀恺撒到底是救了共和国，还是毁了共和国？也许正像西塞罗所评价的，这群人“有着成年人的勇气，但看得却只如孩子那般远”。

罗马帝国的萌芽，在恺撒尸体上疯狂孳生，茁壮成长，所有人都想瓜分独占他的遗产，恺撒自己也与共和国一道成了“漂亮的寡妇”，战斗比先前更加无耻而残酷。

西塞罗在“公敌宣告”里第一个被处死，他的头颅和双手被钉在了罗马广场上。

恺撒、庞培和克拉苏这前三巨头只是联合在一起，谋求掌控国家的权力，而后三巨头直接瓜分了罗马的领土，就像切开一块可口的面饼。

雷必达最早被踢出局，接着屋大维成为西部的执政，而安东尼则与恺撒情人克娄巴特拉勾搭起来，成为东方的君王。

公元前 31 年，屋大维与安东尼各自统率着庞大的舰队在亚克兴海角展开决战，失败的安东尼与克娄巴特拉双双自杀，恺撒的私生子恺撒利昂被胜利的屋大维无情处死。现在人们的斗争已经不顾忌任何荣誉，只要是威胁，不管对手是什么状况都可以执行肉体消灭。

屋大维成了“神圣的奥古斯都”，“英佩拉托”成了帝王的称谓，但再也不靠战功而是靠血统门第。之前没有人比奥古斯都更急于在国家推行独裁统治，但他一辈子连“独裁官”这个职务都不曾接受过，权力变得僵化而神秘，越缩越小，慢慢隐藏到了宫闱当中。

英雄的时代已谢幕。恺撒是花花公子，也是一位天才的演说家和修辞学家；恺撒是战争贩子，也是怜惜保护公民的宽厚之人；恺撒企图当上希腊式的君主，但他还未想要彻底撕毁共和的外衣；恺撒身材瘦削，但他在战场上却勇往直前；恺撒出身是落魄的贵公子，但却能从事最艰苦卓绝的斗争，百折不挠。这在塞卢斯提乌斯的笔下，正是真正的罗马人。干正经事，也干荒唐事，两者干得一样好，这就是“罗马人”的标准。随后在罗马舞台上演出的，只有神化的“奥古斯都”，表面唯唯诺诺但背后总要发几句牢骚的元老，随时担忧杀身之祸的骑士官僚，穿梭在宫廷里的优伶小丑，被免费的面包和娱乐消磨的“一代比一代差无可差”的所谓公民。军团继续驻屯在边疆地区，罗马城有了规划，屋大维去世后，给民众留下了一个大理石造就的美丽新都城，广场上的斗殴和喧嚣越去越远，在遥远的记忆里留下空洞的回响，罗马人在享受着荣耀和优渥的同时，渐渐丧失了责任和自由，一切都是那么顺理成章。

无冕之帝恺撒见证了一个时代，开辟了一个时代，埋葬了一个时代，但最终

◇ 始终都在孜孜追求着“黄金时代”的罗马人。但最终共和破产后，他们也只能陷于“奚我后”的怪圈当中

他还是化为神庙里的雕像，人们在他的头像上镶了一颗星星，表示他已经神化，成为夜空里闪烁的星辰，“三月十五日”成了禁忌日，在这天严禁元老院集会。但除此之外，人们又记得他的什么呢？只有罗马的诗人依旧在企盼着“黄金时代”的来临：

预言圣歌唱出的最后时代来临；
伟大纪元的延续更新。
正义女神重返，农神的权柄再现；
新人种降自高耸的云天。
在他的时代里，黑铁时代的人类先消，
黄金时代的人类将在全世界飞扬，
你的太阳神现在就是君王。